高等学校教材

大学体育理论

主 编 王 成 杭兰平 虞荣安

西北工业大学出版社

【内容简介】 本书阐述了体育运动与健康的基本理论知识,内容由体育概述、大学生体育学习、体育锻炼与健康、体育锻炼与效果评价、体育锻炼的卫生保健、体育锻炼与医务监督、体育锻炼与营养、运动与心理健康、康复保健体育、校园体育、奥林匹克运动、安全与自卫防身以及当前流行的体育项目介绍等章节组成。本书遵循"健康第一"的指导思想,以体现增强大学生体育意识,奠定终身体育锻炼思想为导向,为学生在将来的运动及健康方面提供有价值的指导和帮助。

本教材既可作为普通高等学校公共体育课的教学用书,也可作为体育教师和体育爱好者学习、健身的指导用书。

图书在版编目(CIP)数据

大学体育理论/王成,杭兰平,虞荣安主编 . 一西安:西北工业大学出版社,2014.8(2022.7 重印)

ISBN 978 - 7 - 5612 - 4098 - 4

Ⅰ.①大… Ⅱ.①王…②杭…③虞… Ⅲ.①体育理论—高等学校—教材 Ⅳ.①G80

中国版本图书馆 CIP 数据核字(2014)第 198260 号

出版发行:西北工业大学出版社
通讯地址:西安市友谊西路 127 号 邮编:710072
电 话:(029)88493844 88491757
网 址:www.nwpup.com
印 刷 者:陕西向阳印务有限公司
开 本:727 mm×960 mm 1/16
印 张:19.5
字 数:328 千字
版 次:2014 年 8 月第 1 版 2022 年 7 月第 9 次印刷
定 价:39.00 元

编 委 会

前　言

为了全面贯彻落实《全国普通高等学校体育课程教学指导纲要》和《高等学校体育工作基本标准》（教体艺［2014］4 号）精神，强化《国家学生体质健康标准》的实施，我们从普通高等学校大学生对体育需求的实际出发，借鉴和汲取了本学科先进的研究成果，编写了《大学体育理论》一书。通过对本书的学习，学生可以懂得有关健康和营养的知识，了解体育锻炼、营养与健康的关系，掌握科学锻炼的方法及安全与自卫防身技能，了解北京奥运会与奥林匹克运动知识以及当前流行的体育项目等有关知识。书中的许多理论和方法无疑对大学生现在或将来的健康都具有直接的帮助。

本书由王成、杭兰平、虞荣安任主编，全书由杭兰平统稿。编写人员分工为：赵夏娣（第一章、第八章）；苟定邦（第二章、第九章）；杭兰平（第三章、第五章）；梁斌（第四章）；赵春娜（第六章）；王成、虞荣安（第七章、第十二章）；张衡（第十章）；聂东风（第十一章）；程刚、王小乐（第十三章）。

在本书的编写过程中，参考、引用了本学科和相关学科的有关研究成果，在此，对本书中直接或间接引用理论和方法的专家表示最诚挚的谢意！由于本书主要用于公共体育课的教学，我们没有一一标明所有被引用者的姓名和论著的出处，在此表示歉意。

限于时间和水平，书中疏漏和不妥之处在所难免，敬请读者批评指正。

编　者
2014 年 7 月

目　　录

第一章　体育概述

第一节　体育的基本概念与分类

一、体育的基本概念

"体育（Physical Education）"一词是在 19 世纪 60 年代，由西方传入我国的，按其译意是指维持和发展与身体各种活动有关联的一种教育过程，即"身体教育"。随着社会进步与体育实践的发展，派生出体育教育、竞技体育和身体锻炼三个既有区别、又有联系的内容，并逐渐形成了与教育、文化相关联的新体系，原有"体育"一词已不能涵盖具有相对独立体系的"竞技体育"和"身体锻炼"。

体育的概念随着社会的不断发展和人们对体育认识的深化而不断变化，根据中国体育发展的特点和规律，"体育"的概念是以身体练习为基本手段，以发展身体、增强体质为基本特征的教育过程和社会文化活动，包括体育教育、竞技体育和社会体育三方面的内容，受社会政治、经济的影响和制约，并为其服务。三者既有区别，又相互关联地构成一个整体。

二、体育的分类

1. 体育教育

体育教育是学校教育的组成部分，是全民体育的基础，是国家"全民健身"的战略重点。按不同教育阶段、年龄、性别特征，通过体育教学、课外活动、课余训练和体育竞赛的不同组织形式，以发展身体、增强体质、增进健康为核心，着眼于学生将来"享受"和"发展"的需要；力求在满足个人体育兴趣的基础上，启发主动参与意识，讲究体育锻炼的科学性；提高体育欣赏水平，并与其他教育环节共同构成了一个完整的教育过程，使学生在德、智、体、美、劳几方面都得到全面发展，以适应 21 世纪开拓型人才对体质、精神和文化生活日益增长的需要。

2. 竞技体育

竞技体育也称竞技运动，源于拉丁语 cisport，指离开工作进行游戏和娱乐运动。随着社会的发展，竞争因素的介入，竞技运动已成为在全面发展身体素质的基础上，最大限度地发挥个人或集体在体格、体能、心理、智力和运动才能等方面的综合潜力，以取得优异成绩为目标而进行的科学训练和各种竞赛活动。

竞技体育广泛采用科学的训练方法和手段以实现最大限度开发人竞技运动的能力，探索人类运动的极限。体育竞赛具有对抗性、惊险性、艺术性、胜负变化的戏剧性，极具吸引力、感染力和易于传播的精神力量，对丰富社会文化生活，振奋民族精神，促进世界和平与友谊有着特殊的教育作用。在现代奥林匹克运动下，国际比赛的项目已有 50 多项，并设有相应的国际组织与单项体育协会。为了发扬奥林匹克精神，在追求"更高、更快、更强"目标的同时，又提倡"公平竞赛"和"参与比取胜更重要"的原则。然而，随着竞技体育商业化的冲击，运动员滥用兴奋剂、靠金钱等手段操纵和控制比赛的现象也频频出现。如 1998 年 7 月至 1999 年元月持续半年之久的 NBA 劳资大战、"98"环法自行车赛集体服用兴奋剂，盐湖城申奥丑闻等，给正在发展的竞技体育蒙上了阴影。在国内赛场上，无论是甲 A 还是甲 B，绿茵场上传来打击"黑哨"、假球的吼声不绝于耳，这些有悖于奥林匹克精神和"公平竞赛"原则的现象和行为，无疑使竞技体育的发展受到严峻的考验。

3. 社会体育

社会体育也称大众体育，是指以健身医疗、康复、休闲、娱乐为目的的体育活动。社会体育开展的广泛性和社会化程度取决于国家经济的繁荣，生活水平的提高，余暇时间的增多及社会环境的安定。近年来，中国经济飞速发展，人民生活水平正在步入小康，尤其是自《全民健身计划纲要》实施以来，全民体育意识更有所增强，社会体育也随之蓬勃兴起。人们以发展兴趣、培养审美能力、讲求自我锻炼效果为目的，内容多样、形式灵活的各种运动单项协会和体育俱乐部、健身娱乐中心也竞相开办，吸引了大批体育爱好者，使体育人口年龄界面扩大，人数增加，从而使我国社会体育进入新的发展时期。

综上所述，体育教育、竞技体育、社会体育三者之间既有区别，又相互联系，构成了一个整体。竞技体育建立在体育教育、社会体育的基础上，有了广泛的群众体育基础，才能有我国竞技体育的飞速发展。

第二节 体育的产生与发展

一、体育的产生

"需要"是促进人类活动的原动力，任何社会现象和生命现象，无不以社会需要和人的需要作为其产生、存在和发展的依据。人类为了生存需要创造了体育，又在满足个人、社会需求的同时，使体育得到了发展。

由于人的自然属性所决定，生存需要作为人的主体需要，它受自然规律和人体的生理规律所支配。"饥思食、困思寝、久卧思动、久动思静"，就是对这种需要的形象化描述。原始人迫于谋生的需要，为了抵御自然侵袭而跋涉迁徙；为安全防卫，具备灵活躲闪、攀爬、相持、耐久的自卫能力，于是在重复这些活动时，发展了走、跑、跳、投、攀、爬和涉水等身体基本活动能力，从而表现出体育最初形态的身体活动，成为原始体育在求生本能活动中得到萌生的基础。

原始社会后期，人类在长期的生产和生活实践中，随着自然知识与社会知识的不断积累，为了发展生产力，保证血亲生存、掠夺财产和应付部落间的冲突，人类需要智力与体力的提高，因而，以语言为媒介的技能传授和身体操练，逐渐从单纯的劳动中抽象出来，演化成非直接用于生产劳动和生活的身体运动形式。体育成为原始教育的主要内容和手段，这些经过原始教育提炼和改进后的身体运动，在维持生存的基础上增加了强身手段，使之通过各种身体效能和活动技巧的训练，学习和掌握生存本领，提高了适应能力，为人类生存提供了新的保证。

生存需要产生了体育，而推动体育发展的动力，却主要来自原始社会后期出现的文化、艺术和教育。

随着物质生存条件的改变和生活领域的不断扩大，原始人的语言、意识、情感、理性等社会文化的产生，人类生存需要的功利因素减弱，并趋于向社会方面转移，表现出对文化、精神生活的追求与渴望。原始人为了表达狩猎成功后浓厚的喜悦，对自然崇拜，对祖先祭祀以及抒发内心情感，开展了体育舞蹈，通过游戏方式进行娱乐，这些高于生活技能、模仿劳动和生活动作的舞蹈、游戏活动，以体育的方式出现并改变了原始的单纯以求生为目的的活动方式。伴随着宗教的产生，原始人为了表达对神灵的崇敬，通过祭祀活动而开展的舞蹈、角力和竞技运动，都对体育产生了积极的影响。古代奥林匹克运动会就是由祭祀中的竞技活动发展成定期举行的节日竞技运动会的。

综上所述，体育是由人类生产和活动、个体与社会、生理与心理等方面的激励而产生的一种社会实践活动，并随着人类自身、人类社会以及自身实践和理论的发展，而逐渐发展完善起来的，并在人与人类社会的发展中起到了积极的促进作用。

二、体育的发展

体育的发展首先表现在古代希腊灿烂的文化、发达的哲学思想和教育思想的繁荣。当时的唯心主义哲学家、教育家柏拉图第一个在理论上论证了体育、德育、智育的关系，主张国家应负责对儿童进行公共教育，使他们的身体、德行和智慧得以和谐发展，这使古希腊体育优良传统在奴隶制民主教育与全民发展教育中初露端倪。尤其是古希腊城邦之间的军事交战，更加促进了希腊人对体育的重视。最典型的是斯巴达，在尚武精神的教育下，斯巴达人身体强壮，刻苦耐劳，勇敢善战，认为"人民的身体，青年的胸膛，便是我们的国防"，由此而保留了斯巴达人在古代奥运会上百年的垄断地位。

中世纪的欧洲进入了黑暗的封建社会阶段，由于教会主权的统治，经济文化落后，哲学思想和教育思想受宗教的禁锢，认为"身体卑下，精神高尚"，除了在贵族学校的骑士教育中施以体育外，在一般的教会学校则没有发展体能的计划，被称为"没有体育的教育"，致使民族体质衰落，使体育从古希腊的繁荣奴隶制体育倒退。到了 14，15 世纪，源于意大利的文艺复兴运动，在哲学思想方面，提倡人文主义，反对禁欲主义；在教育方面，重视儿童的身体教育，主张读书与运动相结合，继承了古希腊体育遗产，赞赏斯巴达的军事体育，推崇柏拉图关于开设体育操的主张，为体育的发展开辟了道路。文艺复兴后，英国哲学家、教育家洛克强调指出："健全的精神寓于健全的身体。"明确把体育、德育和智育作为教育的构成，第一个倡导了"三育"学说。18 世纪法国启蒙思想家、教育家、文学家卢俊提出了"体育是个人的童年整个发展过程的一部分"。强调以体育为主与直接熟悉自然的方式学习，由此兴起风行一时的"自然主义"实用主义教育学论和体育学说，在文艺复兴和启蒙教育的影响下，逐渐使中世纪对身体的鄙视和体育的否定得以纠正，古希腊的体育运动得以复苏。

19 世纪，西欧由于资本主义发展不平衡和民族主义倾向，各国之间接连发生战争，许多国家遭受战争的屈辱，认识到身体训练对服兵役的重要性，出于强国强民的需要，迫使各国对体育不断重视。因而，相继出现了德国"体操之父"古茨姆斯、瑞典的林德福尔斯等体操领袖，他们的体操理论和体育实践，推动了本国体育的发展，并流传欧、亚、美各洲，成为世界体育的共同财富。当欧洲各国纷纷仿效和发展德国和瑞典体操运动时，英国以最早实现工业革命、并以海军立国的独特社会背景和自然条件，兴起了符合民族特点的户外活动，即娱乐及竞技运动，其形式丰富多彩，有射箭、羽毛球、板羽球、保龄球、曲棍球、橄榄球、足球、游泳、网球、划船、田径赛、高尔夫球、登山、滑冰、滑雪等。他们认为肌肉锻炼方面，竞技运动与户外运动更优于体操运动，随着英国殖民扩张与各国仿效，英国的户外运动与竞赛娱乐项目在美国、欧洲乃至世界各国得以传播。

当今世界上最具影响力的就是奥林匹克运动会，她是希腊人民的伟大创举，也是人类文明与进步的巨大文化源泉。公元前 776 年在人民渴望和平与自由生活的要求下，在奥林匹克"宙斯神"庙前举办祭祀活动和第 1 届古代奥林匹克运动会。以后每隔 4 年举行一届，共举行了 293 届。每届古代奥运会均在能容纳五万观众的奥林匹亚运动场举行，由最初短跑一项比赛，逐渐增加了长跑、跳远、标枪、铁饼、角力、五项全能（赛跑、跳远、标枪、铁饼和角力）、拳击、赛马、赛车等运动项目。古代奥运会有力地促进了体育的交流和发展，给人类文化生活增添了绚丽的色彩，被认为是人类力量与精神和谐统一的源泉。

由于罗马帝国入侵希腊，4 世纪末基督教在希腊升为国教，公元 394 年，笃信基督教的罗马皇帝狄奥多西一世，以异教罪名废止了古奥运会；公元 486 年狄奥多西二世，又下令烧毁奥林匹亚大部分建筑设施，又加上公元 551—552 年发生的两次强烈地震，奥林匹亚宙斯神庙这具有 1 000 多年历史的西方文明就被人祸与天灾彻底埋葬。

沉睡了 1 000 多年之后，被誉为"现代奥林匹克之父"的法国社会活动家、历史学家和教育家皮埃尔·顾拜旦，向世界各国提出恢复奥运会的倡议，经过他多方奔走和积极斡旋，1894 年 6 月 23 日在法国巴黎召开了恢复奥运会的代表大会，会上成立了国际奥林匹克委员会，希腊诗人维克拉斯为第一任主席，顾拜旦为秘书长，并决定 1896 年 4 月在希腊雅典举行第 1 届现代奥林匹克运动会。

　　现代奥运会是声望最高，最庄重，最具有权威，最隆重的国际体育盛会，也是比赛规模最大，水平最高和影响最深远的综合性运动会。她以"团结、和平，友谊"为宗旨，促进运动员的身体和精神的发展和互相之间的了解，建立一个美好、和平的世界。

　　现代奥运会至今已有百年历史。虽经历许多坎坷，但仍然发展成为当今全世界人民最热爱与关注的体育文化活动，随着社会的发展与进步，奥林匹克的五环旗下展示在世人面前的将是她更加辉煌壮观、更加美好圣洁的景象，这也是她永恒的魅力。

　　纵观体育发展的历史，她在漫长的历史长河中，是人类怀着对体育的无限向往，去追求，去创造。她萌生于原始社会，形成于古代，发展于近代，完善于现代，经过了从无到有，从无意识到有意识，从简单到复杂，从封闭到开放，伴随着人类从过去走向未来，这是社会发展的必然，也是体育发展的必然。

　　21世纪的到来，世界将发生巨大的变化，其变化的主要特征是：新的科学技术大量涌现，工业化进入一个新的发展阶段，全球性通信网络的建立把世界连成一个整体，人们对未来驾驭的能力不断增强，社会价值观体系呈现多样化，人类面临自然环境和生存环境的破坏，等等，使体育不可避免地将发生深刻的变化，呈现出以下新的发展特点：

　　（1）竞技体育的国际化。体育作为现代社会最受欢迎的文化现象之一，正以前所未有的速度朝着国际化迈进，它不受国家、地区、种族、文化的限制，把不同的国家和民族连接在一起，体育文化和情感的交流，友谊与和平的传播，使竞技体育国际性得以最好发挥，资源共享使越来越多体现民族文化特点的项目被纳入国际竞赛，由于广泛的国际比赛，体育科技交流的需要，世界各国朝着制定体育竞技规划的方向努力。许多世界性运动会期间举办体育科技大会，也成为惯例，最新的信息和科技成果推动着体育向着更加科学的轨道上迈进。

　　（2）现代体育的社会化。随着体育环境日益优越，人们更加具备了个性的自由与全面发展的条件，使活动内容多样化，娱乐性、轻巧性活动受人青睐，其目的是为了享受和追求愉快健康，"野外化"和"非场地化"可使人们暂时摆脱都市的喧闹，回归自然，发展人际关系，成为时尚的追求。由于人们对体育的普遍依赖，促进了全社会办体育的热情。体育与旅游等第三产业将会成为未来经济的支柱。

　　（3）现代体育的科学化。新的科学技术和理论为体育科学化提供了发展空间。人体科学、生物工程、遗传工程等各学科的理论相互渗透，为体育科学化提供了重要的理论根据。全民健身运动的兴起，促进了体育锻炼的科学研究，通过科学诊断，拟订了各种运动的医务监督方案，根据个人的身体情况安排身体锻炼的运动处方。现代体育已经告别纯真的年代，逐步走上科学化的轨道。

（4）学校体育将由强调"健身"转为"全面育人"。随着体育功能的全面认识和开发，学校体育将不再局限于"健身"，而强调利用体育多功能的效应，以全面育人为宗旨。现代社会科学技术的突飞猛进所带来的生产力的迅速发展和社会变革，劳动者惟有强健的体质才能适应激烈的竞争、精神高度紧张和高强度工作的需要。学校体育是体育教育的基础。提高生活质量，建立科学、健康、文明的生活方式，培养现代人的体育意识，使学校体育的目的与学校教育的目的更趋一致，全面育人已经成为学校体育的基本指导思想。

（5）现代体育终身化。根据"超量恢复"的原理，运动对机体的刺激，每次都会产生作用痕迹，连续不断的刺激作用，会产生痕迹的积累，使人的形态结构和技能产生新的适应，在运动刺激的作用下体质不断增强。增强体质是长期锻炼的结果，只有养成良好的运动习惯，持之以恒地坚持锻炼，才能达到增强体质的目的。因此，在今后体育的发展中，家庭、学校和社会体育各自分离的状况在缩小，形成家庭体育—学校体育—社会体育相连贯的新体系，将伴随人的一生。

第三节　体育的功能

一、健身功能

"健身"功能是体育最本质的功能。以身体练习为基本手段，给予身体各器官、系统一定强度和量的刺激，使身体在形态结构、生理机能等方面发生一系列适应性反应，从而促进健康，增强体质。

1. 体育对促进健康的作用

《世界卫生组织宪章》所述"健康应在精神上、身体上以及与社会上保持健全的状态"。这种观点的提出，标志着健康不仅是指没有疾病和衰弱，而是需要身体与精神都能迅速、完全地适应社会环境。也就是说，现代人的健康概念是一个整体的概念，即包括身体健康和精神健康两方面的内容。

（1）身体健康是指良好的生长发育，正常的生理机能及承担负荷的适应能力。伟大的思想家亚历士多德的名言"生命在于运动"，深刻地寓含了运动对人体健康的重要作用，而医学与生理学关于"适者生存"的理论又明确提出"人的健康状态和工作效率，不仅取决于全身各器官、系统的功能和相互协调，还依赖于使身体获得对自然环境与社会环境的适应能力"。而科学的体育锻炼是获得身体健康最积极、最有效的途径。它能使中枢神经和内分泌系统产生良性的刺激，对促进人体新陈代谢，改善血液循环和呼吸系统功能，提高有机体的适应能力，推迟生物体各组织器官功能的退化，都有显著的效果，从而促进了青年人生长发育，中年人保持旺盛的精力，老年人延年益寿。

（2）精神健康的实质是指维持身体健康的一种能力。任何个体生命的存在总是不完善的，生命过程充满了坎坷，人的健康恰是一种不稳定的平衡，总是小心翼翼地加以维系。若环境稍有变化或是精神受到某些刺激，这种平衡就极易被打破，健康状况也因此受到不同程度的影响。现代大学生处在一个复杂的、瞬息万变的社会，所面临的社会有活力也有压力，有机遇也有挑战，因此，对我们的性格、素质与情绪智商提出更高的要求。体育锻炼是一种积极主动的活动过程，可以增强意志，激励人奋发进取，培养集体观念，协调人际关系，从而促进心理调节能力的提高，并有利于排除各种不健康的心理因素，使个体在体育锻炼的精神内涵中寻求动力，在和谐的环境中获得欢快、轻松，最终达到精神健康的目的。

2. 体育对增强体质的作用

体质是健康的基础，作为人体科学的一个基本概念，指人体的质量，它是在先天遗传和后天获得的基础上，表现出来的人体形态结构、生理机能和心理因素综合的、相对稳定的特征。遗传对体质的影响只是提供了可能性，而体质强弱的形成，主要依赖生态环境、社会因素、体育锻炼三方面的影响，因此增强体质最积极、最有效的方法就是体育锻炼。

首先，体育运动是精神能量释放的最佳手段，通过运动可将体内积蓄的精神能量以身体运动的方式进行释放，纠正其失衡状态，重建平衡，提高各器官系统的机能水平和对环境压力的耐受力与抵抗力，主动营造一个低负荷的环境压力系统，达到增进健康的目的。

体育对增强体质的作用如图1-1所示。

環境壓力 → 精神能量積蓄 → 機能失衡 → 疾病
↓
身體活動
↓
身體能量釋放 → 重建平衡 → 健康

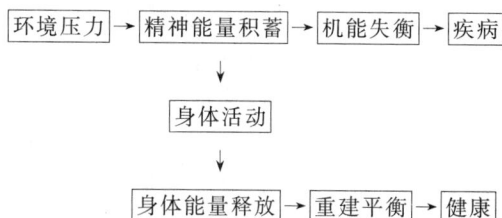

图 1-1 体育对增强体质的作用

其次就是根据身体技能对运动刺激的反应与适应，即"超量恢复"或"超量补偿"的原理，将产生的锻炼效果积累导致机能改善，从而达到身心健康的目的。

体质是一个民族精神文明的重要标志，增强全民体质健康是体育的本质功能。有关专家认为中青年增强体质和维护自身的健康，需要 70％ 的自身力、20％ 的社会关心和 10％ 的家庭照顾，因此，我们应该认识到，体育锻炼是体质投资的终生需要。

二、教育功能

教育功能是体育最基本的社会功能，就其作用的广泛性而言，它对人类社会产生的影响，是体育其他功能无法比拟的。

（1）体育运动本身就是有章可循的、有一定社会约束力的互动活动，就学校体育而言，主要采用校园体育文化节、体育教学、课外活动、课余训练、运动竞赛等组织形式，对受教育者进行思想政治、意志品质、道德情操和身体发展的教育，使他们获得基本的体育理论知识，掌握必要的体育技能，学会科学锻炼的方法，通过身心共同参与体育的过程，培养学生将来担任社会角色所必须具备的体育素养。

（2）由于体育所独具的群众性、国际性、技艺性、礼仪性的特点，使它成为传播价值观的理想载体，激发爱国热情，振奋民族精神，并教育人们要与社会保持一致。体育竞赛的国际性，不仅扩大了它的活动范围，而且加深了它所产生的社会影响，把本来属于技艺性比赛的意义，扩大到国与国之间的竞争，超出体育本身的价值，并因竞赛的礼仪形式、激烈的竞争气氛、高超技艺、比赛的胜负，使同伴之间、对手之间、观众与运动员之间产生极其复杂的感情交流，激发人们的荣誉感、责任心，增强了全民族的凝聚力和奋发向上的进取意识。特别是随着全球性多媒体通信网络的形成，体育运动更成了一种直观性强、富与感染、易于传播的精神力量。当中国女排在世界大赛连续 5 次夺冠时，全国人民无不为之欢欣鼓舞，由北大学生首先喊出了"振兴中华"的口号。在举办第 11 届亚运会和申办 2008 年奥运会期间，举国上下都以高昂的热情投身其中，人们那种为祖国荣誉做贡献的精神，不但表现了中华民族自尊、自强和自信的精神，而且在全国范围树立了讲科学、讲实效、快节奏、高效率的现代意识。这种被体育所诱发的社会情感教育，产生了不可低估的社会教育作用。

三、娱乐功能

"娱乐身心"是被发掘和利用较早的社会功能，在体育初具雏形的原始社会，人们为了宣泄情感而进行嬉戏活动，虽缺乏明确的目标和稳定的运动方式，却以这种潜意识，反映出原始人对精神生活的需求。马克思的需要理论指出：当人类解决了赖以生存的基本生活以后，必然会寻求更高层次的享受。在马克思需要理论的基础上，我们将人的需要概括为三大类，即生理需要、精神需要、社会需要和五个层次，即生存、享受、发展、尊重、贡献的需要，追求需要是人品质的显现和最大的愉快源泉。在现代社会中，由于物质、文化水平的提高，人们为追求现代生活方式，强调把审美的意蕴引向内部，根据外观与内涵结合的现代审美观，诱发难以体验的奇特感受，从而达到娱乐身心的目的。体育的娱乐功能是通过观赏和参与两种途径来实现的。

（1）观赏。经常观赏体育竞赛，除了可以畅心享受健、力、美的运动美感外，还常被那绚丽多姿的体育文化氛围和社交环境所感染，就文化内涵而言，它又集中反映了不同国家、民族的风俗民情和意识观念，极富内向、务实和封闭色彩的东方体育与表现外向竞争和开发性特征的西方体育，这两种体育文化形式，需要我们去细加品味。体育竞赛的无穷魅力，可通过运动中的腾飞、旋转、冲撞，艺术中的造型、乐感、旋律、色彩，人际中的交往、和谐、举止、风度等因素，使观众的心理与之同步律动。特别是竞赛结果的不确定性，胜负变化的戏剧性，观众始终能使情绪处于兴奋中，同时更能进一步深刻感受到运动在竞争中所表现出坚定不移、顽强拼搏的优秀品质，可激励人从逆境奋起，领悟勇往直前、永不退缩的人生真谛。

（2）参与。随着社会的进步、物质的丰富和生存条件的改变以及余暇时间增多，人们为享受生活和善度余暇，积极投入到大自然的怀抱，特别是参加那些自己喜爱和擅长的运动项目，会在身体完成各种复杂练习的过程中，在与同伴的默契配合中，在体力与自然的挑战中，得到一种非常美妙的快感和心理上的满足感，并且使人享受交往、合作的需要，体验人生价值的乐趣。"全民健身"计划的实施，使得各种新颖的大众体育项目有了更广泛的发展空间，在寻求适合我国国情最健康、理想的体育娱乐方式中，使人们在和谐的氛围中，获得精神上的满足，使工作和劳动造成的精神紧张、脑力疲劳和紊乱的情绪得以调节，最终达到"净化"感情和享受生活的乐趣。现代奥运会创始人顾拜旦曾在他的名著《体育颂》中写到："啊，体育，你就是乐趣！想起你内心充满欢喜；血液循环加剧；思路更加开阔；条理更加清晰。你可以使忧伤的人散心解闷，你可以使快乐的人生活更加甜蜜。"

四、政治功能

体育和政治的相互联系是客观存在的，任何国家在带有倾向性的问题上都要求体育服从政治的需要，同时也充分利用体育对政治所具有的影响。

（1）国际体育竞赛是国与国竞争的舞台，是显示一个国家政治、经济的窗口，往往把一个国家运动员在比赛中的表现看成是一个国家国力和民族精神气质的反映。洛杉矶奥运会金牌"零"的突破，使世界体坛对中国刮目相看，称"中国将是奥运会的一支重要力量"，中国女排五连冠，由于电视传播的直观性，产生了富有感染力、易于传播的精神力量，在全国上下乃至世界华侨心目中激起民族自强、振兴中华的强大爱国热情。

（2）体育具有超越世界语言和社会障碍的特点，通过交往可以促进各国人民的友谊和了解，促进国家之间的交流和团结。在国际大赛中，运动员被看做是一个国家的优秀代表，国际友好关系的政治使者，称之为"微笑大使"、"外交的先行官"。轰动世界的"乒乓外交"使封冻20余年的中美关系开始融化、松动，促进了中美建交，在我国对外关系史上开创了新的一页。

（3）体育运动同样还被用来抵制或反对某一项政治活动的手段。1956年我国为抗议制造两个中国的政治阴谋，断然宣布不参加第16届奥运会。为抗议种族歧视，非洲国家体育组织抵制1976年蒙特利尔奥运会，1980年前苏联入侵阿富汗，60多个国家抵制莫斯科奥运会，1984年以前苏联为首的14个国家又拒不参加第23届洛杉矶奥运会，这些都有明显的政治背景。

（4）体育还是促进国家政治一体化，增强集体、民族凝聚力的有效手段。小至一个民族，大到一个国家，由于体育具有广泛的群众性，它可以提供聚会的机会，满足交往需要，沟通各阶层、各民主党派、各人民团体之间的关系，增进民族团结，激发各族人民对伟大祖国炽热的爱。

（5）在促进世界和平方面体育更是起到了其他所不能代替的作用。1996年初，国际奥委会曾经呼吁，要求奥运期间实现全球停火，当时波黑和非洲一些国家的内战激战正酣，就在 26 届奥运会开幕前不久，波黑内战终于在国际社会各方面的调节下停火。当波黑代表团进入会场，受到全场观众的热烈欢迎，奥委会主席萨马兰奇在第 26 届奥运会开幕式致辞中指出："体育是友谊，体育是教育，体育把全世界团结在一起。"这就是体育所具有强烈的祖国意识和世界意识，把 197 个国家在同一时间，同一地点，集结在五环旗下。第 26 届奥运会经过萨马兰奇 5 个小时的积极斡旋，终于使南、北朝鲜在朝鲜半岛的旗帜下共同组队参加开幕式的入场。

五、经济功能

体育的经济功能是由体育与经济的互相促进作用所决定的。经济学家认为，劳动生产力的提高是社会发展的重要标志，而人的素质又是对生产力评价最主要的衡量标准。减少发病率，提高国民身体素质，达到促进生产力的目的。伴随着体育社会化、娱乐化、终身化程度不断提高，为满足体育人口日益增长的需要，尤其是经过"SARS"突袭，追求健康、文明的生活成为体育消费的新增长点，各种健身器材、场地设施，乃至体育健身、娱乐服务模式的多元化和体育旅游业都在迅速地发展，已在国家经济中形成一个庞大的体育产业。

随着经济浪潮的冲击，竞技体育也表现出鲜明的商业化倾向，各职业球队与俱乐部在我国蓬勃兴起，产生了以体育促经济，以经济养体育互为推进的良好效应，1984 年洛杉矶奥运会是首先由民间承办的奥运会，美国金融界人士彼得·尤伯罗斯不仅节省了原定 5 亿美元的耗资，开创了举办奥运会赢利 2.5 亿美元的先河，结束了奥运会负债的历史，同时也拉开了争夺举办世界大赛主办权的序幕。盐湖城申奥丑闻的败露，使国际奥委会重新制定了新的申办程序。许多国家都把举办体育竞赛作为发展经济，改变和促进市容与城市建设，提高国家地位的重要手段。大型精彩的体育比赛可吸引成千上万的观众，并直接获取门票收入，除了可带动旅游、商业、交通、电信和新闻出版业的发展，还可通过出售电视转播权，发行彩票、邮票、纪念币，收纳广告费等途径，得到相当可观的经济效益。如"耐克"公司的乔丹商业效应。然而，1996 年亚特兰大奥运会，由于过于商业化倾向，而导致了组织工作出现混乱，受到了世界各国与奥委会主席的批评："我们不想阻止商业化，因为我们认为商业化对体育界有非常重要的作用，我们所要避免的是将商业化的利益置于体育之上。"即便如此，由于竞技体育商业化道路早已开启，通过体育直接赢利的契机，仍将被人们所利用。

体育是一个多功能、多目标的系统，各种功能互相交叉，不可分割。功能的实现是有条件的，只有遵循科学规律和原则，才能保证体育功能的实现。

第二章　大学生体育学习

第一节　体育学习的基本概念及过程特征

体育学习属学习范畴之列，是学习概念里的一个分支。它专指人体在教育环境中，经过较为系统、规范的专门性的身体练习发生行为进步性变形的过程。它是人类学习的一种特殊形式，既包括体育学习过程中的脑力活动，也包括身体练习。它是在教师的主导作用和学生的主体地位的前提下，有计划、有组织、有目的的学习过程。

体育学习过程的特征具有复杂性和流动性，其过程如图 2-1 所示。

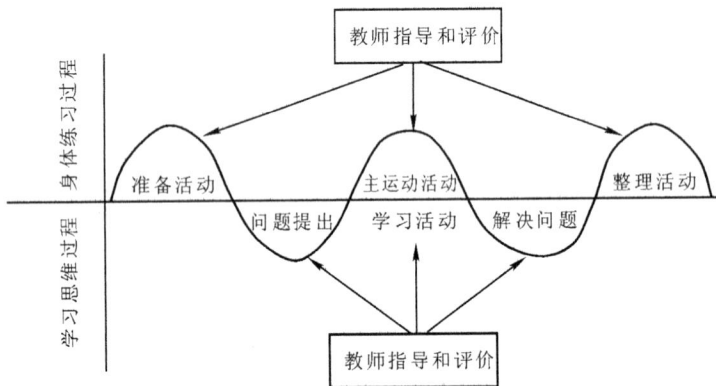

图 2-1　体育学习的过程特征

体育学习的最终目的是发展体能，增进身心健康。

第二节　体育学习的原理

原理是指某一领域或学科中具有普遍意义的基本规律。体育学习要取得预期效果，就必须遵循人类认识事物规律和体育运动的特殊规律。如认识事物规律、人体生理机能变化规律、运动技能形成规律、人体运动负荷规律等。

一、认识事物规律

在学习和掌握体育知识、技术与技能的过程中，必须遵循认识活动规律，将感知、思维、实践三个环节紧密结合起来，缺一不可。感知是认识事物的开始，是形成表象的基础；思维是形成理性认识、掌握运动技能的关键；实践是巩固和运用知识，改进提高动作技术、发展体能、增进身心健康的重要途径。

二、人体生理机能变化规律

在体育学习过程中，人体会发生一系列的生理机能变化，这些机能变化分为学习前状态、准备活动、进入学习状态、稳定状态、疲劳产生及恢复体能过程等 6 个阶段。

（1）体育学习前状态。在进行体育学习前，人体器官、系统产生一系列条件反射性变化，它是在各种刺激影响下自然产生的。如：放下书包换上运动服就有跃跃欲试之感；从教室在去运动场的途中就自然产生情绪激动、心跳加快等。

（2）准备活动。在学习前状态的基础上，通过一般性和专门性的各种身体练习，进一步提高中枢神经系统的兴奋性，克服各种机能的惰性，使中枢神经系统达到适宜的水平，为进入学习状态进一步做好机能上的准备。它是有目的地进行肌肉活动来引起各器官系统发生条件反射，如慢跑→徒手操→专门性练习等。

（3）进入工作状态。人的机体能力和学习效果都不能在活动一开始就达到最高水平，而是在活动开始后一段时间内逐步形成的，这个过程叫做进入工作状态。如速度发挥由慢变快，力量表现由小到大，精神由分散到集中等。

（4）稳定状态。体育学习在一段时间内人体的机能活动保持在一个相对稳定的范围内，学习效果达到了应有的最高水平。如中长跑中的途中跑、篮球比赛中保持较高的命中率等。

（5）疲劳产生。在体育学习或工作到一定时间，人的机体就会出现组织、器官甚至整个机体学习能力暂时降低的现象。疲劳是一种生理现象，也是机体自我保护反应。如体育学习长时间后，会产生精力分散、动作不协调、技术发挥失常、力不从心等表现。

（6）恢复过程。体育学习后，人体的各种机能活动必须经过一段时间之后，才能逐渐恢复至运动前的状态，这一机能变化过程叫做恢复过程。它可分为运动后恢复阶段和超量恢复阶段两个过程。

运动后的恢复阶段：运动停止后消耗过程减弱，恢复过程占明显优势，此时不同能源物质和各器官系统能力逐渐恢复到原来水平。

超量恢复阶段：运动时被消耗的物质不仅能够恢复到原来水平，而且在一段时间内还出现超过原来水平的情况，称之为超量恢复。

三、运动技能形成规律

运动技能是指人体在运动中掌握和有效完成专门动作的能力。这种能力的形成过程有其自身规律，它可分为粗略掌握动作阶段（泛化过程）、改进与提高动作阶段（分化过程）、动作的巩固与运用自如阶段（巩固过程）。

（1）粗略掌握动作阶段。在教师讲解和示范之后，经过反复的身体练习，只能获得一种感性认识，对学习的运动技能内在规律并不完全理解。虽能完成动作的全过程，但动作完成得节奏性差、幅度小、不规范，动作僵硬不协调，并伴有错误动作或多余动作出现。这是因为大脑皮质中的兴奋与抑制都呈现扩散状态，使条件反射暂时联系不稳定，出现泛化现象。

（2）改进与提高动作阶段。在不断的练习中，经过教师的指导、纠正、评价，练习者对该动作的内在规律有了初步的理解，表现为动作质量有了明显提高，动作节奏性较强、协调性较好、动作到位、多余动作消失。这是因为大脑皮质运动中枢兴奋和抑制过程逐渐集中，由于抑制过程加强，特别是分化抑制过程得到发展，大脑皮质由泛化阶段进入分化阶段，因此练习过程中的错误得到纠正，较连贯地完成整个动作技术，初步建立了动力定型。

（3）动作的巩固与运用自如阶段。随着运动技能的巩固和提高，人体可以在无意识的条件下完成所学的动作。完成过程达到了"随心所欲，得心应手"的自动化程度，动作的节奏性强、幅度大，完成动作省力、自如，给人以美的运动享受。此时，大脑皮质的兴奋和抑制在时间和空间上更加集中和精确，达到了建立巩固的动力定型阶段。

四、人体运动负荷规律

在体育学习过程中，人体机能必须承受一定的运动负荷，使之产生一系列良性变化。机能对这些变化有一个运动负荷适应过程，即加大运动负荷—适应—再加大—再适应的过程，直至最大运动负荷。

运动负荷是指运动量（影响运动量的主要因素是练习的次数、时间、距离、负重总量）和运动强度（影响其主要因素是练习的密度、完成时间、速度、重量等）乘积的总和，两者一般成反比关系，即量小强度大或量大强度小。在增大运动负荷时，一般先增量，待适应后再增大强度。

第三节　大学生体育学习的内容

大学生体育学习内容的选择依据是体育学习的目的、任务，可分为体育一般基础理论知识、体育运动实践和《学生体质健康标准》3个部分。

一、体育一般基础理论知识

一般基础理论知识学习的目的是初步了解体育基础理论知识体系，粗略掌握相关基础知识，为运动技能学习奠定基础。大学生一般应了解的基础理论知识包括：体育的产生与发展、大学体育的目的任务与实现途径、体育与人类文明、运动生理、运动解剖、体育锻炼的基本方法与锻炼效果测评、体质健康测评、运动项目技战术、竞赛规则、康复保健运动处方的制定原则与方法等。

二、体育运动实践

体育运动项目种类繁多，学习内容以项目的功能为主，应有目的地选择。为了学以致用，按项目的功能可分为以下类别，如表 2-1 所示。

表 2-1　项目功能分类

功　能	项　　　目
实用型	游泳、武术、摔跤、跆拳道、散打、拳击等
锻炼型	长跑、球类、健美、爬山等
娱乐休闲型	台球、保龄球、高尔夫球、郊游、体育沙龙等
交谊型	体育舞蹈、体育旅游等
康复保健型	散步、太极拳、太极剑、气功、八段锦等

三、普通高等学校《学生体质健康标准》的实施

2002 年 8 月，国家教育部、体育总局联合颁布试行《学生体质健康标准》（以下简称《标准》），同时宣布停止执行原《大学生体育合格标准》。《标准》的颁布试行是认真贯彻执行"学校教育要树立健康第一的指导思想，切实加强体育工作"的具体表现，是国家实施素质教育、加强学校体育卫生工作的重要途径，是促进学生体质健康发展、激励学生自觉进行身体锻炼的有效手段，也是对学生体质健康进行个体评价和毕业的基本要求。促成学生终生养成健康的生活、学习、锻炼习惯，成为我国全面建设小康社会的建设者和保卫者。

《标准》共测试 6 项，其中必测的 3 个项目有身高、体重、肺活量。选测项目也为 3 项，其中从 50 m 跑、立定跳远中选测一项；男生从台阶试验、1 000 m 跑中选测一项，女生从台阶试验、800 m 跑中选测一项；男生从坐位体前屈、握力中选测一项，女生从坐位体前屈、仰卧起坐和握力中选测一项。

由于《标准》是一项群众性的活动，故难度较小，及格通过率较高。它对一般大学生来讲只要努力、科学地锻炼，就可达到，但要达到优秀标准并非易事，而对于那些体质差的学生而言，仍须刻苦锻炼。为了确保大学生在四年期间均能达到《标准》，须抓好以下几点：

（1）全面锻炼，均衡发展。《标准》中必测和选测项目的确定，代表着一个人的身体形态、身体机能和身体素质的完整性。全面锻炼指力量、速度、耐力、灵敏、柔韧等素质练习要兼顾，短跑、跳跃、中长跑、体操等项目练习中，不可厚此薄彼。所谓均衡发展是指人体的上下肢、躯干各部分的柔韧、力量要协调发展，以防形成"上弱下强"或"下弱上强中间松"的畸型。

（2）以长带短，以强补弱。由于个体差异，有的学生速度见长，有的则耐力突出；有的上肢强，有的则下肢强，这是客观存在的。如何以长带短，以强补弱呢？首先，要发挥强项的优势，尽可能提高该项的成绩；对于弱项也不能弃之不练，而应寻找弱项症结所在，对症下药，力争达到及格标准，确保《标准》顺利通过。

（3）必测项目的实施。在必测的身体形态、身体机能的 3 项中，锻炼时要保持身高和体重比例的协调增长，同时也要注意饮食结构，合理摄取营养，克服挑食、偏食或暴饮暴食的不健康饮食习惯，防止营养不良和营养过

剩造成的"豆芽型"和"肥胖型"体型的出现。经常从事中长跑、游泳、投掷等项目的练习，有利于提高肺活量。

（4）选测项目的实施。利用选测项目中的 2 选 1 或 3 选 1 的便利，选择自己的优势且运动成绩得分较多的项目为测试项目，以利总分的增加。

四、学习内容选择的原则

（1）以人为本，为我所用。项目内容的选择，不追赶时尚，而求实效；不盲目随从，以我为主；学以致用，终身享受。

（2）健康第一。紧扣以人为本原则，把健康第一的指导思想作为项目内容选择的出发点和归宿点。

（3）身心合一。根据自己的特点、需要和学校体育学习环境的实际决定项目选择，项目内容的选择力求多样化，以适合大学生的生理、心理特性。

（4）项目内容的选择有利于贯彻执行《学生体质健康标准》的内容和要求。

第四节　大学生体育学习的方法

大学生学习体育方法一般可分为体育课学习方法和发展体能方法。

一、体育课学习方法

大学生体育知识的获取、技能的掌握、体能的提高、锻炼习惯的养成均以体育课为主，辅以课余锻炼。体育课是学校教育计划中规定的必修课，是学校体育的基本组织形式。

体育课是指在特定的教学环境中，在以教师为主导，以学生为主体地位的教与学活动中，学生通过反复的身体练习，掌握体育的"三基"，增强体质，促进身心健康，培养共产主义思想品德和顽强拼搏精神的教育过程。

常见的一般体育课由准备部分（20～25 min）、基本部分（60～65 min）和结束部分（5～10 min）组成。

要学好一堂体育课，首先对体育课要有执着的期盼和饱满的激情，其次是课前要预习本课的学习内容，通过教材从文字和图解上对所学的动作建立感性认知，做到心中有谱。在学习过程中还要通过一听、二看、三想、四练、五勤等方法步骤完成体育课的任务。

（1）注意听。在体育课的准备部分开始时，思想要高度集中，排除外界无关信息的干扰，注意听教师讲解本课的内容、目的、任务、要求等，克服上课的盲从性。

在课的基本部分教师讲解动作要领和练习方法时，要听清楚动作的重点和难点，记住关键所在，做到主次分明。

（2）仔细看。讲解之后，便是教师示范动作。此时，要从不同角度注意看教师示范动作的全过程，即身体姿势，练习的轨迹、速度、力量和节奏等。看是在听的基础上通过视觉建立运动表象。

（3）认真想。练习之前，再认真想一下老师示范动作的全过程，使原来在大脑皮层建立的动作神经联系得以再次形成巩固，不至于在器械上或拿着器材做动作时不知所措，陷入无从做起的窘境。

（4）反复练。体育课以身体练习为主要手段，身体直接参与练习活动之中。实践证明任何动作技能的形成，都是在反复练习中，经历从简单到复杂、从粗略到精细、从量变到质变、从生疏到自如的变化过程，这是完成课程任务最重要的实践环节。

（5）勤复习。一堂体育课的时间是有限的，在有限的时间内要保质保量地完成课程任务难度较大。因此，就必须利用课外余暇时间，复习课堂内容，为下次课老师的提问或检查做好准备。课外练的优点在于：一是弥补了课堂教学不足之处，是课堂教学的延续和扩展。二是有利于学生养成自觉锻炼的习惯，为终身体育打下基础。三是有益于学生之间的互助学习，发挥学生创造思维和创新能力，突出了"以学生为本"的新理念。四是课外的复习加快了教学任务的完成，保证教学质量的不断提高。

在体育课的结束部分，应放松身心，安神调息，消除疲劳，使身体各生理机能尽快恢复原有水平，为转入其他学科学习做好准备。

二、发展体能的方法

体能指人体各器官系统的生理功能及其在体育活动中所表现出的能力以及身体素质的发展水平。

1. 发展体能的方法

（1）固定负荷练习法（又称重复练习法）。指不改变运动负荷的表面数据，在相对固定的条件下，进行反复练习的方法。它可分为连续重复练习和间歇重复练习。

（2）变换负荷练习法（又称为变换练习法）。是指在变化负荷的条件下进行练习的方法。如连续变速跑等。它可分为不断增大运动负荷的练习方法、逐步减小运动负荷练习方法、不同负荷的练习方法。

（3）综合练习方法。在教学中各种练习方法往往是相互结合起来运用，就形成了综合练习法。如采用两种不同负荷进行重复变换练习（用 200 m 快跑加 100 m 中速跑），这就对机体的适应能力提出了更高的要求。

（4）比赛法。指在比赛条件下进行练习的方法。如篮球课中的教学比赛：半场的 3 对 3、4 对 4 或全场的 5 对 5。

（5）游戏法。淡化规则，发挥项目本身特点，充分发挥个人的主动性和创造性，以达到游戏所规定的目标的一种练习方法。

（6）循环锻炼法。指将练习过程分成若干作业点，组成一定时间、固定不变的锻炼程序，按负荷方式的变化关系巡回依次练习。

2. 发展体能应注意的事项

（1）合理安排发展体能练习的顺序。体能发展有其自身规律，要讲究顺序，顺序合理才能达到实效。例如：当人体生理和心理处于最兴奋状态时，先安排速度性或灵敏性练习，然后再安排速度耐力和力量性练习，最后安排耐力练习。

（2）科学地安排运动负荷。不同的运动负荷对体能的影响各异。如引体向上，有的学生一次只能做 5～6 次，对他而言是发展其上肢的绝对力量；而素质好的学生一次可做 10 多次甚至几十次，对其而言是发展上肢力量耐力。同样的负荷量对体能不同的学生产生的影响亦不相同。如：同样的 100 m 跑对一般学生来说就是发展绝对速度，而对水平较高的学生则是发展速度耐力。所以，发展体能一定要注意运动量的安排。

（3）抓住体能发展的敏感期。速度、力量、耐力、灵敏、柔韧等体能都有各自最佳的发展期。如小学阶段的速度、灵敏、柔韧等为最佳发展期；大学生则以发展力量、耐力和速度为主，并努力保持已获得的体能水平。

（4）充分运用身体各素质之间的积极迁移规律。速度、耐力、力量、柔韧、灵敏等素质之间均存在着积极和消极的迁移规律。在发展体能中，要避免消极性，利用积极性，如力量对速度、灵敏有着积极的迁移作用；而耐力对速度则有消极的迁移作用。

（5）发展体能既要全面，又要突破薄弱环节。大学生随着年龄的增长，在生理和心理上也会发生一些变化，在体能发展中也会出现一些"缺陷"，如：女大学生生理惰性增加，身体易发胖，速度随之下降。男生则吃苦精神差，伴之而来的是耐力水平下降，因此，在安排训练时，既要扬长，又要补短，尽最大努力保持已有的体能水平。

（6）发展体能练习要突出趣味性。一般而言，发展体能的练习手段比较单调枯燥，尤以耐力、柔韧等练习为甚。单调枯燥的练习易导致机体疲劳，影响练习效果。所以，练习安排要讲究趣味性，如变化练习形式、组织形式或采用游戏法和比赛法等，以提高大学生练习的积极性和练习的效果。

（7）体能发展同运动机能掌握同步进行。体能发展了有利于运动技能的掌握提高，而运动技能的提高反之有助于体能的巩固发展，两者是相辅相成，互为促进的。

第三章 体育锻炼与健康

第一节 体育锻炼概述

一、体育锻炼的定义和作用

体育锻炼（也称身体锻炼）是人们运用各种身体练习方法，并结合自然力和卫生因素以发展身体、增强体质、增进健康、陶冶情操、丰富文化生活、完善人体为目的的身体活动。

随着科技的创新和社会文明的飞跃发展，人们逐步从繁重的体力劳动中解放出来。然而，社会的进步也带来了多种"现代文明病"，如"肥胖症"人群增多，进而使心血管疾病广泛流行等。自古以来，人们就一直在苦苦探求防御疾病、抵抗衰老、延长寿命的奥秘。时至今日，人们更加认识到健康的可贵，注重提高生活的质量，于是为大家所喜闻乐见的体育锻炼，被越来越多的现代人所接受。

体育锻炼是一个人增强体质、增进健康最积极有效的办法。它能促进青、少、儿的正常发育和健康成长，能使中壮年保持旺盛的精力，能使老年人延年益寿。科学的体育锻炼还能有效防治疾病，使患者加速康复。

体育锻炼不仅具有健身的作用，还可以调剂感情、锻炼意志和愉悦精神，发挥健心的作用；体育锻炼还能促进正确姿势、姿态的形成，改善肤色，塑造体形和矫正身体的畸形发展，发挥健美的作用。因而，坚持体育锻炼，能同时收到"健身、健心、健美"的效果。关于体育锻炼对人的良好作用将在后面章节里详细论述。

二、体育锻炼的特点

（1）以增强体质、增进健康为目的，注重健身实效，提高人体各器官系统的功能水平，而非单纯去追求运动成绩或技艺的精湛。

（2）具有全民性。不论男女老少，何种职业，都可以参加适当的锻炼。

（3）内容和方法的个性化。人们可以根据自身需求和喜好，有针对性地选择不同的锻炼内容和方法。

（4）组织形式的弹性化。锻炼人数可多可少，可以在统一规定的时间内进行锻炼，也可以分散安排锻炼，可以组织比赛，也可以用游戏的形式进行。

总之，只要体育锻炼以健康为目的，以遵循人体身心发展规律为原则，便不受任何约束。

三、体育锻炼与体育教学、运动训练间的关系

体育锻炼与体育教学、运动训练间既有联系，相互交融；又有明显区别，存在不同因素，在具体内容和手段上很多都是相通的。然而，由于三者间的目标不一致，因此，它们的对象、方法、手段、组织形式、评价标准等方面也有很多不同之处，三者之间的主要区别如表 3-1 所示。

值得指出的是，尽管体力劳动也具备体育锻炼的一些特征，对锻炼身体有一定的促进作用，但是体力劳动不能代替体育锻炼。因为，很多体力劳动都是在某种固定姿势下进行大量重复，容易引起局部肌肉疲劳，长此以往，很可能形成局部劳损或职业病，从而影响健康。所以，体力劳动是代替不了体育锻炼对人体健康的促进作用的。

表 3-1　体育锻炼、体育教学、运动训练的区别

分类 项目	体育锻炼	体育教学	运动训练
目　　的	增强体质，追求身心健康的实际效果	增强体质，掌握知识、技术、技能，增进健康	挖掘最大潜能，提高运动技术水平，创造优异成绩
对　　象	全体民众，年龄、性别不限	学生	运动员
内　　容	内容广泛，且参加者可自行选择	教学内容按规定的教学计划、大纲进行	以正式竞赛项目为主，具有专项化性质
运动负荷	适宜负荷，因人而异	承受适宜负荷	承受大运动量、高强度的负荷
组织形式	灵活多样，自主性强	以教学班组织教学	在教练员指导下训练，按规则进行比赛
效果评价	以自我测评为主，不需要社会承认	按教学大纲要求进行考核	通过竞赛确定成绩，被社会承认

第二节　体质与健康的基本概念

一、体质与健康的关系

体质与健康两者之间的联系非常密切，但又有所不同，两者既有联系又有区别。体质的强弱和健康状况的好坏都涉及人体的形态发育、生理机能、运动能力和心理状况、适应能力等。但是体质是人体的质量，是生命活动的物质基础，也可以看做是健康的物质基础，而健康则是体质的外部反映和表现，是评价人的体质状况的起码条件。体质比起健康来，无论从内容和意义上都更为广泛和复杂。同是健康的人，其体质可能会有千差万别。所以，人体不应满足于"健康"这种起码的标准，而应在健康基础上，采用各种有效的科学手段，不断增强体质。

体质是生命运动和身体运动的对立统一，自然也就是健康和体力的矛盾统一。体质"一分为二"，就是健康和体力。体力和健康不能互相替代，各有独立的含义，也不能分别单独代表体质。只有把体力和健康结合起来观察，才能完整地反映体质水平。譬如健康良好者必有一定的体力水平，而体力良好者必定以一定的健康水平作为基础和保证。体力和健康，是统一的体内矛盾运动的互为表里的两个方面。健康反映了人体内部矛盾运动的统一性；体力是体内矛盾斗争性的反映，是体内矛盾运动的在可控限度内展开时所可能达到激烈程度的反应，这个可控限度，就是健康。总之，只有科学地把握和处理好生命运动和身体运动的矛盾统一，才能达到身体发展的最高成就，这个成就就是体育工作的根本目的。

二、体质的概念

体质是指人体的质量，它是在遗传和后天获得的基础上表现出来的人体形态结构、生理功能、运动能力、心理因素、适应能力等方面相对稳定的特征。

构成体质的 5 个因素：

（1）身体形态发育水平。体格、体型、姿势、营养状况、身体组成成分等。

（2）生理功能水平。机体代谢水平及各器官系统的效能。

（3）运动能力。身体素质（速度、力量、耐力、灵敏、协调、柔韧）和基本活动能力（走、跑、跳、投、攀登等）。

（4）心理适应与发展水平。感知、情感、个性、意志等。

（5）适应能力。对各种环境的适应能力和对疾病的抵抗能力。

三、健康的概念

健康是生命的象征、幸福的保证。人人需要健康，向往长寿，那么什么是健康呢？古往今来，人们对于健康的解释各不相同。过去，人们总认为"无病、无残、无伤"即健康。长久以来，"没病就是健康"的传统健康观和"人的命天注定"的宿命论仍在社会人群中普遍存在。殊不知，即使没有任何躯体上的疾病，在生活中还会有烦恼、抑郁等不良现象存在。然而，随着社会的发展和科学技术的进步，人们已突破了原先的思维模式，对健康的概念有了新的认识。因此，对大学生进行健康教育，宣传和普及新的健康观尤为重要。关于健康的概念，有较多的论述和提法。

1. 三维健康模式

三维健康模式是美国学者奥林斯提出的，它强调从生物、心理和社会三个方面来评价人的生命状态，每个方面均包含着健康和疾病，由此得出关于人的健康状况的三维表象。据此，可以大致确定区分普通人的 8 种健康三维模型（见表 3 - 2）。

表 3 - 2　8 种健康三维模型

类型	标　志	生理方面	心理方面	社会方面
1	正常健康	健康	健康	健康
2	悲观	健康	不健康	健康
3	社会方面不健康	健康	健康	不健康
4	患疑难病症	健康	不健康	不健康
5	身体不健康	不健康	健康	健康
6	长期受疾病折磨	不健康	不健康	健康
7	乐观	不健康	健康	不健康
8	严重疾病	不健康	不健康	健康

注：表 3 - 2 选自 FD. 奥林斯，《健康社会学》，1992 年。

2. 健康五要素说

美利坚大学的国家健康中心提出了一个与健康三维观相似的健康定义，即个体只有身体、情绪、智力、精神和社交等五个方面都健康（也称健康五要素），才称得上真正的健康，或称之为完美状态。目前，也常用完美一词来代替健康。

（1）身体健康。主要指无病，而且包括体能，体能是一种满足生活需要和有足够的能量完成各种活动任务的能力。具备这种能力可以有效地预防疾病，增进健康，提高生活质量。

（2）情绪健康。主要的标志是情绪的稳定性，即个体应对日常生活中人际关系和环境压力的能力。是一种生活中的常态，偶尔的情绪高涨或低落均属正常。

（3）智力健康。指在长期的学习和生活中，大脑始终处于活跃状态。

（4）精神健康。主要包括理解生活基本目的的能力，以及关心和尊重所有生命的能力。对于不同宗教、文化和国籍的人意味着不同的内容。

（5）社交健康。指形成与保持和谐人际关系的能力，它将使人们在交往中有自信心和安全感。与人友好相处，会使你少生烦恼，心情舒畅。

健康的五个要素相互联系、相互影响，在人的生命长河的不同时期，健康的各要素的重要作用会有所不同，但长久地忽略某一种要素就可能存在健康的潜在危险。只有每一个健康要素平衡发展，人才能称得上处于完美状态，才能真正健康和幸福地生活，享受美好人生。

关于健康的概念，世界卫生组织的论述具有较高的认同性和权威性。

3. 健康的概念

世界卫生组织（WHO）于1948年在其宪章中指出健康的定义是："健康不仅是免于疾病和衰弱，而且是保持体格方面、精神方面和社会方面的完美状态。"1978年国际初级卫生保健大会所发表的《阿拉木图宣言》中，对健康的描述又重申："健康不仅是疾病与体弱的匿迹，而且是身心健康、社会幸福的完美状态。"1989年WHO提出了健康的新概念，除了躯体健康、心理健康和社会适应好外，还要加上道德健康，只有具备这四个方面的健康才算是完全的健康。这是最新的最有权威的关于健康的概念。1994年6月，世界卫生组织亚太地区执委会提出了"健康新地平线"战略来迎接21世纪。明确提出，未来医学和卫生工作的侧重点应该是"以人为中心，以健康为中心"。而不是以疾病为中心，并且必须将重点放到有利于健康的工作上，作为人类发展的一部分。

4. 健康的组成

对"健康第一"的理解：健康的新概念揭示了健康的四个层次，它们之间相互联系，相互影响。因此，对于维护人体健康而言，上述几方面缺一不可。

（1）生理健康层次。生理健康指人体的结构完整和生理功能正常，即没有需高度治疗的身体疾病，有余力应付意外的挑战，并有足够的能力满足日常的生活。另外还体现在形体匀称、眼睛明亮、头发有光泽、牙齿洁白、睡眠良好等方面。生理健康是其他健康层次的基础。

（2）心理健康层次。心理健康以生理健康为基础并高于生理健康，是生理健康的发展。心理健康包括情绪健康和思维健康。情绪健康是指情绪稳定乐观、意志坚强、行为规范协调、精神充沛，以情绪的稳定性为主要标志。思维健康是指人们根据实际情况，认识世界，乐于承担责任，做出挑战反应，能面向未来，充满信心，对生活采取理性策略的能力。

判断心理健康的三个原则是：① 心理与环境的同一性，即心理反映客观现实在内容和形式上与客观环境相一致；② 心理与行为的整体性，即一个人的认识、体验、情感、意识等心理活动和行为在自身是一个完整和协调的统一体；③ 人格的稳定性，即一个在长期活动经历中形成的独特的个性心理特征具有相对的稳定性。

（3）道德健康层次。道德可简单解释为做人的道理和应有的品德。重要的特点是能够按照社会道德行为规范准则约束自己，并支配自己的思想和行为，有辨别真、善、美、丑、荣、辱的是非观念和能力。这种能力可使人更有自信感和安全感，在日常生活中能使人始终保持良好的心态，有益于身心健康。其最高的标准是"无私利他"；基本标准是"为己利他"；不健康的表现是"损人利己"和"纯粹害人"。

（4）社会适应健康层次。指人在社会生活中的角色适应，包括职业角色、家庭角色及婚姻、家庭、工作、学习、娱乐中的角色转换与人际关系等角色的适应。拥有较强的社会交往能力、工作能力和广博的文化科学知识；既能适应自身在社会活动中的各种角色，而且能创造性地取得成就，奉献于社会并达到自我成就、自我实现，这就是健康的最高境界。

健康的四个层次的标准，是随着时代的逐步深化和发展而变化的。这意味着我们对"健康第一"的认识也应当在传统的意义上加以扩展。扩展后的健康概念不仅和体质的意义有了区别，也和传统意义的健康有了区别。

四、影响体质与健康的因素

（一）影响体质的因素

一个人的体质，在其发展过程中，既受制于先天条件，又受到环境、体育锻炼等后天因素的影响。

1. 遗传对体质的影响

所谓遗传，就是指人体在生长、发育、繁殖、衰老和死亡的过程中，按照亲代所经过的发育过程和方式，产生与亲代相似的后代，亦是指亲代的性状在其后代体现的现象。其遗传方式，无论是单基因遗传，还是多基因遗传，它们均以染色体作为基础的载体，并有基因携带遗传信息向后代传递。随着遗传学尤其是分子遗传学的迅速发展，有机体的遗传和变异的本质越来越被人们所认识。

（1）遗传对身体形态的影响。身体形态具体反映人的体形，遗传对体形的决定性影响，可从几种"数量线状遗传力"的估计中看到。据有关资料统计，男子身高的遗传力为79%，女子则高达92%；腿长的遗传力，男子为77%，女子可高达92%。如果父母均为肥胖者，其子女肥胖的可能性则为一般孩子的10倍；而父母为消瘦无力形，则子女身体肥胖者仅占7%。国外人类遗传专家的实验结果表明，体重可以通过后天的因素加以一定的控制和调节。

（2）遗传对身体素质的影响。遗传因素对速度、力量、耐力等身体素质都有不同程度的影响。国外的研究结果表明，反应速度的遗传力为75%，动作速度的遗传力为50%。日本水野中文研究表明，表现速度素质的50 m快跑的遗传力为78%；前苏联学者B.扎尔斯基的研究表明，肌肉的相对力量的遗传力为64.3%，而肌肉的绝对力量的遗传力仅为35%。有人测定，最大吸氧量的遗传力为70%～75%，而无氧代谢能力受遗传因素的影响更大，其遗传力达70%～99%。

（3）遗传对性格的影响。科学家通过多年的努力，找到了一种名叫D_4DR的遗传基因。D_4DR基因较长的人，比较容易兴奋、善变、冲动、性情急躁，喜欢探险，同时也比较奢侈。D_4DR基因较短的人，比较喜欢思考、忠实、温和、个性拘谨、恬淡寡欲并注意节俭。心理学家指出，遗传对人的性格有很大的影响，害羞的小男孩很可能到了老年仍是一个害羞的老祖父；而胆小怕事的人很可能一辈子提心吊胆地过日子。

（4）遗传对人体健康和寿命的影响。美国著名老年学家斯特雷勒教授认为，遗传基因结构的稳定性对人的寿命有很大的影响（其中对健康的影响主要对遗传疾病而言）。许多统计资料证明，父母高寿者，其子女高寿的比率就大；一个活到80～90岁的人，几乎都有一个高寿的祖父母，或者有一个高寿的姑母和叔父。

2. 后天的环境条件对体质的影响

遗传对体质的影响只是提供了可能性，而体质强弱的形成，主要依赖于后天的环境条件。人们所处的环境里，包括自然环境和社会环境，包括人们赖以生存的基本条件和一切有关事物。在后天的环境条件中，影响体质的因素很多，诸如生态环境、劳动条件、社会因素、风俗习惯、卫生和体育锻炼以及教育水平等。特别是人类特有的社会环境，对于人体成长、发育和体质强弱的影响是起决定作用的。

(1) 营养。在环境条件这个总体中，属于社会物质生活条件的营养水平是决定体质强弱的重要因素。长期的营养低下或营养不良，会导致体质水平的下降。我国历年来对儿童青少年体质调查资料来看，无论在形态、机能还是身体素质和运动能力方面，一般都是城市比农村的水平高，其主要原因是城市的营养水平比农村高得多。

(2) 社会经济发展水平和物质文明是决定人生长发育水平和体质状况的一个重要因素。因此它在很大程度上决定了物质生活水平和营养状况、文化和教育水平、医疗卫生条件等。高水平的经济收入和教育，不仅提供了较好的营养条件，而且提供了较好的医疗保健条件。

(3) 劳动条件。劳动的性质和条件，对人们的体质强弱有着深刻的影响。一般来说，适当的体力劳动对体质的增强有积极的作用。但是过于繁重的体力劳动，在严重污染环境下的体力劳动，精神情绪经常处于紧张状态下的劳动，操作分工过细、促使身体局部片面发展的劳动等，对人的体质都有不利影响。

(4) 自然环境。人类是动物和植物以及自然其他各种物质相互作用的生态系统中的一个重要组成部分。在广泛复杂的地理、气候自然环境条件下，人类之所以能够生存和繁衍，是由于人类具有了适应能力。这种适应主要表现在两个方面，即生理性的适应和遗传性的适应。

3. 体育锻炼与体质

一个人的身体总是处于不断变化发展的过程中。有计划、有目的、科学地进行体育锻炼，是增强体质最积极有效的途径。

人体形态的发育，机能水平和运动能力的提高，适应环境和抵抗疾病能力的增强等，是有很大潜力的。通过体育锻炼，这种潜力可以得到更充分的发挥和有效的作用。古今中外许多学者大量研究的成果，令人信服地证明了体育锻炼对增强体质的显著效果。

（二）影响人体健康的因素

健康是许多因素相互制约、相互作用的结果。一个健康人的机制和机能以及生活、工作环境处于相对稳定的平衡状态，这平衡一旦被破坏，就会影响人的健康。根据健康的整体观念，现代医学影响健康的因素归结为五大类，即生物学因素、环境因素、卫生服务因素、行为与生活方式因素。

1. 生物学因素

从古代到本世纪初，人类死亡的重要原因是病源微生物引起的传染病和感染性疾病以及内分泌失调和免疫功能失常等，这些致病微生物和遗传因素成为生物性致病因素。在社区人群中，特定的人群特征如年龄、民族、性别，对某些疾病的易感染性、遗传危险性等，也是影响该社区健康水平的生物学因素。例如，随着老龄化社会的到来，社区中的老年人越来越多，老年人的生理、心理等因素决定了他们对卫生保健服务的需求和依赖远远大于其他人群。

2. 环境因素

人生活于自然与社会环境之中，所有人类健康与环境有关。自然环境恶劣、营养匮乏、卫生条件差导致传染病、寄生虫病和地方病的流行。社会环境涉及政治制度、经济水平、文化教育、人口状况、科技发展等诸多因素，良好的社会环境是人民健康的根本保证。

3. 体育锻炼

人体生长、发育、衰老至死亡是生命与运动的过程，这是每时每刻都在进行着的绝对运动。而人体在日常生活、劳动和文娱体育活动中身体的位移运动，是人体或肢体的相对运动，它能促进人体的新陈代谢。这种运动要有相对的安静和休息。科学地安排动静结合，对增进健康、延年益寿有重要的意义。详细内容将在后面的章节叙述。

4. 行为与生活方式因素

生活方式是指在一定环境下所形成的生活意识和生活行为习惯的统称。是指人们长期受一定文化、民族、经济、社会、风俗家庭等影响而形成的一系列生活习惯、生活制度和生活意识。国内外大量研究表明，在现代社会里，不良生活方式和有害健康的行为已经成为危害人们健康、导致疾病的原因，如吸烟、酗酒、缺乏锻炼、不良饮食习惯是致使人群高血压、冠心病、糖尿病等"现代生活方式病"的患病率不断增高的危险因素。1976年美国的死亡人数中,50％与不良生活方式有关。1992年WHO估计,从全球看,生活方式原因引起的死亡人数中发达国家为70％～80％,发展中国家为40％～50％。可见养成良好的生活习惯对于健康至关重要。

5. 心理因素

人的心理活动是由大脑神经系统所支配,生理变化会影响心理活动,而心理品质也会引起生理的变化,影响人的健康,经常保持精神愉快,心情舒畅是人体健康的重要因素。

总之,对健康及其影响因素的理解,有助于我们进一步认识人的整体性,以及人与自然环境的统一。人在与环境的相互协调过程中往往处于主动地位,而自身行为和生活方式对健康和社会更有举足轻重的作用。这种对健康与疾病多因多果的关系认识是健康观念的更新,是我们在开展健康教育工作的必要认识基础。

(三) 健康的评价

身体健康是人们的共同愿望,怎样才算健康?健康的标准是什么呢?不同的历史时期、不同的民族、不同的国家、不同的人群有不同的理解和说法。有些国家的学者曾提出过健康必须具备"快食"、"快眠"、"快便"、"快言"、"快走"、"良好的个性"、"良好的心理素质"、"良好的人际关系"的"五快"和"三良好"标准。快食是指人的食欲旺盛,消化功能良好,这样可保证身体的营养供给。快眠是指人的睡眠良好,神经调节功能正常,以保证身心充分休息、消除疲劳、恢复体力。快便主要是指人的大便通畅,排泄功能正常,将体内代谢废物及时排出体外,避免身体中毒。快言就是说能迅速准确地理解他人的说话内容,回答对方问题,说明思维敏捷。快走是指人的体能好,特别是反应强健的腿灵活、协调。"三良好"指人的心理状态及社会交往能力良好,具有良好的自控能力,情绪稳定。做到"五快"和"三良好",基本上可以说身体健康。

现代社会对人的健康提出了更高的要求,世界卫生组织认为,健康应具备十大条件或叫健康标准:

(1)有充沛的精力,能从容不迫地负担日常生活和繁重的工作而不感到过分的紧张和疲劳。

(2)处事乐观,态度积极,乐于承担责任,而不挑剔。

(3)善于休息,睡眠良好。

(4)应变能力强,能适应外界环境的各种变化。

（5）能够抵抗一般性的感冒和传染病。

（6）体重得当，身体匀称，站立时，头、肩、臀位置协调。

（7）眼睛明亮，反应敏锐，眼睑不易发炎。

（8）牙齿清洁，无龋齿，无痛感，齿龈颜色正常，无出血现象。

（9）头发有光泽，无头屑。

（10）肌肉丰满，皮肤有弹性。

总之，健康不仅是指机体健壮结实，身体没有缺陷和疾病，而且还应具备良好的、心理状态和社会的适应能力。健康的体魄、良好的体质有赖于诸多因素，而体育锻炼则是健身的最积极有效、最简便易行的重要手段。

第三节　体质测定与评价

一、体质测定与评价的意义

进行体质测定与评价的目的，是为了掌握测定对象体质的状况及其发展变化，检查、评定体育教学和体育锻炼对增强体质的效果，分析研究影响体质强弱的各种因素，并从加强科学的体育教学和锻炼以及改善营养、卫生条件等方面，及时采取适宜的措施，从而更有效地增强体质。

体质测定与评价的意义：

（1）开展体质测定与评价，可使学校有关部门了解和掌握学生体质的现状；通过测定和评价获得的数据，经过分析研究，了解学生体质变化的客观规律，并可检查、衡量体育教学和身体锻炼对增强体质的效果。

（2）体质测定与评价为制定切合实际的体育教学大纲、计划，确定适宜的教学内容和方法提供了科学依据；同时，也为制定科学的体育锻炼计划提供了客观的依据。

（3）通过体质测定和评价的信息，使学生了解自己的发育过程、机能水平、身体素质和运动能力以及各个时期体质的发展和变化。引导学生关注自己的体重状况，激发和培养他们科学锻炼身体的自觉性和积极性。

（4）体质测定与评价过程中收集和积累的大量数据资料、能促进学校体育卫生工作和科学研究。

（5）学校掌握了体质与评价的资料，并通过分析、比较和研究，能更有效地改善学校体育、卫生、营养、生活制度和学习负担等工作的管理，从而进一步增强学生的体质，提高健康水平。

二、体质测定的基本要求

1. 测定的一致性

测定的一致性，主要指选测的指标、技术规格、测试方法和程序，仪器、器材和用具的规格型号，记录的要求和方法，都要有一致的规定及统一的标准要求，测量时应与规定及标准要求相符合。

2. 测定的有效性

测定的有效性是指测验的项目指标能准确反映身体某一方面的特征。例如：采用 50m 跑测定速度素质，用 12min 跑测定耐力素质，用立定跳远测定下肢爆发力等。对一组综合测定的项目指标来说，其有效性应能全面、准确地反映人的体质状况及其水平。

3. 测定的可靠性

测定的可靠性是指在同一条件下，由同一个测试者对同一个对象重复进行相同内容的测定时，能够测得一致和真实结果的程度。一致和真实程度越高，可靠性越大。

4. 测定的客观性

测定的客观性是指不同的测试人员（有经验的或缺乏经验的）对同一受试者进行同一测定结果的一致性。也就是测试人员的主观因素不影响或很少影响测验结果。例如：称体重时，只要磅秤准确稳定，谁称都能得出一致的结果。因此，可以说，这一测试指标的客观性是很高的。但有些项目的客观性就差些，如，量胸围，不同的测试人员量同一对象其结果可能相差一厘米甚至几厘米。

三、体质测定的内容和方法

(一) 形态发育指标

身高、体重与胸围三项指标的均衡发育程度对于人体的形态（体型）影响最大。通过身体测量，可以鉴别三项指标的发育程度，分析影响身体形态的各种因素，如遗传、地区、生活环境、营养状况、体育锻炼、保健、季节、种族、教育以及其他环境条件，以求改善体质，使形态发育指标更接近理想目标。

1. 身高

身高主要反映骨骼发育的状况，是反应人体纵向生长发育水平的重要指标。身高测量的数据对于计算体力和身体指数、评价体格的优劣及一般能力，都有较大的应用价值和实际意义。

测量时，被测者赤足，背靠立柱呈立正姿势站立，脚跟、骶骨和两肩胛间三处于立柱紧贴。躯干挺直，头劲正直，两眼平视前方，使耳屏上缘与眼眶下缘呈一水平。测量者站在侧方，轻轻下滑活动侧板，直至板面紧密接头顶为止。测量者两眼与水平压板呈水平位进行读数。测试误差不得超过0.5cm。

2. 体重

体重是人体横向发育指标。它反映人体骨骼、肌肉、皮下脂肪及内脏器官重量增长的综合情况和身体的充实度。体重和身高比例可以辅助说明营养状况和肌肉发育程度。体重受年龄、性别、生活条件、体育锻炼、疾病等因素的影响。体重也是衡量健康和体力好坏的重要标志，过于肥胖和消瘦都要引起注意。

测量时，男生只穿短裤，女生穿短裤、背心并应在测量前排空大、小便。被测试者赤足轻轻踏上称台中央，身体保持平衡，不与其他物体接触。

3. 胸围

胸围是人体宽度和厚度最有代表性的测量值。它反映胸廓的大小及胸部、肌肉的发育情况。由于胸廓里有人体重要器官（心脏、肺脏），胸廓的测量对于内脏器官的机能状况也有较大的意义。因此，胸围是反映人体生长发育水平的一个重要的指标。

测量时，被测者必须裸露上体，自然站立，两脚同肩宽，两臂自然下垂，并均匀呼吸。测量者将带尺围绕胸廓一周。在带尺上缘置于肩胛骨下缘，在胸部带尺下缘放在乳头上缘，已发育成熟的女生，带尺应置于乳头上方第四肋骨与胸骨连接处。从侧面观，带尺呈水平的圆形。测量胸围是最好两人一前一后同时操作，这样较为准确。应在呼气之末，吸气尚未开始时读数，测试误差不得超过 0.5cm。

深吸气时与深呼气时胸围之差叫呼吸差。它可以反映人体形态生长发育状况和呼吸肌力量的大小。经常进行体育锻炼，能使胸围和呼吸差增加，胸围可比一般人大 5% 以上。一般人呼吸差为 6～8cm，而经常进行身体锻炼的人达 8～10cm，而运动员则可达 12cm 以上，游泳和中长跑运动员的呼吸差往往更大些。

（二）生理机能指标

1. 安静脉搏

脉搏是心脏节律性收缩和舒张，由大动脉的压力变化，而引起四肢血管壁扩张和收缩的一种搏动现象，故也称心律。它主要反映心脏和动脉的机能动态。安静脉搏是相对安静状态下的脉搏频率，即单位时间内（min）动脉管壁搏动的次数。它可以检查心脏生长发育的程度。

测量安静脉搏前应静坐 10min 以上，保持情绪安定。测量人员用食、中、无名指的指端摸准受试者手腕部的桡动脉处，连续测 3 个 10s，观察其中两次脉搏次数相同，并与另一次相差不超过一次时，即可认为是相对安静脉搏，否则重测。然而换算成 1min 的脉搏数。

2．血压

血压是指血液在血管内流动时对动脉血管壁产生的侧压力，也称动脉血压。血压与心脏搏动力量、动脉血管的弹性、末梢血管的抵抗力及血液的粘性有密切关系。它和脉搏相反，随年龄增大逐年稳定地增长。这是因为成年人大血管和毛细血管的口径变小，血管壁的弹性不如少年儿童，血液流动时外围阻力较大的缘故，在每一个心动周期中动脉血压随着心室的收缩和舒张而发生规律性的变化，从而反映出心脏血管的功能状况。

3．肺活量

肺活量是指一个人全力吸气后所呼出的最大量气体。肺活量是一种常用的反应呼吸机能的指标，它和身高、体重、胸围呈正相关。一般情况下，体重和胸围大的人，肺活量也大，肺活量越大越好。

测量肺活量时，多使用回转式肺活量计，受试者应取站立姿势，然后深吸气，经憋气后尽力深呼气，直到不能再呼气为止。等回转筒停稳后，按指示器读数，每人可测量三次，每次一般间隔 15s，选最大值记录，精确到 10 位数，误差不得超过 200ml。

（三）身体素质和运动能力的测定

任何动作都是不同形式的肌肉活动，人体在进行活动时，必须表现出力量的大小，速度的快慢，持续时间的长短，关节活动范围的幅度大小。这些机体动作的能力统称为身体素质，也成为力量、速度、耐力和灵敏素质。这些机能能力，通过肌肉活动表现出来，但同时也反映着内脏器官的机能、肌肉工作时供能情况，以及运动器官与内脏器官活动的协调。因此，它在客观上可以衡量人体机能发挥情况。

运动能力是指基本活动技能，如走、跑、跳、投、攀登、爬越等。这些技能是人类生活中的基本动作，都是在生活实践中学会，并在体育活动中加以发挥和改进，而且组成各种复杂的运动技能。

四、评价方法

体质的评价方法很多，根据我国学生的实际情况，选择一些比较简单的方法，以便学生进行自我评价。

（一）离差评价法

离差法是以大数量的横剖面调查资料的平均数为基准值，以标准差为离散距，分等级评价身体发育水平的方法。使用离差法制定有标准，必须首先明确一个前提，即指标应呈正态分布或基本上近似正态分布（表3-3）。

表3-3　离差法划分评价等级标准

评价等级	标准	理论百分数/（%）
好	（x＋1.28s）＋0.1以上	10
较好	（x＋0.67s）＋0.1至（x＋1.28s——包括此项）	15
一般	（x＋0.67s）包括（x＋0.67s）	50
较差	（x－0.67s）－0.1至（x－1.28s——含此项）	15
差	（x－1.28s）－0.1以下	10

（二）指数法

指数法是一种比较常用的评价方法，它是用两个以上指标间的数值关系来说明体型特征和体质的发育状况的。

常用的指数有：

$$体重、身高指数 = \frac{体重（kg）}{身高（cm）}$$

表示每厘米身高的体重值，用相对体重来反映人体营养状况和肥瘦程度。我国20～25岁的城市青年标准，男子为296～403（平均为349.5）；女子为371～387（平均为379）。

$$胸围、身高指数 = \frac{胸围（cm）}{身高（cm）}$$

表示胸围占身高的百分比。反映胸廓发育情况，我国20～25岁男子为50%，女子为49%。

$$体重、身高、胸围指数 = \frac{体重（kg）＋胸围（cm）}{身高（cm）}$$

这种指数法比较能全面反映体质的情况。我国20～25岁男子为77%～

94％（平均 85％），女子为 73％～93％（平均 82％）。

$$肺活量、身高指数 = \frac{肺活量（ml）}{身高（cm）}$$

反映肺活量大小。我国 18～25 岁男青年平均为 24％，女子为 18％。

$$肺活量、体重指数 = \frac{肺活量（ml）}{体重（kg）}$$

表示每千克体重的肺活量值。我国 18～25 岁男子平均为 71％，女子为 56％。

第四节　体育锻炼对人的作用

一、生理作用

（一）体育运动对运动系统的作用

运动系统的主要功能是使人体运动。它由骨骼、骨连节（关节）和肌肉三部分组成，在神经系统的支配下，肌肉收缩牵动骨骼产生各种运动，这种运动是以骨骼为杠杆、关节为枢纽、肌肉为动力来实现的。

1. 骨骼肌

任何身体活动都表现为肌肉的运动，所以，肌肉系统必然是受体育运动影响变化最深刻的器官之一。骨骼肌在人体中分布极为广泛，全身有肌肉 400～600 块，成年人骨骼肌占人体体重的 40％（女性 35％）左右，不同年龄、性别的骨骼肌占人体体重的比例不同，四肢占全身肌肉总重量的 80％，其中下肢占 50％，上肢占 30％。

体育运动对骨骼肌形态结构的影响：

（1）肌肉体积增大。大多数人认为肌肉体积增大是因为肌纤维增粗的结果，力量练习可使肌纤维最大程度地增粗，而耐力性练习如中长跑、自行车等项目对肌肉的肌纤维增粗并不明显。

（2）肌纤维中线粒体增多，体积增大。线粒体是供能中心。

（3）肌肉中脂肪减少。在活动不多的情况下，骨骼肌表面和肌纤维之间有脂肪堆积，影响了肌肉的收缩效率，通过体育运动，特别是耐力性项目（长跑），可以减少肌肉的脂肪提高肌肉的收缩效率。

（4）肌肉内结缔组织增多，使肌腱和韧带中的细胞增殖而变得结实粗大，从而抗拉断能力增高。

（5）肌肉内的化学成分发生变化，如肌肉中肌糖原、肌球蛋白、水分等都会增加。物质的增多提高了肌肉的收缩能力，及时供给肌肉能量。

（6）肌肉中毛细血管增多，体力运动可使肌肉毛细血管数量和形态都有所改变，提高了肌肉的工作能力。

2. 骨骼

成年人的骨骼共有 206 块，但其中大约只有 178 块直接参与随意运动，多数骨是成对的，骨中有丰富的血管和神经。

体育运动对骨形态结构的影响：

长期坚持体育锻炼，可使骨密质增厚、骨变粗、骨小梁排列更加整齐、有规律，使骨变得更加粗壮和坚固；在抗折、抗弯、抗压缩和抗扭转方面的性能都有了提高。

体育运动的项目不同，对各部分骨骼的影响也不同。经常从事下肢活动的跑跳运动，对下肢骨骼的影响较大；而经常从事举重运动，对上肢和下肢的骨骼影响较大。

体育锻炼可以使关节面骨密质增厚，从而能承受更大的负荷；体育锻炼增强了关节周围肌肉力量，使肌腱和韧带增粗，关节面软骨增厚，加大了关节的稳固性，增加了关节的运动幅度。在体育运动停止后，骨骼所获得的变化慢慢消失，因此，体育锻炼应经常化，项目要多样化。

（二）体育运动对心血管系统的影响

人体细胞的生存并发挥作用，需要足够的营养物质供应；同时在细胞代谢中所产生的代谢产物（废物）能够被及时地运走并清除体外，这一切均依赖于心血管系统来完成。心血管系统是由心脏、动脉、毛细血管和静脉血管组成的密封管道。心脏是血液循环的动力；血管主要充当血液运输的管道系统；血液充当运输的载体。在心脏"泵"的推动作用下，沿着血管周而复始地运行，将细胞所需物质带来，运走代谢产物。由此可见，血液循环系统对于生命有何等重要的意义。

1. 体育运动对心脏功能的影响

（1）心脏增大。一般人心脏重量约 300 g，运动员的可达 400～500 g。心肌纤维增粗，其内所含蛋白质增多。心肌毛细血管口径变大，数量增多，供血量相应加大，为适应运动，心脏出现心脏功能性增大。

（2）心脏的容量和每搏输出量增加。一般人的心脏容量约为 765～785 ml，而运动员可达 1 015～1 027 ml，由于心脏肌纤维变粗，心壁增厚，收缩力增强，故每搏动一次输出量也明显增加，一般人安静时为 50～70 ml，而运动员可达 130～140 ml，同时也提高了心脏的储备力量。例如：心脏在安静状态下，脉搏的频率较低（40 次左右），一般活动时升高不多，紧张剧烈活动时则升高明显，但停止运动后又能很快地恢复到安静状态。

2. 体育运动对血管的影响

（1）可以使动脉管壁的中膜增厚，弹性纤维增多，使血管的运血功能加强。

（2）改善毛细血管在器官内的分布和数量。例如：骨骼肌肉的毛细血管可以增多、口径变大、行程迂曲、分支吻合丰富。故可以改善器官的血液供应，从而提高和增强器官的功能活动。

（三）体育运动对呼吸系统的影响

呼吸系统包括呼吸道和肺泡。

1. 增强呼吸肌力，呼吸功能提高，使肺通气量增加

运动时，由于运动肌肉对能量的需求剧增，机体对氧气的需求也相应显著增加，即需氧量与运动强度、运动时间成正比。而机体为了尽力满足肌肉运动的氧需求，会充分利用呼吸肌的潜力，使之发挥最大功能，力争吸入尽可能多的氧气。长此以往呼吸肌会得到更好的锻炼。

2. 提高胸廓顺应性、增加呼吸肌（尤其是吸气肌）活动幅度来增大肺容量

（1）肺活量。肺活量是指全力吸气后又尽力呼出的气量。它是反映通气机能尤其是通气容量最重要的指标之一，与呼吸肌力量、胸廓弹性等因素直接有关。

肺活量：成年男子正常值为 3 000～4 000 ml，女子为 2 500～3 500 ml，运动员尤其是耐力运动员明显增加，优秀游泳选手最高可达 7 000 ml 左右。

（2）最大通气量。最大通气量是指单位时间内（1 min）进行尽可能的呼吸时进出肺的气量，一般人为 180 l 左右，这是衡量通气功能最重要的指标之一。有训练者的呼吸肌力量大，肺容量大，所以，呼吸深度较大，而且，由于呼吸肌力量及耐力较好，所以呼吸频率也高，故有训练者最大通气量明显高于常人，可达 250～300 l/min。

（四）体育运动对神经系统的影响

（1）促进神经系统的发育。美国一研究机构对小鼠的研究结果证明，生命初期进行体力活动会促进大脑控制四肢肌肉活动的运动中枢的发育。研究人员把两窝小鼠在断奶后分成两组，一组放在一个小笼子里，除食物和喝水外，没有其他活动余地。另一组放在大笼子里，内装各种活动设备，可以

跑、游泳、走绷索和每天在小车轮上跑 10 min。17 天后，研究人员发现活动少的鼠的大脑重量减轻了 3‰，大脑皮质薄了约 10‰。有意思的是，活动多的小鼠的大脑皮质细胞比活动少的小鼠长得更大，分枝也更多一些。这表明活动多的小鼠的大脑可以处理更多的运动信息，人们由此推论，人类在婴儿时期进行适当的运动，有助于大脑发育和提早学会走路。科学实验也证明，加强婴儿右手的屈伸训练，可加速大脑左半球语言区的成熟，加强左手的屈伸训练，则可加速大脑右半球语言区的成熟。科学家还发现，一个以右手劳动为主的成年人，其大脑左半球的语言机能占优势，体积也是左侧比右侧大。这些科学实验表明，身体锻炼对神经系统的发育和完善有着非常重要的意义。

（2）提高神经系统的灵活性。体育运动丰富了神经细胞突触中传递神经冲动的介质，并在传递神经冲动时引起较多介质的释放，缩短神经冲动在突触延搁的时间，加快突触的传递过程，从而提高神经的灵活性。例如：100 m 跑的起跑时，训练有素的运动员听到发令信号时，起跑反应非常快。

（3）改善和提高中枢神经系统的工作能力，使人头脑清醒，思维敏捷。大脑是人体的最高指挥部，人体一切活动的指令，都是由大脑发出的。大脑的重量虽只占人体的 2%，但是它需要的氧气却要由心脏总流出血量的 20% 来供应，比肌肉工作时所需血液多 15～20 倍。然而，脑力劳动者长时间伏案工作，机能活动的特点是呼吸表浅，血液循环慢，新陈代谢低下，腹腔器官及下肢部血液停滞。长时间进行脑力劳动使人头昏脑胀，就是由于大脑供血不足、缺氧所致。

进行体育运动，特别是到大自然中去活动，可以改善大脑供血、供氧情况，可以促使大脑皮层兴奋性增加。抑制加深，兴奋和抑制更加集中，神经过程的均衡性和灵活性加强，对体外刺激的反应更加迅速、准确，大脑分析、综合能力加强，整个有机体的工作能力提高。

（五）体育运动对免疫机能的影响

（1）改善免疫机能。免疫机能是体质的代表性指标。运动能够增强体质，不仅指身体运动能力的提高，更包含着免疫机能的增强，因此，人类才能抵抗与适应不断恶劣的外界环境。

运动有益于健康已为人们所共识，研究业已发现经常参加体育运动可以增强抵抗力，降低心血管疾病的风险并提高生命的数量及质量。但另一方面，研究发现运动员过度训练与频繁比赛，抵抗力会下降，更易感染疾病。因此，传统的生命在于运动就要变为生命在于科学运动。通过运动锻炼，机体遇到刺激后机体免疫功能为维持机体内环境稳定，其动员速度快。因此反应快，可使免疫调节因素得到明显改善。

（2）提高机体对外界环境的适应能力。适应能力是指人体在适应外界环境中所表现的机体能力。它包括对外界环境的适应能力和对疾病的抵抗力。长期在各种气候和环境，如严寒酷暑、风雨霜雪或空气稀薄等条件下进行锻炼，能改善有机体体温调节的机能。

（六）体育锻炼可以预防疾病、延缓衰老、延长寿命

每个人都要经历从出生、生长发育发展到衰老、死亡这个过程，这是生命的规律，任何人都无法违抗这种生命规律，但是一个人体质的好坏，衰老的快慢却是可以控制的。

实践证明，人体的发展变化，可以向不同的方向发展。在有利的条件下（生活方式科学、合理）可以推迟衰老、健康长寿；在不利的条件下，人的体质削弱较快，甚至未老先衰。人的寿命是随着人类的进化和社会进步不断延长的。根据科学的推测，人类的寿命应该是100岁以上，我国古代的医书《内经》就有"尽终天年，度百岁乃去"的说法。人类普遍未达到"尽终天年"便去世了，真正属于"衰老"或"脏器萎缩"而去世的仅有3‰～5‰，绝大多数是各种社会因素或疾病造成的。

国际上随着老年化研究的开展，运动延缓老化过程的研究也很多，原国际运动医学联合会主席普罗科教授多年研究证明："不锻炼的人，30岁起身体机能就开始下降，到55岁，身体机能只相当于他最健康时的2/3；而经常锻炼的人到40～50岁，身体机能还相当稳定，当他60岁时，心血管系统的功能大约相当于20～30岁不锻炼的人。也就是说，经常锻炼的人的心血管系统的功能比不锻炼的人要年轻20～30岁。肺开始老化的时间是37岁左右，心脏是45岁左右。随着心肺功能的下降，身体其他组织和器官也跟着疲劳起来"。这些研究启示我们，防止衰老进程的措施，最好在老化发生之前。

心肺功能的强弱，关系到寿命的长短。心血管系统担负着运输营养物质的任务，增强心肺功能对推迟人体各器官系统的衰老有特殊的意义。

身体锻炼还可延缓神经系统的衰老过程。经过长期的身体锻炼，可提高神经系统兴奋与抑制的调节能力，身体锻炼还通过肌肉活动来调节大脑皮层功能，减缓脑动脉硬化过程，保持正常的脑血液循环，使脑脉中的氧气含量升高，改善脑细胞氧气和营养供应，延缓中枢神经细胞的衰老过程，提高中枢神经的工作能力。美国斯坦福大学医疗中心的专家对身体锻炼者的调查发

现，身体锻炼可以使人在年龄较大的时候保持头脑清醒，思维敏捷。在调查了 32 名 24～59 岁的跑步锻炼者和非锻炼者发现。经常从事身体锻炼的人，脑迟钝的趋向并不明显，因此得出结论，身体锻炼可以防止随着衰老而出现的大脑思维迟钝现象。

总之，体育运动的健身功能已得到了科学的证明。经常参加体育运动能使青少年生长发育健全，体形健康，姿态矫健；使中年人身体健康，精力旺盛；使老年人延缓老化过程，健康长寿。这是一个民族精神文明的标志之一。

在提高民族健康水平方面，体育并不是万能的，还需与其他因素如营养、医药、卫生、优生等相配合，才能培育更加完美、更加适应现代化社会需要的人。

经常参加体育锻炼的人在形态、技能等方面与一般人有一定的不同（见表 3-3）。参加不同运动项目的锻炼，对人体的作用也不同，不同的运动对人体的不同部位具有不同的健身价值（见表3-4）。

表 3-3 经常锻炼者同一般人的部分形态结构与机能的对比

项 目	一 般 人	经常锻炼者
身高		比一般人高 4～7 cm
肌肉占体重的百分数	35％～45％	45％～55％
心脏重量	300 g 左右	400～450 g
心脏容量	765～785 ml	1 005～1 027 ml
心脏横切面	11～12 cm	13～15 cm
安静时的脉搏	70～80 次/min	50～65 次/min
每搏输出量	60～70 ml	80～100ml
血压	100～120/60～80 mmHg*	85～105/40～60 mmHg
呼吸力	60～80 mmHg	100 mmHg 以上
呼吸频率	12～18 次/min	8～12 次/min
呼吸差	5～7 cm	7～11 cm
肺活量	女：2 000～2 500 ml 男：3 000～3 600 ml	女：3 000～4 000 ml 男：4 000～5 000 ml
摄氧量	运动时 2.5～3 l/min	4.5～5.5 l/min
肺通气量	运动时 70～80 l/min	80～120 l/min
对复杂信号反应速度	2.5 ms	248.7 ms

* 法定血压单位用帕［斯卡］（Pa），1 mmHg＝133.3 Pa。

表 3 - 4　不同项目运动价值表

项目\内容	部位				能力					
	上肢	腰背	腰腹	下肢	敏捷性	爆发力	持久性	柔韧性	平衡性	协调性
徒手体操	中	中	中	中	中	中	中	大	大	大
器械体操	大	大	大	中	大	大	小	大	大	大
长　跑	中	中	中	大	小	小	大	小	小	小
快速跑	中	中	中	大	大	大	中	中	中	中
跳　跃	中	大	中	大	中	大	小	大	中	中
投　掷	中	大	中	中	中	大	小	中	中	中
举　重	大	大	大	大	小	大	小	中	中	小
武　术	大	大	大	大	大	中	中	大	大	大
网　球	大	中	中	大	大	大	中	小	中	中
排　球	中	中	小	大	大	大	中	小	中	中
乒乓球	中	中	中	大	大	中	中	小	中	大
羽毛球	中	中	中	大	大	中	大	小	中	中
篮　球	小	小	中	大	大	大	大	小	中	中
手　球	大	中	中	大	大	中	大	小	大	大
足　球	小	小	小	大	大	大	大	小	中	大
棒垒球	中	中	中	中	中	中	中	小	中	中
高尔夫球	大	小	中	中	小	中	小	大	小	小
登　山	小	中	中	大	小	小	大	小	小	小
徒步旅行	小	中	中	大	小	小	大	小	小	小
散　步	小	小	小	中	小	小	中	小	小	小
太极拳	中	小	小	中	中	小	中	中	中	大

二、心理作用

人的感觉、知觉、记忆、思维、情感、性能、能力等心理过程和个性心理特征，会受到身体锻炼的积极影响而不断改善，身体锻炼对心理的作用是个很复杂且重要的问题。

(一) 身体锻炼对智力发展的影响

现代心理学对智力尚没有一致的定义。有的人认为智力是对新环境的适应能力，也有人认为智力就是学习能力，还有人认为智力是处理复杂的抽象事实的能力。一般来讲，可将智力理解为是以思维能力为核心，包括观察力、记忆力、想像力等认识能力的总和，智力是遗传素质与后天教育、环境影响以及个人努力相结合的产物。

身体锻炼对人的智力所起的作用可分为对智力的短期效应和长期效应两个方面。

1. 锻炼对智力发展的短期效应

人的智力水平可以从记忆、思维、想像、判断等心理过程的能力表现出来。形成这些心理过程的物质基础是人的大脑。大脑良好而适宜的工作条件表现为以下两个方面：

（1）充足的血液供应。在血液循环中，供给脑部的血液量占心脏排出量的1/4，耗氧量占全身1/5。由于直立和坐位的姿势，大脑比心脏所处的水平位置高，因而大脑所需要的血液完全靠心脏"泵"上去是不可能了。实际上，心脏的血压功能只能满足提供全部血量的1/40，其余部分全得靠血管的弹性和骨骼肌收缩的作用来完成。这样一来，若全身长时间处于安静状态是很不利于大脑工作的（现代人一天之中至少有1/3的时间保持坐姿进行活动）。国外的一项实验证明，学生在上午第二节课后进行30 min的活动性游戏，第三、四节课时的智力能力可提高2～3倍。

（2）脑处于适应的兴奋状态。智力活动是由许多不同的神经元群参与完成的各种活动，除了满足大脑的消耗补充外，还必须让它处于适度的兴奋状态。

身体锻炼可以调节和延长这种状态。一般来讲，智力活动造成的疲劳比体力活动更深、更难以消除，恢复过程也长得多。身体锻炼时，运动中枢的兴奋能较深地抑制其他中枢的活动，使其得到较好的休息。身体锻炼造成的适度疲劳可改善智力活动后的睡眠，医治神经衰弱症，其作用十分明显。

近年来，对国内外大、中、小学生做的各种实验也得出同样得结论：坚持身体锻炼或适宜运动的训练的实验组，在智力水平和文化课成绩方面都优于不锻炼和少锻炼的对照组。

2. 身体锻炼对智力发展的长期效应

身体锻炼对人的智力影响，远不止于对大脑起调节和积极性休息的作用，它对智力长期持续开发更具有重要价值。人在儿童、少年时期，各种体育活动对扩大智力容量（增加脑细胞和提高脑细胞的工作强度）、达到较高的智商水准是很有益的。青壮年时期，身体锻炼对智力活动的强度、灵活性、准确性和持续性都能起到良好的作用。人到中年后，体力下降速度快于智力。这个阶段，一些人的各种退行性变化和老年病相继出现，限制了智力活动的持续时间，智力活动的强度也减弱。进行身体锻炼，便会缩小中老年人这种体力和智力的平衡状态，减少疾病，延长寿命。

（二）身体锻炼对精神、情绪的影响

（1）身体锻炼可使人心理保持适宜的紧张度。人体各器官系统根据内环境的变化，总需要保持适度的紧张或放松度，过度紧张将对神经系统、运动器官、内分泌系统，特别是心血管系统的危害极大。

因此，参加体育运动对神经系统、心血管系统的锻炼可以提高人体对快节奏生活的应变力和耐受力，身体锻炼，如消遣娱乐更可以克服人们对快节奏生活的抵触、恐惧、怨烦和急躁的心理障碍，增强在快节奏生活中的自信心。

（2）身体锻炼可以减少和避免多种身心疾病。现代身心医学证明，人体的某些疾病主要是由心理的不健康而引发的。可称之为身心疾病的，如消化溃疡、支气管哮喘、原发性高血压、甲状腺功能亢进、神经性皮炎、溃疡性结肠炎、类风湿关节炎等。

由于人在参加身体锻炼时，在有机体产生各种生理变化的同时，也产生了心理的活动，如对理智感、道德感、美感都有重要的作用，同时对意志品质和性格都产生到良好的影响。医学调查也充分证明，经常从事身体锻炼的人，身心疾病的发病率大大低于不坚持锻炼的人。身体锻炼在人的生理健康和心理健康方面起着重要的调节作用。它既可通过改善体质状况调整人的心理健康水平，又能通过改善心理状态提高人的身体健康水平。所以说，身体锻炼是促进身心健康的有力手段。

总之，身体锻炼在人的一生社会化过程中起着重要的作用，而这种作用又是其他活动不好替代的。人们应该自觉地运用身体锻炼这种手段，推动个体在家庭、学校、社会所达到的社会化过程，使个体能更好地适应社会的需要，进而促进社会协调发展。

第四章 体育锻炼与效果评价

第一节 体育锻炼的原则

身体锻炼的原则是身体锻炼者在锻炼过程中所必须遵循的行动准则。身体锻炼的实践告诉我们，任何一种卓有成效的锻炼行为总是锻炼者自觉或不自觉遵循某一些锻炼原则的结果。同样的，盲目锻炼得不到应有的锻炼效果，其原因可能是多方面的。但是，有一个重要因素，那就是背离了正确的锻炼原则。

一、主动性原则

主动积极是参加并坚持身体锻炼的首要条件，是一种自愿行动，是指参加锻炼者在充分理解身体锻炼的目的、意义的基础上，自觉、自愿、主动、积极地进行身体练习。

参加体育锻炼一般没有法定的活动时间、地点和组织形式，没有强制必须执行的练习纪律，也不一定有教师或教练员指导监督。锻炼中，身体要承受相当的运动负荷，要付出一定的体力消耗，有时，还要在风霜、雪雨、炎热或寒冷的不良气候下去坚持练习。因此，没有主动自觉精神是难以从事身体锻炼的。

1. 人的动机产生于人的需要

就身体锻炼的作用和不同个体的身心特点来看，人对这一活动的需要是广泛的，因此应根据每个人的具体实际需要进行针对性的启发。强身需要：强健的身体是人类生存和享受的必备条件，是提高工作效率和愉快生活的前提。因此，强身健体是人们的普遍需要。娱乐需要：丰富多彩的体育运动具有游戏性、趣味性、随欲性、随时性、随地性、灵活性，是人们健康生活的消遣娱乐活动。在运动中，人们因表现体能而感到自豪，以掌握熟练技巧而感到欣慰，以战胜对手、超过对方而感到满足。此外，还有健美需要、保健需要等。

2. 培养兴趣、形成习惯

身体锻炼的主动性一方面依赖于努力达到目标的毅力，另一方面来源于活动内容的吸引，来源于对锻炼内容的兴趣。兴趣能诱发自觉，从而养成锻炼的习惯，"习惯成自然"。只有把身体锻炼纳入日常生活制度，形成规律，才会逢时必出，主动积极，形成新的生物节律后就会轻松自然。

二、针对性原则

针对性原则是指在身体锻炼过程中，根据锻炼者的个人特点以及季节、地域等客观条件合理地确定锻炼内容，选择方法手段和安排运动负荷，使之符合实际需要。

锻炼者的年龄、性别、体质状况、职业特点、需求以及锻炼的地域和季节特点等都千差万别，因此必须依据锻炼者的不同特点区别对待。各个运动项目特点各异，对身体发展的作用也不尽相同，为提高锻炼实效，根据需要有针对性地选择，为我所用是必要的。

三、全面性原则

全面性原则是指在锻炼中使身体各部位、各器官、系统的机能、各种身体素质和活动能力都得到均衡的发展。

人体是一个完整的系统，各部位、各组织器官是相互联系、相互制约的，某一方面的发达或衰退都会影响和其关联的其他方面。

各运动项目不同，对人体的影响也是有区别的。如长跑时，下肢锻炼比较充分，而单杠、双杠练习侧重于发展上肢，短跑主要发展速度，举重主要发展力量等。因此，应合理选择和搭配锻炼内容，选择项目时，就要选择那些对身体发展影响较全面的项目，如游泳、打太极拳等，或者选择几项综合练习，以利各方面系统考虑。

四、循序渐进原则

循序渐进原则是指在身体锻炼中，恰当合理地安排运动负荷，使之既能满足锻炼者增强体质的需要，又能符合身体的实际接受能力。运动负荷安排是否恰当合理，直接影响锻炼效果。负荷过小，刺激不能引起机体的效能反应，达不到强身健体的作用。负荷过大，机体超载负荷，不但不能增强体质，反而可能损害身体。

参加体育锻炼是否有效果及有什么样的锻炼效果，主要由两个因素决定：锻炼方法和锻炼中的运动负荷。体育锻炼中的运动负荷与运动训练中的运动负荷是有区别的，体育锻炼的基本目的是在一定程度上提高机体的机能能力，继而有效地保持这种机能能力。所谓运动负荷，就是人体在运动活动中所能承受的生理刺激，包括负荷强度和负荷量两个方面。与负荷强度有关的因素有密度、难度、速度、远度、高度、质量、负重等。与负荷量有关的因素有时间、总距离、总重量、次数、组数等。对于运动负荷的改变，可通过改变负荷强度和负荷量的相关因素来实现。

体育锻炼中的运动负荷主要以"中中结合"（中等强度和中等量）为主，此外，也应注意合理的作息和基本的营养作为锻炼后机体得以充分恢复的保证。

五、FIT 监控原则

FIT 是次数、强度和时间三个英文单词的缩写，它是指人们在进行以健康为目的的体育锻炼时，必须科学控制每周锻炼的次数、每次运动的强度和时间。

次数是指一个人一个周期进行锻炼的次数。以获取良好的身体刺激效果，每周锻炼的次数至少为 3～5 次。对于有氧运动的强度可以用心率测量来监控。大学生进行有氧运动时，心率应该控制在自己最大心率的 60％～80％之间为宜。在从事力量练习时还可以通过调节练习器械的重量、练习的组数、间歇时间和次数来监控强度。每次运动的持续时间应适宜，如对提高心肺循环系统的耐力，则练习的时间至少持续 20～30 min。

六、安全性原则

体育锻炼的最终目的是促进健康，所以，必须注意体育锻炼的安全性。安全性原则是指体育锻炼必须遵循人体发展和适应环境的基本规律。每个人由于遗传、环境、教育和其他自身的主观能动性不同，在身心发展上存在不均衡性，这种个体差异在体育锻炼时绝不能以同一要求和标准去衡量，否则易形成安全隐患。因此，只有根据个体现有的身心发展状况选择适宜的锻炼内容和方法，在良好的环境下进行锻炼，才能收到最佳的效果。贯彻安全性原则应做到以下几点：

（1）选择环境良好、设施条件齐备的运动场所进行锻炼。

（2）根据环境、场地的自然条件、安排适宜的锻炼内容。

（3）根据锻炼者的实际情况选择运动负荷的大小。

（4）坚持做好准备活动和整理活动。

（5）掌握一定的体育卫生保健常识和急救方法。

第二节　体育锻炼的内容与方法

一、体育锻炼的内容

1. 体育锻炼的内容

体育锻炼的内容丰富多彩。人们可以根据自身的爱好、目的、要求以及条件等因素选择合适的运动项目，不必拘泥于某种形式。按体育锻炼目标的不同可将其内容分为以下几类：

（1）以健身基础为目标。健身运动是指正常人为增强体质、增进健康为目的而进行的体育锻炼。如走、慢跑、跳、投、攀登、爬越、骑行、游泳、溜冰、悬垂等。

（2）以发展身体形态为目标。为使全身肌肉丰富匀称、线条清晰优美而进行的体育锻炼，即健美运动。它不仅可以增进健康，还可以培养审美能力和身体的表现能力。如健美、健美操、艺术体操、舞蹈、韵律操、各种舞蹈等。

（3）以消遣娱乐为目标。为了调节精神、丰富文化生活而采取的体育活动。这类活动可以使人身心愉快，既锻炼了身体又能陶冶情操，如游戏、球类、钓鱼、游泳、郊游、台球、登山、棋类、桥牌等。

（4）以格斗性健身为目标。格斗性体育是指掌握和运用格斗的攻防技术的体育锻炼，既能锻炼身体又能达到自卫的目的，如散打、擒拿、拳击、推手等。

（5）以医疗康复为目标。医疗体育和康复体育也叫体育疗法，是针对体弱有病的人群开展的，以祛病健身、恢复功能为目的，一般在医生参与指导下进行，如散步、慢跑、太极拳、气功、按摩、保健操、矫正体操等。

2. 体育锻炼内容的选择

体育锻炼的内容丰富多彩，因此如何选择适应自身锻炼需求的体育项目至关重要。选择锻炼身体的体育项目要注意以下几个方面：

（1）目的要明确。首先确定锻炼的目的，尽量具体，如为了发展弹跳或力量等。

（2）选择内容的可行性。必须从实际出发，充分考虑锻炼的客观条件与主观条件，如运动场地的远近、适合何种形式的锻炼内容等。

（3）实效性。要注意项目的特点、作用和实际价值，力求少而精。

二、体育锻炼的方法

体育锻炼的方法是运用各种体育手段获得强身健体的效果。一个人身体强壮与否最直接、最明显的标志是力量的大小、心血管系统的功能、身体的协调性三个方面。因此，一般参加体育锻炼应该针对这三个方面来进行安排。身体锻炼的方法很多，最常用的基本方法有持续练习法、重复练习法、组合练习法、变换练习法、游戏与竞赛和表演法。但无论采用哪种方法都要进行重复练习，因而，重复练习法是最基本的锻炼方法。如：健美锻炼中，举哑铃分几组，一组练多少次，每组间隔中安排一定的休息。

当前国内外流行的锻炼方法为有氧锻炼法、发达肌肉法、消遣运动法等。

第三节 体育锻炼效果的评价

一、掌握锻炼强度的方法

运动生理学的研究表明体育锻炼效果的评价可以根据运动负荷价值阈理论来计量。运动负荷价值阈，是按一定的心率区间来确定运动负荷的一种计量标准。当心率在 110 次/min 以下时，机体的血液成分、血压、尿蛋白和心电图等都没有明显的变化，故这种程度负荷对健身价值不大。当心率达到 130 次/min 时，每搏输出量接近和达到正常人的最佳状态，故这种程度的负荷健身效果明显。当心率达到 150 次/min 时，每搏输出量开始缓慢下降；当心率增至 160～170 次/min 之间，虽无不良的异常反应，但也未出现具有更好健身效果的迹象。因此，通常把正常人取得最佳健身效果的心率区间确定为120～140 次/min之间。把握锻炼的时间，以 30 min～1 h 为好。

确定锻炼的次数，一般来说，上次锻炼的疲劳基本消除就可以进行下一次锻炼。日本学者研究表明，锻炼间隔一周以上收效甚微，间隔两周以上，前次锻炼效果全部消失。因此，根据自行情况每日、隔日或几日锻炼一次，但间隔超过一周则失去有效的健身意义。而每次锻炼时，将心率保持在 120

～140 次/min，时间占每次锻炼总时间的 2/3 左右为最佳。

测试心率是目前方便易行的方法，国内外常用心率作为运动强度的衡量标准，强度与心率大体呈正比关系（人体运动中心率是随着年龄增大而减少的）。根据年龄推算出的相应的运动强度（心率）见表 4-1。

很多运动项目如球类、跑步、游泳等运动量可以用时间来体现，运动需要的时间是指给予心脏刺激所需要的时间。一次运动需要的时间根据运动强度、身体状况等条件来决定，一般而言，强度较大的运动持续时间较短，较小的运动持续时间较长。按健身运动的要求，规定运动时间不能少于5 min，一般控制在 15～60 min。

表 4-1　按年龄划分的运动强度（心率）　　单位：次/min

强度	年龄/岁	20～29	30～39	40～49	50～59	60 以上
大强度	100%	190	185	175	165	155
	90%	175	170	165	155	145
中等强度	80%	165	160	150	145	135
	70%	150	145	140	135	125
	60%	135	135	130	125	120
小强度	50%	125	120	115	110	110
	40%	110	110	105	100	100

关于适宜运动负荷的确定。我国健身运动常用的一个公式是：180－年龄＝运动时间适宜心率。同时指出：达到适宜心率的运动时间至少在 5 min以上才能达到效果（见表 4-2）。

二、自我监督法

自我监督法是指锻炼者在锻炼过程中，用简单的医学手段，检查和观察自我身体健康状况和机能状况的一种措施，即自我感受，避免过度疲劳。

表 4 - 2　运动负荷与运动时间的关系

运动负荷	运动时间/min				
	5	10	15	30	60
	运动时强度占最大强度的比例				
小	80％	65％	60％	50％	40％
中	80％	75％	70％	60％	50％
大	90％	85％	80％	70％	60％

　　通过自我监督，可以间接地判断运动对自身身体的影响以及对锻炼的安排是否合理，为调整练习计划提供充分的依据，并能及早发现和预防过度疲劳以及运动性伤病，因此，所有参加运动锻炼的人，都应该学习自我监督的知识和方法，并在实际训练和锻炼中加以运用。

　　1. 主观感觉

　　（1）一般感觉。① 正常的感觉，主要表现在运动后疲劳消除快，功能恢复也比较快，精神饱满，全身无不适感觉；② 不良感觉，主要表现在运动后出现四肢无力、头痛、恶心、心前区和上腹部疼痛等症状，是运动过量或健康状况不良的表现。

　　（2）运动心情。正常时心情愉快，渴望锻炼，锻炼效果也较好。如果健康状况不良或发生过度训练或锻炼方法不当时，就会出现一些特殊心情，如"怕水"、"怕球"、"怕跑道"等。

　　（3）睡眠。睡眠情况往往反映锻炼的强度、运动量等。良好的的睡眠应该是入睡快、睡得深、不做或很少做梦，睡眠后精神良好，全身有力。反之则有可能是运动过量。

　　（4）食欲。运动后应该是食欲良好，进食量大。如果运动后不思饮食、食量减少，并在一段时间内不能恢复正常饮食，则表明胃肠消化和吸收功能下降，可能与运动量安排不恰当或锻炼者身体功能和健康状况不良有关。但剧烈运动后立即进食和过多吃零食也会影响食欲，应加以区别。

　　（5）排汗量。排汗是运动时重要的散热方式。排汗量除了受运动量的大小、训练程度和神经系统的功能状态等因素的影响外，还受饮水量、气温、空气湿度、衣着厚薄等因素的影响，所以在进行自我监督时应加以注意。如果在条件相同的情况下，排汗量明显增加，特别是在夜间睡觉大量出冷汗，表明身体极度疲劳，也可能是内脏器官患病的征兆，应加以注意。

2. 客观检查

(1) 脉搏率。脉率变化，特别是晨间脉率的变化，对判断身体功能与健康水平有着很重要的意义，而且简单易行。在测量过程中既要注意频率的变化，也要注意节律的变化。据研究，当晨脉每分钟增加 6 次时，有 20% 的人自我感觉不良；增加 12 次，40% 的人自我感觉不良；增加 18 次，60% 的人自我感觉不良。

如果发现脉搏节律不齐或有间歇性的停跳现象，就应该做具体的分析，考虑是否应调整运动量，或者采用心电图等方法查明原因，以防过度疲劳或疾病的发生。

晨脉的测量应在早晨起床前进行。具体的方法是仰卧测 30 s 的脉搏数再乘以 2，即为每分钟的脉率，这样的误差较小。心率增值测定：先测定静卧 1 min 心率，坐姿比静卧心率多 4～5 次，立位比坐位多 4～5 次为正常。

(2) 体重。在进行体育锻炼的过程中，体重的变化表现出一定的规律。一般是：锻炼初期，有机体内储存的脂肪和堆积的水分被消耗掉而体重下降；经过一个时期的锻炼后，体重开始恢复，并逐渐增加，直到保持在相应的水平上。一般大运动量后体重下降 1～4 kg，这是正常的现象，在 1～2 d 内即可恢复。

另外，可通过测量肺活量、运动成绩等手段监控锻炼者的运动安排是否合理。

3. 学生体质健康标准评定法

为了贯彻《中共中央国务院关于深化教育改革全面推进素质教育的决定》提出的"学校教育要树立健康第一的指导思想，切实加强体育工作"的精神，促进学生积极参加体育锻炼，养成经常锻炼身体的习惯，提高自我保健能力和体质健康水平，2002 年，教育部、国家体育总局下发了《学生体质健康标准（试行方案）》。

《标准》从身体形态、身体机能、身体素质等方面综合评定了大学生的体质健康状况，按百分制记分（见表 4 - 3、表 4 - 4）。测试项目为六项：其中身高、体重、肺活量为必测项目，选测项目为三项：男生从台阶试验和 1 000 m 中选测一项，女生从台阶试验和 800 m 中选测一项；从 50 m 跑、立定跳远中选测一项；男生从坐位体前屈、握力中选测一项，女生从坐位体前屈、仰卧起坐和握力中选测一项。各个测试项目的得分之和为《标准》的最后得分，根据最后得分评定等级：86 分以上为优秀，76～85 分为良好，60～75 分为及格，59 分及以下为不及格。每学年评定一次成绩并记入《学生体质健康标准登记卡片》，在毕业时放入学生档案。

表 4-3　大学男生身高标准体重　　　　　单位：kg

身高段/cm	营养不良	较低体重	正常体重	超　重	肥　胖
	7分	9分	15分	9分	7分
140.0～140.9	＜32.1	32.1～40.3	40.4～46.3	46.4～48.3	≥48.4
141.0～141.9	＜32.4	32.4～40.7	40.8～47.0	47.1～49.1	≥49.2
142.0～142.9	＜32.8	32.8～41.2	41.3～47.7	47.8～49.8	≥49.9
143.0～143.9	＜33.3	33.3～41.7	41.8～48.2	48.3～50.3	≥50.4
144.0～144.9	＜33.6	33.6～42.2	42.3～48.8	48.9～51.0	≥51.1
145.0～145.9	＜34.0	34.0～42.7	42.8～49.5	49.6～51.7	≥51.8
146.0～146.9	＜34.4	34.4～43.3	43.4～50.1	50.2～52.3	≥52.4
147.0～147.9	＜35.0	35.0～43.9	44.0～50.8	50.9～53.1	≥53.2
148.0～148.9	＜35.6	35.6～44.5	44.6～51.4	51.5～53.7	≥53.8
149.0～149.9	＜36.2	36.2～45.1	45.2～52.2	52.3～54.5	≥54.6
150.0～150.9	＜36.7	36.7～45.7	45.8～52.8	52.9～55.1	≥55.2
151.0～151.9	＜37.3	37.3～46.2	46.3～53.4	53.5～55.8	≥55.9
152.0～152.9	＜37.7	37.7～46.8	46.9～54.0	54.1～56.4	≥56.5
153.0～153.9	＜38.2	38.2～47.4	47.5～54.6	54.7～57.0	≥7.1
154.0～154.9	＜38.9	38.9～48.1	48.2～55.3	55.4～57.7	≥7.81
55.0～155.9	＜39.6	39.6～48.8	48.9～56.0	56.1～58.4	≥58.5
156.0～156.9	＜40.4	40.4～49.6	49.7～57.0	57.1～59.4	≥59.5
157.0～157.9	＜41.0	41.0～50.3	50.4～57.7	57.8～60.1	≥60.2
158.0～158.9	＜41.7	41.7～51.0	51.1～58.5	58.6～61.0	≥61.1
159.0～159.9	＜42.4	42.4～51.7	51.8～59.2	59.3～61.7	≥61.8
160.0～160.9	＜43.1	43.1～52.5	52.6～60.0	60.1～62.5	≥62.6
161.0～161.9	＜43.8	43.8～53.3	53.4～60.8	60.9～63.3	≥63.4
162.0～162.9	＜44.5	44.5～54.0	54.1～61.5	61.6～64.0	≥64.1
163.0～163.9	＜45.3	45.3～54.8	54.9～62.5	62.6～65.0	≥65.1
164.0～164.9	＜45.9	45.9～55.5	55.6～63.2	63.3～65.7	≥65.8
165.0～165.9	＜46.5	46.5～56.3	56.4～64.0	64.1～66.5	≥66.6
166.0～166.9	＜47.1	47.1～57.0	57.1～64.7	64.8～67.2	≥67.3
167.0～167.9	＜48.0	48.0～57.8	57.9～65.6	65.7～68.2	≥68.3
168.0～168.9	＜48.7	48.7～58.5	58.6～66.3	66.4～68.9	≥69.0

续　表

身高段/cm	营养不良	较低体重	正常体重	超　重	肥　胖
	7分	9分	15分	9分	7分
169.0～169.9	＜49.3	49.3～59.2	59.3～67.0	67.1～69.6	≥69.7
170.0～170.9	＜50.1	50.1～60.0	60.1～67.8	67.9～70.4	≥70.5
171.0～171.9	＜50.7	50.7～60.6	60.7～68.8	68.9～71.2	≥71.3
172.0～172.9	＜51.4	51.4～61.5	61.6～69.5	69.6～72.1	≥72.2
173.0～173.9	＜52.1	52.1～62.2	62.3～70.3	70.4～73.0	≥73.1
174.0～174.9	＜52.9	52.9～63.0	63.1～71.3	71.4～74.0	≥74.1
175.0～175.9	＜53.7	53.7～63.8	63.9～72.2	72.3～75.0	≥75.1
176.0～176.9	＜54.4	54.4～64.5	64.6～73.1	73.2～75.9	≥76.0
177.0～177.9	＜55.2	55.2～65.2	65.3～73.9	74.0～76.8	≥76.9
178.0～178.9	＜55.7	55.7～66.0	66.1～74.9	75.0～77.8	≥77.9
179.0～179.9	＜56.4	56.4～66.7	66.8～75.7	75.8～78.7	≥78.8
180.0～180.9	＜57.1	57.1～67.4	67.5～76.4	76.5～79.4	≥79.5
181.0～181.9	＜57.7	57.7～68.1	68.2～77.4	77.5～80.6	≥80.7
182.0～182.9	＜58.5	58.5～68.9	69.0～78.5	78.6～81.7	≥81.8
183.0～183.9	＜59.2	59.2～69.6	69.7～79.4	79.5～82.6	≥82.7
184.0～184.9	＜60.0	60.0～70.4	7.05～80.3	80.4～83.6	≥83.7
185.0～185.9	＜60.8	60.8～71.2	71.3～81.3	81.4～84.6	≥84.7
186.0～186.9	＜61.5	61.5～72.0	72.1～82.2	82.3～85.6	≥85.7
187.0～187.9	＜62.3	62.3～72.9	73.0～83.3	83.4～86.7	≥86.8
188.0～188.9	＜63.0	63.0～73.7	73.8～84.2	84.3～87.7	≥87.8
189.0～189.9	＜63.9	63.9～74.5	74.6～85.0	85.1～88.5	≥88.6
190.0～190.9	＜64.6	64.6～75.4	75.5～86.2	86.3～89.8	≥89.9

表 4-4　大学女生身高标准体重　　　　单位：kg

身高段/cm	营养不良	较低体重	正常体重	超　重	肥　胖
	7分	9分	15分	9分	7分
140.0～140.9	＜36.5	36.5～42.4	42.5～50.6	50.7～53.3	≥53.4
141.0～141.9	＜36.6	36.6～42.9	43.0～51.3	51.4～54.1	≥54.2

续 表

身高段/cm	营养不良	较低体重	正常体重	超 重	肥 胖
	7分	9分	15分	9分	7分
142.0～142.9	<36.8	36.8～43.2	43.3～51.9	52.0～54.7	≥54.8
143F.0～143.9	<37.0	37.0～43.5	43.6～52.3	52.4～55.2	≥55.3
144.0～144.9	<37.2	38.2～43.7	43.8～52.7	52.8～55.6	≥55.7
145.0～145.9	<37.5	37.5～44.0	44.1～53.1	53.2～56.1	≥56.2
146.0～146.9	<37.9	37.9～44.4	44.5～53.7	53.8～56.7	≥56.8
147.0～147.9	<38.5	38.5～45.0	45.1～54.3	54.4～57.3	≥57.4
148.0～148.9	<39.1	39.1～45.7	45.8～55.0	55.1～58.0	≥58.1
149.0～149.9	<39.5	39.5～46.2	46.3～55.6	55.7～58.7	≥58.8
150.0～150.9	<39.9	39.9～46.6	46.7～56.2	56.3～59.3	≥59.4
151.0～151.9	<40.3	40.3～47.1	47.2～56.7	56.8～59.8	≥59.9
152.0～152.9	<40.8	40.8～47.6	47.7～57.4	57.5～60.5	≥60.6
153.0～153.9	<41.4	41.4～48.2	48.3～57.9	58.0～61.1	≥61.2
154.0～154.9	<41.9	41.9～48.8	48.9～58.6	58.7～61.9	≥62.0
155.0～155.9	<42.3	42.3～49.1	49.2～59.1	59.2～62.4	≥62.5
156.0～156.9	<42.9	42.9～49.7	49.8～59.7	59.8～63.0	≥63.1
157.0～157.9	<43.5	43.5～50.3	50.4～60.4	60.5～63.6	≥63.7
158.0～158.9	<44.0	44.0～50.8	50.9～61.2	61.3～64.5	≥64.6
159.0～159.9	<44.5	44.5～51.4	51.5～61.7	61.8～65.1	≥65.2
160.0～160.9	<45.0	45.0～52.1	52.2～62.3	62.4～65.6	≥65.7
161.0～161.9	<45.4	45.4～52.5	52.6～62.8	62.9～66.2	≥66.3
162.0～162.9	<45.9	45.9～53.1	53.2～63.4	63.5～66.8	≥66.9
163.0～163.9	<46.4	46.4～53.6	53.7～63.9	64.0～67.3	≥67.4
164.0～164.9	<46.8	46.8～54.2	54.3～64.5	64.6～67.9	≥68.0
165.0～165.9	<47.4	47.4～54.8	54.9～65.0	65.1～68.3	≥68.4
166.0～166.9	<48.0	48.0～55.4	55.5～65.5	65.6～68.9	≥69.0

续　表

身高段/cm	营养不良	较低体重	正常体重	超　重	肥　胖
	7分	9分	15分	9分	7分
167.0～167.9	＜48.5	48.5～56.0	56.1～66.2	66.3～69.5	≥69.6
168.0～168.9	＜49.0	49.0～56.4	56.5～66.7	66.8～70.1	≥70.2
169.0～169.9	＜49.4	49.4～56.8	56.9～67.3	67.4～70.7	＞70.8
170.0～170.9	＜49.9	49.9～57.3	57.4～67.9	68.0～71.4	≥71.5
171.0～171.9	＜50.2	50.2～57.8	57.9～68.5	68.6～72.1	≥72.2
172.0～172.9	＜50.7	50.7～58.4	58.5～69.1	69.2～72.7	≥72.8
173.0～173.9	＜51.0	51.0～58.8	58.9～69.6	69.7～73.1	≥73.2
174.0～174.9	＜51.3	51.3～59.3	59.4～70.2	70.3～73.6	≥73.7
175.0～175.9	＜51.9	51.9～59.9	60.0～70.8	70.9～74.4	≥74.5
176.0～176.9	＜52.4	52.4～60.4	60.5～71.5	71.6～75.1	≥75.2
177.0～177.9	＜52.8	52.8～61.0	61.1～72.1	72.2～75.7	≥75.8
178.0～178.9	＜53.2	53.2～61.5	61.6～72.6	72.7～76.2	≥76.3
179.0～179.9	＜53.6	53.6～62.0	62.1～73.2	73.3～76.7	≥76.8
180.0～180.9	＜54.1	54.1～62.5	62.6～73.7	73.8～77.0	≥77.1
181.0～181.9	＜54.5	54.5～63.1	63.2～74.3	74.4～77.8	≥77.9
182.0～182.9	＜55.1	55.1～63.8	63.9～75.0	75.1～79.4	≥79.5
183.0～183.9	＜55.6	55.6～64.5	64.6～75.7	75.8～80.4	≥80.5
184.0～184.9	＜56.1	56.1～65.3	65.4～76.6	76.7～81.2	≥81.3
185.0～185.9	＜56.8	56.8～66.1	66.2～77.5	77.6～82.4	≥82.5
186.0～186.9	＜57.3	57.3～66.9	67.0～78.6	78.7～83.3	≥83.4

第五章 体育锻炼的卫生保健

体育与卫生是一个问题的两个方面，体育卫生是卫生保健最积极的预防手段，而卫生保健是保证开展体育运动的重要条件，两者缺一不可。只有这样，才能不断提高自己的健康水平。

体育锻炼的最终目的是为了身体健康。因此，体育锻炼必须要遵循人体的生理活动规律和一定的卫生要求，才能收到良好的效果。

第一节 运动卫生

运动卫生包括个人卫生、精神卫生和运动训练卫生。了解并研究运动卫生的基本内容及其与人体健康、体育锻炼效果之间的相互关系，对保护和增进体育运动参加者的身体健康，尤其是培养青少年具有良好的个人卫生习惯，注意个人精神卫生和选择良好的锻炼环境的能力等方面具有重要意义。

一、个人卫生

个人卫生是体育卫生的重要组成部分。体育运动参加者的个人卫生状况，不仅对增进人体健康和预防疾病具有重要意义，而且还能促进身体锻炼的效能和对伤害事故的预防。

（一）建立科学的生活制度

生活制度是指对一天内的睡眠、饮食、工作（或学习）、体育锻炼等各项活动相对固定的时间安排。

人体的一切活动都是在大脑皮质的支配下进行的，大脑有关神经细胞建立有规定的活动顺序，这就是大脑皮质活动的"动力定型"。"动力定型"建立后，机体会在一定的时间内，对即将进行的活动在生理上做出准备。例如，有了定时进行体育活动的习惯，到了相应的时间，神经系统的兴奋性会增高，在神经体液的调节下，呼吸、循环系统以及机体的代谢能力也会随即加强，以适应体育活动的需要。

1. 睡眠卫生

（1）睡眠时间要充足。睡眠是人的一种生理需求，约占人生 1/3 的时间，皮质细胞中由于工作所消耗的能量、物质可在睡眠中得到恢复。睡眠不足，可使大脑皮质工作能力下降，长期睡眠不足，可使大脑皮质细胞的功能失调，严重影响身体健康。人每天应保证一定的睡眠时间，年龄越小，需要睡眠的时间也就越长。一般说，成年人每天应有 8 h 的睡眠，中学生约需 9 h，小学生则需 10 h 左右。身体活动量较大时，应适当增加睡眠时间。在夏季，为补充夜晚睡眠的不足，最好有一定的午睡时间，睡眠时间充足，才能有效地提高人们的学习和工作效率。

（2）睡姿要正确。向右侧睡较好，因为心脏位于胸腔偏左，这样可以使血液较多地流向身体右侧，减轻心脏负担，同时增加肝脏的血流，有利于新陈代谢和肝脏的健康。胃通向十二指肠的开口及小肠通向大肠的开口，都是开向右侧的，向右侧卧有利于食物在胃肠里顺利运行。俯卧会压迫胸部，影响肺与心脏的正常活动。另外，睡姿必须经常改变，以免影响肢体的血液循环。

（3）睡前要刷牙、洗脚。睡前刷牙，清洁口腔，利于防龋齿。睡前洗脚，既可除污臭，又可促进血液循环，预防冻疮，利于恢复疲劳。

2. 养成良好的饮食卫生习惯

良好的饮食卫生习惯，对保证消化系统的正常生理活动和营养物质的吸收具有重要意义。对体育运动者来说，还应注意进餐与体育运动之间应有一定的时间间隔。

3. 科学地安排工作（学习）和休息

工作和学习是一天中最重要的活动，对此应做出科学的安排。成人每天的工作、学习时间约以 6 h 为宜，在学习和工作中，尤其要注意张弛有度，劳逸结合。

休息可分为安静性休息和活动性休息。安静性休息是指原地站立或坐卧不动的静态休息，活动性休息（积极性休息）是指以身体主动运动来替代原来的工作或学习的动态休息，如散步，做操、打太极拳等。

4. 坚持参加体育锻炼

在每天的生活中，应保证有一定的体育锻炼时间。每天安排适当的体育活动，对促进青年学生的正常生长发育具有重要意义。

自然力锻炼是指利用日光、空气和水等自然条件进行的一种身体锻炼，如冷水浴、日光浴、空气浴等。自然力锻炼对于提高机体对外界自然环境的适应能力和对疾病的抵御力有积极的作用。自然力锻炼还能增强中枢神经系统的调节功能，改善心血管、呼吸、皮肤等器官系统的功能，促进新陈代谢，从而达到增进人体健康的目的。

（二）保护好皮肤

皮肤除了能保护机体免受外界侵害外，它还是一个感觉器官。皮肤里分布着丰富的神经末梢、大量的汗腺以及皮脂腺。当汗腺和皮脂腺的开口被封堵时，就有可能因细菌的繁殖发生疖肿和毛囊炎，所以，体育锻炼后应洗澡或擦身，以保持皮肤清洁。皮脂腺分泌的皮脂具有润滑皮肤的作用，故洗澡时应用碱性小的香皂为益。皮脂腺不发达的人，皮肤较干燥，经常脱落皮屑。因此，可以在洗澡、洗脸之后，在脸、手等裸露部位抹点护肤霜，以保护皮肤。

（三）保护视力、预防近视

视力对人们的工作、学习和生活都有重要的影响，注意用眼卫生，保持良好的视力是个人卫生中不可忽视的内容。尤其是重视保护学生的视力，对青少年一代的全面健康成长具有重要意义。

为了保护青少年的视力和预防近视眼的发生，应注意培养他们形成良好的用眼卫生习惯，如应经常参加体育锻炼，全面增强体质。读书写字时，姿势要端正，眼与书本的距离要保持在 $30\sim35$ cm，并尽可能使书本平面与视线成直角。切勿躺着、走路和在摇晃的车厢里看书读报，避免在昏暗和耀眼的光线下学习。看电视时间不宜过长。实践证明，每天坚持做眼保健操，保持眼睛清洁，是保护视力的有效手段。

（四）坚决克服不良的生活嗜好

青少年正处在生长发育的关键时期，身体各器官系统处于量变到质变的复杂过程中。吸烟和酗酒等不良的嗜好，可导致许多疾病的发生，会严重地影响他们的身心健康，必须引起高度重视。

1. 吸烟对人体的危害

烟草燃烧的烟雾中含有 20 多种对健康有害的物质，其中尼古丁（烟碱）、吡啶、烟焦油、一氧化碳等对人体健康危害最大。具体表现在以下几个方面：

（1）对神经系统的影响。吸烟对中枢神经系统虽有短暂的兴奋作用，但随后即产生持久性麻痹，扰乱大脑皮层兴奋与抑制过程的动力平衡，引起植物神经系统功能紊乱，久而久之出现神经过敏、记忆力减退、失眠、多梦等。

（2）对呼吸系统的影响。吸烟对呼吸道损害很大，烟尘刺激支气管上皮的杯状细胞，使其分泌增加而致多痰，并使器官、支气管纤毛摆动变慢或紊乱，从而破坏上呼吸道的正常防御功能，使呼吸道易感性增加，引起咽喉炎、气管炎、肺气肿肺癌的发病率也会增高。

（3）对血管系统及血液的影响。烟草中的烟碱刺激植物神经系统，引起血管痉挛，血流变慢，血压轻度升高，心率加快，甚至出现心律不齐，并能加速动脉粥样硬化的过程。一氧化碳与血红蛋白的亲和力是氧的 250 倍，烟草中的一氧化碳可削弱血红蛋白携带氧气的能力，致使组织缺氧，可导致冠状动脉功能不全的人诱发心绞痛。

（4）对消化系统的影响。烟碱能抑制胰酶的活性，减少消化液的分泌，改变胃液的酸碱度，扰乱幽门的正常活动，抑制胃肠蠕动。因此，吸烟者患慢性胃炎、胃和十二指肠溃疡的比率比不吸烟者要高数倍。同时，吸烟可刺激口腔黏膜，引起慢性炎症，甚至在腭、颊粘膜和舌等部发生白斑（烟斑），形成癌前病变式癌症。吸烟可使牙齿发黄、松动和短缺、脱落、舌苔厚腻、味觉减退。

此外，孕妇吸烟将会影响胎儿发育，使婴儿体重、体力、智力等发育水平均低于一般婴儿的平均水平。吸烟还可损害中耳，使听力下降。

综上所述，吸烟对人体健康的危害是多方面的，尤其对儿童、青少年的危害更大。因此，必须教育青少年养成不吸烟的良好习惯。

2. 饮酒对人体的危害

酒中含有会影响人体健康的酒精物质，酒精含量越高对人体的危害就越大。一般白酒的酒精（乙醇）含量为 40%～60%，葡萄酒、橘子酒含酒精 8%～12%，啤酒含酒精 3%～5%。经常饮用高度酒，会对人体的高级神经中枢、消化系统及心血管系统等产生极为不利的影响。

人喝酒以后，酒中的酒精 20% 被胃黏膜吸收，其余进入小肠被黏膜吸进血液，进入人体内的酒精除 10% 由尿、汗液、唾液和呼吸排出之外，其余 90% 在肝脏中解毒。研究发现，肝脏处理相当于一瓶啤酒的酒精需要 4 h。但肝脏的解毒能力有限，若喝酒过量，会因酒精刺激而逐渐丧失解毒力，引起急性酒精中毒。因此，大量饮酒会导致肝脏工作量加大，给肝脏造成沉重负担，并还会导致运动能力下降。

酒精首先对高级精神系统起麻痹作用，使神经抑制能力降低。

酒精对消化系统的不利影响也十分明显，它可直接刺激咽、食道和胃等器官，可引起咽炎及慢性胃炎等疾病，影响消化器官的功能。酒精可降低心肌的收缩力，影响心脏的正常功能。

研究证明，人体酒精含量达到 30～50 g 后再去登山，运动成绩会下降 20%，而能量消耗增加 14%。

若吸烟和饮酒同时进行，对人体的危害更大，因为溶解在酒精中的烟碱和其他有害物质可以通过胃肠吸收而直接进入血液，影响心血管系统的功能。饮酒后血流速度加快，加快了有毒物质通过循环系统传递到身体各部位的过程。表 5－1 为饮酒情况自评量表。

因此，在日常生活中，应提倡不吸烟，少饮酒，更应避免烟、酒同进。

表 5－1　饮酒情况自评量表

序号	内容	是	否
1	今年比去年饮酒的次数更多吗？		
2	今年比去年饮酒的量更大吗？		
3	白天也饮酒吗？		
4	大口大口地饮酒吗？		
5	本来打算少喝，但饮酒过程中不能控制自己吗？		
6	饮酒的速度很快吗？		
7	鼓励或强迫他人陪你饮酒吗？		
8	本来想喝无酒精饮料，事实上喝的却是酒精饮料？		
9	酒后驾车或骑自行车吗？		
10	服药期间也饮酒吗？		
11	饮酒时是否有清醒的记忆？		
12	对饮酒的危害不太重视？		
13	因饮酒而使你的声誉不如从前？		
14	是否借酒来缓解各种压力？		
15	是否借酒消愁？		
16	是否借酒来消除自己的孤独感？		
17	是否为了社交而不得不饮酒？		
18	是否会独自饮酒？		

说明：①自评量表 5－1 选自 Prentice W　E，Fintness and Wellness for Life，1999.

②按照你实际的饮酒情况，回答表 5－1 中的问题，并在右边"是"或"否"的格子中打"√"。

③如果你在上面的回答中有"是"，说明你饮酒不当；如果有两个或两个以上的"是"，说明你有饮酒习惯，这会对你的身体会产生较坏的影响。

（五）精神卫生教育

青年时期是人的一生中体格最健壮，精力最充沛，思想最敏锐，感情最丰富的时期。在这一时期重视精神卫生的教育非常必要。

心理卫生也称精神卫生。人体并不是孤立的、不受外界影响的生物有机体，而是不断地与自然环境和社会环境相互作用的精神和身体的复合体。大量的医学试验和临床研究证明，心理与社会因素，以及遗传、生化、免疫等因素一样，在疾病的发生、发展、治疗和预防上都具有一定的作用。某些异常激烈的情绪变化，过分的忧郁，都可以引起人体某些器官活动失调。祖国医学所谓内伤"七情"（喜、怒、忧、思、悲、恐、惊）的致病作用，道理就在于此。在重视身体保健的同时，精神卫生也必须得到足够的重视和加强。特别是对青少年的思想品德教育、世界观、人生观教育以及高尚情操的培养，使之建立良好的情趣，具有宽广的胸怀、乐观的态度；能正确地对待自己和他人的优缺点；关心社会，热爱集体，培养广泛的兴趣，积极参加体育锻炼，建立良好的生活习惯，克服不良嗜好，从而有效促进和保持身心健康。

美国著名心理学家提出了心理健康的 10 条标准得到了较多人的认可。这 10 条标准如下：

（1）是否有充分的安全感。

（2）是否对自己有比较充分的了解，并能恰当地评价自己的行为。

（3）自己的生活理想和目标能否切合实际。

（4）能否与周围环境事物保持良好的接触。

（5）能否保持人格的完整和和谐。

（6）能否具备从经验中学习的能力。

（7）能否适度地表达和控制自己的情绪。

（8）能否保持适当的和良好的人际关系。

（9）能否在集体允许的前提下，有限度地发挥自己的个性。

（10）能否在社会规范的范围内，适当地满足个人的基本要求。

二、运动卫生

（一）运动饮食和饮水卫生

1. 运动饮食卫生

在参加运动时，人体需要消耗较多的能量，因此必须进行合理、适度的营养补充。营养的供给不足或过量，都不利于健康。运动的饮食卫生应该从以下几个方面考虑：

（1）平衡膳食、合理补充营养。

（2）坚持科学的运动饮食卫生习惯：

1）合理安排一日三餐。

2）运动后不宜立即进餐，应在运动后 30 min 以后进餐。

3）饭后不宜立即进行剧烈运动，否则不仅易产生消化不良，还会引起腹痛、恶心等症状，也可引起胃下垂等疾病。

2. 运动饮水卫生

水是人体内含量最多的组成成分，它占成人体重的 60%～70%。研究表明，人体若丢失水分 30% 以上，生命就将无法维持，水对人类的生存来说是最为重要的营养素之一。体育锻炼时由于大量出汗，体内缺少水分，必须及时补充，否则会影响人体正常的生理机能活动。因此，为了维持机体正常的循环，调节体温，运动前后应该合理补充水分。

（1）运动前后或运动中不宜一次性大量饮水。过量会使胃膨胀，妨碍膈肌活动，影响到呼吸，使血液浓度稀释，血流量增大，增加心脏的负担，这样既有碍健康，也不利于运动。因此，运动中提倡少量、多次饮水的方式。

（2）运动后也不宜大量饮水，否则会加重心脏的负担，影响整理活动的正常进行和生理机能恢复。

（3）运动时或运动后可以饮用一些功能性饮料，以达到补充水分、恢复体力的目的。

（二）运动着装和环境卫生

1. 运动着装

运动时最好不要穿着不吸汗的衣服运动。运动衣和运动鞋应符合运动项目的要求，并具有透气性、吸湿性、溶水性等性能。

运动着装选择要轻便、舒适、美观大方。夏季以浅色运动衣裤为好，冬季应注意保暖，但又不妨碍运动。运动衣裤要勤换、勤洗，以免汗液和细菌污染机体。运动鞋应具有一定的弹性和透气性。

2. 运动环境卫生

人体健康与周围环境有着密切的关系。良好的运动环境，可以激发锻炼者的运动情绪和锻炼效果。反之，可抑制锻炼情绪，还可以引起生理异常反应和诱发运动损伤。

空气是影响运动环境的主要因素之一，因此，一定要选择空气质量好、绿化较好、环境优雅的室外运动，如果在室内运动，要注意打开窗户通风。

另外还要注意光线、噪声及运动场地、设施等影响运动环境的因素。

（1）冷环境对人体健康及运动能力影响。冷环境一般指气温在 0℃ 以下的环境。人们之所以能在寒冷的环境中劳动和生活，除了必要的衣着保护外，更重要的是依赖于自身的调节和适应能力。坚持在冷环境中运动可改善人体对寒冷的适应能力，提高耐寒力，有利于身体各系统机能的进一步加强。

在寒冷环境中进行体育活动会因外周血管的舒张降低身体对寒冷的绝缘能力，但是运动中旺盛的新陈代谢率会使体内产生的热量增加，仍然能够保持与热平衡。如果是在温度较低的水中游泳或潜水，尽管运动中代谢产生的热量增加，但仍可能低于身体热量的散失。长距离项目的游泳运动员一般都能具有较高的体脂百分比，使得在长时间游泳时散热速度减慢。经常在冷环境中锻炼可以加速对寒冷的适应。

如果长时间暴露在寒冷的环境中，低温的刺激会使机体发生损伤。一般分为局部性损伤（或称冻伤）和全身性损伤（或称冻僵）。在冬季或在寒冷地区运动的人应该十分注意机体的保暖，运动前增加热身活动可以提高机体的新陈代谢能力，使机体做好抵御寒冷的准备。

（2）热环境对人体健康及运动能力的影响。环境温度对运动能力的影响主要表现在两个相矛盾的方面：一是需要充分的血液供应以保证肌肉代谢所需；而另一方面代谢产生的热又必须尽快通过血液从深部组织传递到皮肤表面散热，这样一来又无法满足收缩中的肌肉对氧的需求。

人体从事体育运动时的最佳体温是 37.2℃，骨骼肌的温度是 38℃。在温度适宜的环境中从事体力工作，体温会因体内产生热量使体温升高达 40℃，剧烈运动时可能还要高。因此，在高气温、热辐射、高温度的环境条件下长时间剧烈运动（如超长距离跑或马拉松），由于体表散热效率低，易形成体内淤热而产生热疾患。

人体的热适应有一定的限度，如果超过适应能力的范围，可引起正常生理机能的紊乱，造成运动热疾患的产生。为避免这种情况，热环境中的体育锻炼应尽量选择在早上和傍晚较凉爽的时候进行，并安排有规律的饮水和休息时间。

体育锻炼的场地卫生也应该受到重视，主要包括：运动建筑设备的一般卫生要求，室内体育建筑设备的卫生要求和室外运动场地设备的卫生要求。

第二节　运动中常见的生理反应和疾病

由于锻炼安排不当，有时会造成身体内某种机能紊乱，从而使人体出现一些生理反应和疾病。这些生理反应和疾病多发生在竞技运动过程中，因为，竞技运动需要经常在极限强度下进行大运动量训练，稍有不慎就有可能发生生理反应或疾病。在健身锻炼的过程中，运动负荷相对较低，所以，发生的可能性较小，病后运动或运动强度和时间安排不当时，也可发生生理反应或疾病。常见的生理反应和疾病有以下几方面：

一、过度疲劳

（1）原因。过分追求运动成绩和锻炼效果，违反安全性原则和循序渐进原则，持续进行大负荷的体育锻炼，伤病后身体未完全康复就又投入常规锻炼，缺乏全面的身体素质和心理训练。判断疲劳程度的标志（见表5-2）。

表5-2　判断疲劳程度的标志

内容	轻度疲劳	中度疲劳	重度疲劳
自我感觉	无任何不适	疲乏、腿疼、心悸	除疲乏、腿疼、心悸外，还有头疼、恶心甚至呕吐等现象，有些征象存在时间较长
面色	稍红	相当红	十分白，或苍白，有时呈蓝紫色
排汗量	不多	稍多，特别是肩带部分	非常多，尤其是躯干部分，脸部以及汗衫和衬衣上可出现白色盐迹
呼吸	中等度加快	显著加快	显著加快，并且表浅（其中有少数深呼吸出现），有呼吸节奏紊乱
动作	步态稳定	步伐摇摆不定	摇摆现象显著，出现不协调动作
注意力	比较好，能正确执行指示	执行口令不准确，改变方向时发生错误	执行口令缓慢，只有大声口令才能接受

（2）征象。一般表现出食欲减退、睡眠障碍、精神不振、注意力不集中、有时头疼、头晕、记忆力减退及心情烦躁不安，虽无明显的异常，但影响到平时的学习和生活。

（3）处理。贯彻早发现、早处理的原则，应及时调整锻炼计划，减少运动强度和时间，避免大难度动作，注意休息。此外，应增加睡眠时间，改善营养状况，辅以洗温水浴，进行恢复性按摩和体育理疗等。

二、极点和第二次呼吸

（1）极点。在中长跑时，能量消耗大，特别是当下肢回流血量减少，加剧了大脑氧债的积累，当达到一定程度时，就会出现呼吸急促、胸闷难忍、下肢沉重、动作不协调，甚至有恶心现象，这在运动生理学上称为"极点"。

（2）第二次呼吸。在"极点"出现后，情绪要稳定，并适当减慢跑速，加深呼吸，坚持下去，"极点"出现的现象将会逐步缓解与消失。这是由于一方面氧供给逐步得到增加，另一方面机体的适应性使机体功能重新得到改善，从而使运动能力提高，动作重新变得协调、有力，标志着"极点"已经有所克服，生理过程出现新的平衡。这种现象在运动生理学上称为"第二次呼吸"。

"极点"和"第二次呼吸"是中长跑运动中常见的生理现象，无需疑虑和恐惧，即使是一位优秀的中长跑运动员，也常出现"极点"现象，随着训练水平的提高，该生理反应将逐步地推迟和减弱。

三、肌肉酸痛

1. 产生的原因

不少人有过这样得体会，在一次活动量较大的锻炼以后，或是隔了较长的时间未锻炼，刚开始锻炼之后，常常出现肌肉酸痛。这种肌肉酸痛不是立刻发生在运动结束后，而是发生在运动结束后1～2天以后，因此也称为延迟性疼痛。

近代运动生理医学的研究表明，运动后的肌肉酸痛原因是肌肉活动量大，引起局部纤维及结缔组织的细微损伤，以及部分肌纤维的痉挛所致。由于这种肌纤维细微损伤及痉挛是局部的，因而就整块肌肉而言，仍能完成运动功能，但存在酸痛感。酸痛后，经过肌肉局部细微损伤的修复，肌肉组织变得较前强壮，以后同样的负荷将不易再发生损伤（酸痛）。

2. 预防和消除

（1）注意事项。① 根据实际情况安排不同的负荷，负荷不要太大，也不易增加过猛。② 锻炼时，尽量避免长时间集中练习身体某一部位，以免局部肌肉负担过重。③ 准备活动中，注意对即将负荷重的局部肌肉活动得更充分些，对损伤有预防作用。④ 整理活动还要注意进行肌肉的伸展牵拉练习，这种伸展性练习有助于预防肌纤维痉挛，从而避免酸痛发生。

（2）消除方法。① 热敷酸痛的肌肉，促进血液循环及代谢过程，有助于损伤组织的修复及痉挛的缓解。② 多做一些伸展性练习有助于缓解痉挛，使酸痛尽快消除。③ 按摩会使肌肉放松、促进肌肉血液循环的作用，有助于损伤的修复及痉挛的缓解。④ 服用一些维生素 C，有促进结缔组织中胶原合成的作用，有助于加速损伤的结缔组织修复，从而减轻和缓解酸痛。⑤ 针灸、电疗等对缓解酸痛也有一定的作用。

四、运动性晕厥

运动性晕厥突然发生的、暂时性的知觉和行动能力丧失的状态，如失去知觉、昏倒、全身软弱无力、头昏、耳鸣、发虚汗、面发白、恶心等。

1. 产生的原因

（1）在长时间站立不动、久蹲后突然起立，引起直立位时血压显著降低，是脑部供血不足所致，而直立性血压过低。

（2）疾跑后突然站定，引起重力性休克。运动时，下肢肌肉收缩对它们的挤压作用，再加上血液本身的重力，使血液大量积聚在下肢血管中，回心血量明显降低。心输出量也随之减少，从而导致脑部供血不足。

（3）举重吸气后憋气，可使胸、脑和肺内压大大增加，妨碍腔静脉回流，致心输出量减少而引起供血不足。

（4）低血糖、中暑、疼痛等，均能引起晕厥。

2. 急救与预防

急救措施：使患者平卧或头部稍低位，保持安静，并保暖，松衣带，用热毛巾擦脸，嗅氨水或点掐人中、涌泉等穴位。

预防措施：平时要坚持体育锻炼，提高血管运动机能水平。久蹲后要慢慢起立，疾跑后不要马上站定，应继续慢跑，调整呼吸，逐渐停下来，饥饿或空腹时不宜参加体育活动。

五、运动性贫血

主要症状：头昏，眼花，乏力，易倦，食欲不振，体力活动差，心跳易加快，皮肤发白无血色，安静时心率加快等。红细胞破坏增加，蛋白质和铁的摄入量不足和消耗增加是其发病的主要原因。

处理与预防：减小运动量，必要时可停止运动。饮食宜富于营养，吃含蛋白质、铁质、纤维素较多的食品。

六、运动中腹痛

运动中腹痛是一种常出现的运动症状，在中长跑、竞走、自行车、篮球等项目中发生率较高。其发病原理主要是肝脾郁血，呼吸肌痉挛或活动紊乱，胃肠道痉挛或功能紊乱，大都为钝痛、胀痛、绞痛等。

产生的原因：准备活动不充分，身体情况不佳，劳累，精神紧张，呼吸与动作之间的节奏配合不良，饮食不合理，运动速度和强度加得太突然等。

处理与预防：一旦出现这种现象，应减缓运动速度和降低强度，加深呼吸，用手按住疼痛部位，或弯腰跑一段距离。一般可以减缓或消失，如果无效则应停止运动并求医。

运动时要循序渐进地增加运动量，并且饮食要合理。

七、肌肉痉挛（抽筋）

肌肉痉挛是肌肉发生不自主的强直收缩所显示的一种现象。最多的是小腿腓肠肌，其次是足底跖肌和屈趾肌。

产生的原因：寒冷刺激，使兴奋增强的肌肉发生强直收缩，如游泳、大量排汗、肌肉连续过快收缩而放松不够、疲劳等均会引起抽筋。痉挛时肌肉僵硬，疼痛难忍。

处理与预防：一般不太严重，只要以相反的方向牵引痉挛的肌肉，可使其缓解，牵引时忌用暴力，用力要均匀、缓慢，加强身体训练，提高机体的耐寒能力，做好准备活动，要注意补充盐分。

第三节　常见的运动损伤

一、运动损伤的分类

在运动中发生的损伤，统称运动损伤。

运动损伤的分类方法很多，常用的分类方法是将其分为软组织损伤、关节脱位、骨折等三大类。并按有无创口与外界相通将上述三类损伤分为开放性软组织损伤、开放性关节脱位、开放性骨折和闭合性软组织损伤、闭合性关节脱位、闭合性骨折。

二、运动损伤的原因

造成运动损伤的原因是多方面的，它既与锻炼者的运动基础、体力水平有关，也与运动项目、技术难度以及运动环境等外部因素有关。归纳起来可分为直接原因和诱因两大方面。

1. 直接原因

（1）思想麻痹大意。这是所有运动损伤中最主要的因素。其中包括对预防运动损伤的意义认识不足，运动前不检查器械，预防措施不力，好胜好奇，常在盲目和冒失的运动中致伤。

（2）准备活动不足。运动前不做准备活动或做准备活动不足，使人体机能未达到运动状态，肌肉弹力差，韧带伸展和关节活动范围小，以及身体协调性低下而致伤。

（3）缺乏运动经验与自我保护能力。部分锻炼者在运动时，常出现犹豫、恐惧以及过分紧张而造成损伤事故。但更多的是由于缺乏运动经验和自我保护能力而致伤。

例如：摔倒时用肘部或直臂撑地，造成尺骨（或桡骨）、肘关节损伤（见图5-1、图5-2）。由高处跳下时，用脚跟落地或屈膝缓冲不够，易造成腿部、腰部或内脏震伤。

图5-1 肘部撑地   图5-2 直臂撑地

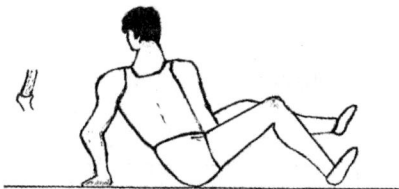

（4）技术动作缺点和错误。因违反身体结构、机能特点、运动时的生物力学原理或运动学效率，可导致损伤发生。例如：排球传球时，由于手形不正确引起手指挫伤等。

（5）身体素质较差。肌肉力量不足，柔韧性不好，协调性差等，均易导致损伤的发生。

（6）身体状况不佳。身体疲劳或睡眠、休息不好，带伤、带病或伤病初愈，身体机能相对较低，在这种情况下运动，如不适当降低练习强度和难度，很容易致伤。

（7）缺乏保护。保护用具、他人保护及自我保护方面做得不好，在对抗及有高难度动作的项目运动中会出现损伤。

（8）运动负荷（尤其是局部）过大。运动负荷超过了运动者可以承受的生理负担量，尤其是局部负荷过大，常是专项训练中引起损伤的主要原因。

（9）动作粗野或违反规则。不遵守比赛规则，相互逗闹、动作粗野、故意犯规等，是对抗性项目如篮球、足球运动中发生损伤的主要原因。

（10）场地设备的缺点。运动场地不平，有小碎石或杂物；跑道太硬或太滑；沙坑没掘松或有小石头，坑沿高出地面，踏跳板与地面不平齐；器械维护不良或年久失修，表面不光滑或有裂缝；器械安装不牢固或放置位置不妥当；器械的标准不符合锻炼的要求；运动时的穿着不符合运动卫生要求等。

（11）不良气候因素的影响。气温过高易引起疲劳和中暑，气温过低易发生冻伤，或因肌肉僵硬，身体协调性降低引起肌肉韧带损伤；潮湿高热易引起大量出汗，发生肌肉痉挛或虚脱；光线不足，能见度差，影响视力，使兴奋性降低和反应迟钝导致受伤。室外运动适宜温度（见表5-3）。

表5-3 室外运动适宜温度

气　温	无风天		风天、雨天、雪天	
	夏天	冬天	夏天	冬天
最高温	+33℃	高于0℃	+35℃	0℃
正常温	+20℃	-10℃	+20℃	-10℃
最低温	+5℃	-20℃	+10℃	-15℃

2. 诱因

诱因即诱发因素，它必须在局部负担量过大、技术错误等直接原因的同时作用下，才可成为致伤因素。

（1）各项运动的技术特点。各项运动都有它自己的技术动作特点，使身体各部位所承受的负担量不同，若训练方法不当，容易引起负担较大部位的受伤，如篮球运动的技术特点是滑步防守和进攻、急停、上篮等，膝关节经常处于半蹲位发力或扭转活动，易引起髌骨劳损。投掷时，肩关节发生急剧旋转，容易引起肩袖和肱二头肌长头肌腱损伤等。

（2）局部解剖生理特点某些组织所处的特殊解剖位置，在运动时可与周围组织发生挤压和摩擦，如肩袖肌腱。局部组织较脆弱，抗拉或抗折能力较弱，在一定外力作用下易造成损伤，如髌板。有的关节在一定的屈曲角度时，稳定性下降，关节面间易出现"不合槽"运动而引起捻错与摩擦，如膝关节半蹲位下发力等。

由于各项运动都有各自的技术要求，再加解剖生理上的特点，在直接原因的作用下，使各项运动中发生的损伤都具有一定的特点和规律。

三、运动损伤的预防

（1）加强运动安全教育。克服麻痹思想，提高预防损伤的意识。

（2）认真做好准备活动。根据所参加的运动项目特点，对可能发生的运动损伤的环节和易伤部位，要及时做好预防措施。

（3）加强保护与帮助。有些项目在加强与同伴的相互保护与帮助的同时，还要加强和提高自我保护能力。如摔倒时，立即屈肘，低头，团身滚动；由高处跳下时，用前脚掌着地，同时屈膝缓冲等。

（4）保持良好的身体状况。身体有不适时应减少运动强度或停止参加运动。

（5）合理安排运动量。做练习时防止局部运动器官负担过重。

四、运动损伤的发病规律

由于各运动项目都具有各自的技术要求和人体某些部位的解剖生理特点，因而不同的运动项目各有不同的易伤部位和专项多发病（见图 5－3、图5－4），了解和掌握运动创伤的发病规律，对预防、诊断和治疗都具有重要意义。

球类项目发病的一般规律是篮球运动易损伤的是膝关节、踝关节和手指，发生髌骨劳损、半月板损伤、踝关节韧带损伤和手指扭挫伤等。排球运动易伤肩、指、膝和腰，引起肩袖损伤、肱二头肌长头肌腱腱鞘炎、手指扭挫伤、髌骨劳损、腰部肌肉筋膜炎等。足球运动易伤踝、大腿肌肉拉伤及挫伤、膝关节韧带和半月板损伤等。此外，网球、羽毛球和乒乓球运动易发生网球肘。

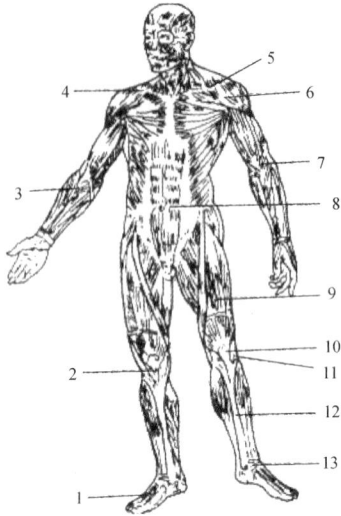

图 5-3　常见运动损伤及
其发病规律（腹侧）

1—跖骨疲劳性骨折（跑，竞走，体操）；

2—髌腱腱围炎（跳高，篮球，排球）；

3—肘内侧副韧带损伤（投掷，体操）；

4—肩锁关节损伤（体操，摔跤）；

5—锁骨骨折（自行车，摩托车，摔跤）；

6—肩袖损伤（吊环，高低杠，标枪，手榴
弹，蝶泳，兵乓球）；

7—网球肘（网球，羽毛球，乒乓球）；

8—腹肌拉伤（体操）；

9—股四头肌拉伤（足球）；

10—髌骨软骨病（铁饼，篮球，排球）；

11—半月板损伤（足球，垒球，体操）；

12—胫腓骨疲劳性骨膜炎（中长跑，体操，
跑项）；

13—足球踝（足球，体操）

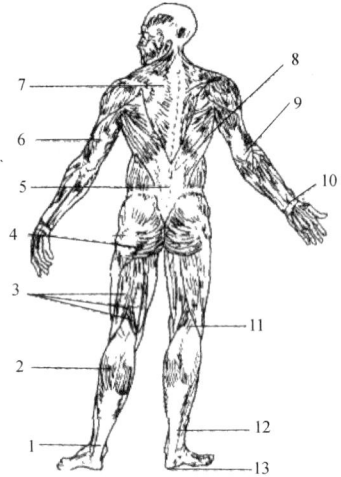

图 5-4　常见运动损伤及
其发病规律（背侧）

1—跟腱腱围炎（跑、跳、体操）；

2—小腿肌肉损伤（跑跳，体育）；

3—半腱肌，半膜肌股二关肌拉伤（跨
栏，跑跳）；

4—腘绳肌起点伤（跨栏）；

5—棘突骨膜炎（体操，跳水，举重）；

6—肱三头肌断裂（体操，摔跤）；

7—斜方肌拉伤（链球）；

8—腰背肌肉筋膜炎（体操，举重）；

9—肘骨关节病（标枪，体操，举重，垒球）；

10—伸指，伸腕肌腱腱鞘炎（体操）；

11—膝外侧疼痛征候群（马拉松，竞走，
篮球，中长跑）；

12—腓骨肌腱鞘炎（跑，体操）；

13—足跟挫伤（三级跳，体操）

五、常见的运动损伤与急救

（一）运动损伤的一般处理

1. 冷疗法

冷疗法是运用比人体温度低的物理因子（冷水、冰、蒸发冷冻剂）刺激
来进行的一种物理疗法。

作用：冷因子刺激躯体可使组织温度下降，周围血管收缩，明显地减少局部血流量及充血现象，它还可使周围神经传导速度减慢，因此有止血、退热、镇痛和防肿的作用。它可使肌肉的收缩期、松弛期及潜伏期延长，降低肌张力及肌肉的电兴奋性，因而还有解痉作用。

方法：①冷敷法。将毛巾浸透冷水（视毛巾温度上升的情况随时更换），或将冰块装入热水袋或塑料袋内进行外敷，每次约 20～30min，也可用冰块在治疗部位来回移动（冰块按摩法），或将伤肢直接浸泡在冷水中，但时间应缩短。②蒸发冷冻法。利用一些容易蒸发的物质接触体表，吸收热能而使局部温度降低。常用的烷类冷冻喷射剂。喷射时的细流应与皮肤垂直，距皮肤 30～40cm，喷射时间视病情而定，一般 5～10s，或皮肤上出现一层白霜即可。需要较长时间治疗时，可用间歇喷射法，即喷射 5s 钟后停止 20～30s 再进行，但重复不宜超过三次。要观察局部皮肤情况，避免皮肤冻伤。

适应症：主要用于急性闭合性软组织损伤的早期。

注意事项：伤后尽快使用，要严格掌握治疗时间，注意局部组织的情况，一般出现皮肤麻木时应立即停止，防止过冷引起组织冻伤。

2. 热疗法

热疗法是运用比人体温度高的物理因子（传导热、辐射热等）刺激来进行治疗的一种物理疗法。

作用：热疗能使局部血管扩张，促使血液和淋巴循环，提高新陈代谢，有利于淤血和组织液的吸收，缓解肌肉痉挛。热疗还能加强白细胞、单核细胞的吞噬作用，促进坏死组织的消除，促进再生修复的进行。因而热疗有消肿、散瘀、解痉、镇痛，减少粘连和促进损伤愈合的作用。

方法：①热敷法。将毛巾或敷料浸透热水或热醋后放于伤处，无热感时应立即更换，每次敷 30min 左右，每天 1～2 次，也可用热沙、热盐、热水袋热敷。②蒸熏法。用配好的药物加水煮沸，将需治疗的部位直接在蒸气上熏。每次治疗 20～40min，每次 1 次。此法能使药物通过温热作用渗入局部而起到治疗作用。有时也可用稀释的温热药液直接浸泡伤处。③红外线疗法。红外线由热光源产生。治疗时把红外线灯移至治疗部位上方，灯距一般为 30～50cm 左右。剂量的大小可用改变灯与皮肤的距离来调节，一般以舒适温热，皮肤出现桃红色的均匀红斑为合适。每次治疗时间为 15～30min，每次 1～2 次。15～20 次为一疗程。

适应症：急性闭合性软组织伤的肿、后期，慢性损伤。

禁忌症：急性软组织伤的早期，高热，有出血倾向者，活动性肺结核，恶性肿瘤等。

注意事项：防止烫伤，对瘫痪和感觉障碍的伤员要注意观察，伤员如皮肤出现红紫或灼痛，应停止治疗，涂以凡士林或硼酸软膏，防止起水泡。凡有皮肤过敏，或者红外线治疗中有头晕、心慌、疲倦等反应，应停止治疗。红外线治疗时要避免直接辐射眼部。

（二）运动损伤的处理与预防

1. 挫伤

挫伤时，机体组织的连续性受到损害，但从解剖上来看，并未完全中断。最常见的挫伤部位是大腿、小腿前部。此外，头、脑、腹部及睾丸的挫伤也较常见。

（1）挫伤的症状。一般都有疼痛，初轻后重，约持续 24 h。疼痛程度与淋巴液、血液在局部积聚的量、局部实际损害的情况及部位有明显的关系。挫伤后的出血量和部位不同，可分别形成淤点、淤斑和血肿。多数出血可逐渐吸收消散。

（2）处理。伴有休克的挫伤首先是要解除休克，如睾丸或腹部损伤的运动员，将伤员安置在适当的位置使之休息。上肢的挫伤可用三角巾悬吊休息，下肢则需静卧床上，应将患肢抬高，冷敷并加压包扎，以减少出血及水肿。大的肌肉群损伤多伴有严重的出血，应密切观察。疼痛较重的挫伤，应根据不同情况给予止痛药物。

（3）预防。在练习、比赛时，应加强自我保护意识，提供必要的保护，穿戴好保护装置，纠正错误动作，严格裁判，禁止粗野动作。

2. 肌肉拉伤

肌肉主动强烈地收缩或被动过度地拉长造成的肌肉微细损伤、肌肉部分撕裂或完全断裂，称为肌肉拉伤。

（1）肌肉拉伤的症状。局部疼痛，压痛，肿胀，肌肉痉挛、硬度增加，功能障碍，肌肉收缩或被动拉长时疼痛加重，有时伴有大片瘀斑。严重时，局部可出现凹陷及一端隆起，可能为肌肉断裂。大腿后群肌肉的拉伤最常见。此外，大腿内收肌、腰背肌、小腿三头肌、上臂肌都是易被拉伤的部位。

（2）处理。轻度拉伤及肌肉痉挛者，可用针刺疗法，效果较好；肌肉纤维部分断裂者，在早期，可将肌肉松弛、冷敷、加压包扎，48 h 后，按摩。重者，加压包扎，固定患肢，送医院治疗。

（3）预防。通过功能锻炼，使屈肌和伸肌的力量达到相对平衡，使肌肉具有较好的弹性和伸展性，是防止肌肉拉伤的有效措施。 另外应注意做好准备活动，运动量、技术动作应正确、合理。

3. 手指挫伤

（1）原因。主要是接球时的动作不正确或断球时手指过于紧张伸直；球气过足也容易使手指挫伤。

（2）症状。损伤部位关节周围肿胀，疼痛剧烈，功能障碍，局部有压痛。

（3）处理。冷敷或冷水冲淋，可与相邻的好指包扎固定，也可用另一手轻捏伤指稍微活动和放松。此伤对继续运动没有很大的妨碍（见图5-5）。

图　5-5

4. 疲劳性骨膜炎

疲劳性骨膜炎易发生于初参加训练或训练量突然猛增的人，常发生在胫腓骨、跖骨、尺骨、桡骨。

（1）无明显受伤史，逐渐发病。轻者运动后疼痛，经休息后减轻。重者运动时疼痛。局部疼痛、压痛、肿胀。

（2）轻度病例不需特殊方法治疗，一般减少运动量2～3周症状自动消失。重者应休息，并用弹力绷带裹扎患部，抬高患肢，用药或按摩等。

（3）遵守锻炼规则，防止突然加大运动量，避免长时间过分集中跑、跳、蹬、支撑等练习。认真做准备活动和整理活动，注意运动场地的选择，应符合卫生要求。

5. 网球肘

网球肘又名肱骨外上髁炎，其特点是肘及肱骨外上髁疼痛。它是伸手（腕）肌群在肱骨外上髁的附近部分、局部滑囊或关节囊的损伤。

（1）症状。少数病例是在受到一次撞击或牵拉出现症状，但大多数往往是逐渐出现症状的。开始做某一动作时疼痛，以后活动时疼痛，后来不活动也痛。

（2）治疗原则。休息、封闭、支持带、熏洗、按摩等。

（3）预防。加强伸腕肌群肌力练习是关键。

6. 腰部扭伤和劳损

腰部扭伤和腰部劳损，主要指腰部软组织，包括肌肉、筋膜、韧带和滑膜等的损伤。前者有明显的外伤史，伤后立即或1～2天后发生腰疼，称为急性腰扭伤。后者无明显外伤史，逐渐发生腰疼，称为腰部劳损。

（1）急性腰部扭伤。

原因和机理：负荷重量过大，脊柱过度前屈，突然转体，技术动作错误，如直膝弯腰提重物。

表现：绝大多数有明确的外伤史，局部疼痛或串痛，活动受限等。

处理：休息，按摩，其他如火罐、针灸、封闭等均可选用。

预防：做好准备活动，提高腰腹肌肉的协调性、反应性；不要直腿弯腰提重物，要屈膝屈髋，用腿部肌肉发力，并把重物靠近身体；加强腰腹肌肉的伸展性练习；做有关动作时，腰肌要保持一定的紧张度，并注意佩带护腰和宽腰带。

（2）腰部劳损。统指腰部肌肉、韧带、筋膜反复受牵拉，出现痉挛而产生的慢性损伤。

原因和机理：长期弯腰负荷过多或体位姿势不良；腰部反复细微损伤或急性扭伤愈合不佳；腰部肌力软弱；脊柱畸形等。

表现：腰部酸痛或胀痛。劳损部位有压痛点，有酸、胀、疼反应。

治疗原则：按摩、体疗是治疗腰疼的重要方法。体疗中应特别加强腰腹肌锻炼，对增强肌肉的弹性和耐力，提高脊柱的稳定性、灵活性和耐久性，改善肌肉的供氧状态，松解粘连，都是有益的。

方法：仰卧、俯卧"两头翘"，4拍为一遍，每次不少于30遍，每日两次。针灸、理疗、封闭、内服药均有一定疗效。

预防：加强腰腹肌肉练习，注意多个肌群的交替使用以及伸肌与屈肌之间的平衡；注意循序渐进和训练节奏，积极、彻底治疗腰部损伤；注意佩带护腰和宽腰带；保持良好坐姿；注意开展自我按摩和相互按摩。

7. 膝关节急性损伤

膝关节的运动创伤有的是较严重的骨折与脱位、韧带断裂与半月板损伤，而更多的是因为慢性劳损引起的软骨、韧带、腱膜与滑囊的损伤。前者处理不当会致残，后者与训练不当有明显关系。

（1）膝关节的损伤原因和机理。

内侧副韧带：关节屈曲时，小腿突然外展、外旋，或足及小腿固定，大腿突然内收、内旋，都可使内侧副韧带损伤，扭力的大小与损伤的程度有极密切的关系。严重扭力会使韧带完全断裂合并内侧半月板撕裂、前十字韧带损伤。

外侧副韧带：膝关节屈曲，小腿突然内收、内旋，或大腿突然外展、外旋，可发生外侧副韧带损伤。

十字韧带：在关节囊内，共两条，主要功能是限制胫骨的过度前移或后移。膝关节处于半屈曲位，突然完成旋转及内收、外展动作是重要的损伤机制。

半月板：膝关节半屈曲位，小腿外展、外旋或内收、内旋时，两块半月板滑动不协调，就会使半月板夹在股骨髁和胫骨平台之间，受到急剧的研磨和捻转而撕裂。

（2）症状表现。

膝关节疼痛：轻度损伤时，膝部某处常突然疼痛，但往往立即减轻，比赛后疼痛加重，能持重、行走。较重时，不能持重，不能行走，提示可能有韧带的断裂及膝关节的联合损伤。

膝关节肿胀：轻者，肿胀局限，重者，肿胀广泛，浮髌实验呈阳性，有瘀斑。

膝关节压痛：扭伤部位都有压痛，恒定的压痛点有定位诊断意义。关节内侧近股骨内上髁处压痛为内侧副韧带扭伤；关节外侧近腓骨小头处局限性压痛为膝关节外侧扭伤。

副韧带损伤：膝的一侧间隙压痛可能为半月板的边缘部撕伤；髌韧带两侧压痛可能为半月板的前角损伤。半月板的内缘和后角损伤、十字韧带损伤，都靠近膝关节的中央部，不容易查到压痛点。如果在压痛点处扪到局部组织有缺损性凹陷，多为韧带断裂之表现。

膝关节活动障碍：伤后的膝关节处于轻度屈曲位，但病人能缓慢将膝关节伸展或弯曲至正常范围。半月板损伤或十字韧带损伤，当时就有关节不稳，膝部软弱无力，不能持重行走；若发生垂足，足背和小腿外侧皮肤感觉消失或减退，为合并腓总神经损伤。

膝关节交锁：一般无此症状，但由于内侧副韧带断裂、半月板部分撕裂、十字韧带断裂、内侧副韧带断端嵌顿在关节间隙会引起该症状。

（3）处理。轻度拉伤及肌肉痉挛者，可用针刺疗法，效果较好；肌肉纤维部分断裂者，在早期，可将肌肉松弛、冷敷、加压包扎，48 h后，按摩。重者，加压包扎，固定患肢，送医院治疗。

（4）处理原则。

轻者：膝关节处于屈位休息，用活血止痛药外敷。逐渐步行锻炼、按摩、静力练习（直膝抬腿）。活动时，合理使用支持带。

重者：早期止血、止痛，保护韧带，避免加重损伤。然后配以按摩、静力练习及功能恢复。陈旧性损伤以股四头肌与膝的屈肌锻炼治疗为主，但症状不消失或较重者，应考虑手术治疗。

（5）预防。加强大腿前群肌力练习是预防关键。

8. 踝关节外侧韧带损伤

（1）原因和机理。外侧副韧带为最易损伤的踝关节韧带。严重的踝关节损伤往往包括韧带断裂，胫腓韧带联合撕脱、分离，内、外、后踝骨折。

（2）症状表现。外侧副韧带损伤常有足内翻受伤史。踝外侧疼痛、肿胀、瘀斑甚至血肿，扭伤者可以持重、跛行；韧带断裂者不能持重。

（3）处理。压迫止血，及时检查有无韧带断裂，若有韧带断裂，立即加压包扎，将脚固定于轻度外翻背屈位，抬高患肢送医院治疗。轻度损伤时，停止活动3～7天，外敷中药，以后可活动并配合理疗、按摩、功能锻炼；重者固定时间延长至3周左右。

（4）预防。加强踝关节周围肌肉力量和协调性训练，准备活动要充分。

（二）运动损伤的急救

1. 出血

出血的分类：按受伤的血管分，有动脉出血、静脉出血、毛细血管出血；按出血的部位分有外出血、内出血。

止血方法：主要有缝合法，用止血带、抬高伤肢法、加压包扎法、加垫屈肢止血法、间接指压法。不同部位的止血方法如下：面部出血（见图5-6）；头部出血（见图5-7）；肘关节以下部位出血（见图5-8）；颈动脉出血（见图5-9）；下肢出血（见图5-10）。

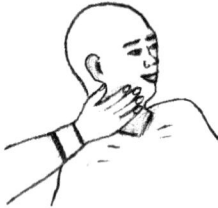

图5-6 按压面动脉

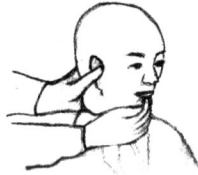

图5-7 按压颞动脉

图5-8 按压肱动脉

图5-9 按压锁骨下动脉

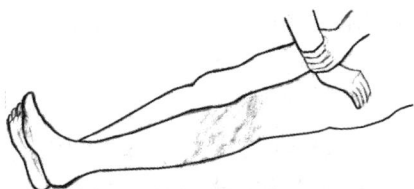

图 5-10　按压股动脉

2. 骨折

肢体常见骨折部位固定法有多种，对于肱骨骨折固定法（见图 5-11）；前臂骨折固定法（见图 5-12）；小腿骨折固定法（见图 5-13）。

图 5-11　肱骨骨折固定法

图 5-12　前臂骨折固定法　　　　　图 5-13　小腿骨折固定法

3. 人工呼吸

在一些体育运动的严重外伤事故中，如溺水、外伤性休克等，可能出现呼吸和心跳骤然停止。如不及时抢救，伤员会很快死亡。人工呼吸和胸外心脏按压为现场复苏急救的重要手段。

人工呼吸系借人工方法来维持机体的气体交换，以改善缺氧状态，并排出二氧化碳，为自主呼吸的恢复创造条件。人工呼吸的方法甚多，这里介绍口对口人工呼吸法。

畅通呼吸道后要立即判断病人有无呼吸，抢救者将脸贴近病人的口鼻，感觉有无气息进出，同时眼睛侧视病人胸部，观察其有无起伏，若都无反应则说明病人没有呼吸，要立即进行口对口人工呼吸。

在保持病人呼吸畅通和口部张开的位置下进行。操作时用手按于病人前额，一手的拇指与食指捏住病人的鼻孔，抢救者深吸一口气后，张开口紧贴病人的口（要将病人的口全部包住，若有条件可先用一块无菌沙布盖住病人的口），快而深地向病人口内吹气，直至病人的胸部上抬。

一次吸气完毕后立即与病人口部脱离，放松捏鼻的手指，以便病人从鼻孔出气，轻轻抬起头部，眼视病人胸部，同时吸入新鲜空气，准备下一次人工呼吸。每次吹入的气量约为 800～1 200 ml（见图 5 - 14）。

图 5 - 14　口对口人工呼吸

第四节　女子体育锻炼的卫生

女子经常参加体育锻炼，不仅可以促进身体的生长发育、增进健康、提高身体各器官和系统的功能水平，使之能更好地胜任对身体要求较高的工作任务，而且还可以使身体各部分协调、均匀地发展。特别是通过体育锻炼能使腹肌、腰背肌和骨盆底肌的肌肉力量得到增强，这对于女子妊娠期的身体机能情况和顺利分娩都有很大好处。

10 岁以前，男女儿童的身体机能情况和运动能力基本相同，进入青春发育期后，由于内分泌和生殖系统的迅速发育，使他们身体各方面出现急剧的变化，男女在形态、生理机能上和心理特征方面都出现较大的性别差异。这个时期女子除心脏、呼吸、骨骼和肌肉等方面的发育和功能与男子的区别越来越显著以外，还出现了月经初潮。因此，对女子进行体育教学和训练时，在运动项目的选择和运动量的安排上，必须考虑到女子的解剖生理特点，并提出相应的体育锻炼要求，同时要注意女子经期的体育卫生。

一、一般体育锻炼要求

由于男女性别上的差异，在参加体育锻炼时，彼此有不同的要求。

（1）由于女子心血管系统和呼吸系统的机能水平比男子低，故其能承受的运动量和运动强度均比男子要相对小些，要注意区别对待。

（2）女子的肩部较窄，握力、臂力较弱，在做悬垂、支撑、攀登及大幅度摆动动作时较困难，锻炼时应注意循序渐进，并给予必要的助力和保护。

（3）女子身体重心较低，平衡能力较强，柔韧性较强，适宜进行平衡木及艺术体操等项活动。因此，在锻炼时应有意识地保持和发展柔韧性，加强肩带肌、腹肌、腰背肌和骨盆底肌的锻炼。

（4）不宜做过多的从高处跳下的练习，地面不可过硬，注意落地姿势及缓冲，以免过分振荡，影响盆腔器官的正常位置及骨盆的正常发育。

（5）女子虽然皮脂较厚，但下腹部对冷的刺激很敏感，故在冬季锻炼时及月经期，要注意对下腹部的保暖。

（6）根据青春期女子的心理特点，注意引导和启发她们参加体育锻炼的积极性和自觉性，全面发展身体素质和提高健康水平及运动能力，培养坚忍不拔的毅力、克服困难的信心和勇于拼搏的精神。

二、女子月经期的体育卫生

1. 月经和月经周期

在垂体、卵巢内分泌周期变化的影响下，子宫内膜出现周期性的增殖、血管增生和腺体高度分泌。此时，卵细胞若未受精，由于卵巢黄体逐渐萎缩、退化，增生的子宫内膜逐渐坏死，并引起出血，血液及破碎的子宫内膜碎片经阴道排出体外，即为月经。

正常情况下，经期时间约为 2～7 天，多数为 3～5 天。经量平均约 50 ml，少至 10 ml，多至 100 ml。一般月经第 2～3 天出血量多。经血一般为暗红色，呈碱性，除血液外，还夹有子宫内膜碎片。在经期，有的人可有下腹部及乳房胀感、腰酸等现象，少数人有头痛、失眠、疲倦或嗜睡、情绪低落以及便秘或腹泻等全身反应。这些反应大都与大脑皮层的兴奋性变化有关，仍属于正常生理范围。

第一次月经来潮，称为月经初潮，一般约在 12～15 岁，初潮年龄一般受遗传、营养、健康与社会环境因素的影响。对少年女子进行运动员选材时，常根据月经初潮的早晚作为判断其发育"早熟"与"晚熟"的条件之一。通常把月经来潮的第一天到下一次月经来潮的第一天为止，称为一个月经周期。月经周期一般平均为 28 天，各人可能略有差异，即使同一人，其前后各次月经周期的时间长短也不尽相同，一般月经周期在 21～35 天之内，可视为正常。

女子到 45～50 岁时，卵巢逐渐萎缩，内分泌功能下降，可使月经周期发生紊乱，这个时期称为更年期。以后月经周期停止，即进入绝经期。

月经是一种正常生理现象，女子月经初潮后，由于内分泌机能尚不稳定，月经周期开始显得不规则，约 1～2 年以后逐渐接近 28～30 天行经一次，如果月经周期长期不规则，时间过长或过短，经量多或少至闭经，全身反应严重时，应予以重视并及时进行检查治疗。

2. 月经期体育锻炼要求

月经是女子正常生理现象，在月经期间，人体一般不出现明显的生理机能变化。因此，月经正常的女子在月经期间，可以参加适当的体育运动。如做广播操、打乒乓球、羽毛球或打排球等活动。通过这些活动，不仅可以改善盆腔的血液循环，减轻盆腔的充血现象，而且由于运动时腹肌与骨盆底肌的收缩与放松活动对子宫所起的柔和的按摩作用，还有助于经血的排出。此外，丰富多彩的体育活动还可以调节大脑皮层的兴奋和抑制过程，从而减轻全身的不适反应。所以无须对女子经期进行运动提出种种不适当的限制，只是需要一些特殊的措施。

月经期进行体育锻炼有以下要求：

（1）由于一般人在月经期间，身体的反应能力、适应能力和肌肉力量会有所降低，神经调节的准确性及灵活性也有所下降，因此，月经期间运动量的安排要适当减少，活动时间不宜过长。月经期间一般不宜参加比赛，因为比赛时，活动强度较大，精神过于紧张，体力及神经系统都不能适应，易导致卵巢功能失调引起经血过多或月经紊乱。对于月经初潮的女子，由于她们的性腺内分泌周期尚不稳定，运动量的掌握更要慎重，不宜过大，要循序渐进，使她们逐步养成经期锻炼的习惯。

（2）月经期间除应注意一般卫生外，还不宜游泳。因为经期子宫内膜脱落后，子宫内形成较大的创面，子宫颈口略为开大，宫腔与阴道口位置对直，此时，人体全身与局部对病菌侵袭的抵抗力下降，游泳时病菌可能侵入内生殖器官，进而引起炎症。此外，月经期间也应避免寒冷刺激，特别是下腹部不应受凉，冷水浴锻炼也应暂停。

（3）月经期间应避免做剧烈的、大强度的或振动大的跑跳动作（如疾跑、跨跳、腾跃、跳高、跳远等），以及使腹内压明显增高的屏气和静力性动作（如推铅球、后倒成桥、收腹、倒立、俯卧撑等），以免子宫受到过大的振动或由于腹内压过于增高而使子宫受压或受推，造成经血过多或引起子宫位置的改变。日常应对少年女子加强腰、腹肌和骨盆底肌的锻炼，这样既可防止在运动中发生子宫位置的变化，又可预防在经期发生疼痛等不适反应，对其成年后的正常分娩也有好处。

（4）对月经紊乱（经量过多、过少或经期不准）以及痛经（经期下腹部疼痛）、月经失调者和患有内生殖器炎症的女生，经期应减少运动量、强度和时间，甚至停止体育运动。

第六章　体育锻炼与医务监督

第一节　心血管系统机能评定的常用指标

心血管系统功能可以反映人体内脏器官的发育水平、体制强弱和锻炼水平。心脏作为人体循环系统的重要器官，在维持机体正常的血液循环，确保身体的各个组织、器官所需的血液与营养物质的供应上发挥重要作用。心脏生理功能的实现主要在于它能够自动的、有节律的收缩，这就构成了心脏泵血功能的基本条件。心脏泵血功能的大小主要由心脏收缩性能，心脏前负荷及心率决定。

就体育锻炼而言，具有良好的心脏泵血功能非常重要。剧烈运动时，机体各组织器官的血液进行重新分布，心输出量的 80％～90％ 用于供应肌肉运动所需。因此，体育锻炼者的心血管系统的结构与功能的诊断与监控作为运动医学监督的中心环节，在体育锻炼者的身体机能评定与锻炼监控中发挥重要作用。心率和血压是评定体育锻炼者心血管系统的常用指标。

一、心率

心率是心脏周期性机械活动的频率，是指心脏每分钟活动的次数。测量心率最简单易行的方法是测量脉搏。一般用手指搭在手腕的桡动脉处测量脉搏。在正常的情况下脉搏和心率是一致的。因此在体育锻炼的实践中一般用测量脉搏来表达心率。最常用的心率有基础心率、安静心率、运动时心率和运动后心率。

基础心率是清晨起床前空腹静卧心率，基础心率较为稳定。体育锻炼者的基础心率随着锻炼年限的延长和锻炼水平的提高而减慢。如果基础心率突然加快或者减慢，暗示体育锻炼者预防过度疲劳或者注意身体的健康。如果是经过一段时间的正常锻炼后，体育锻炼者的基础心率下降，说明体育锻炼者的身体机能经过一段时间的锻炼有所增强。

安静心率是机体没有任何的负荷状态下，正常人的安静心率月在 60～100 次/min 之间。安静心率有明显的个体差异，不同的年龄、性别和不同的生理状况，安静心率都不相同。一般新生儿的心率较快可达到 130 次/min，随着年龄独断增长，安静心率逐渐减慢，到 15～16 岁时，已经接近成年人的安静心率水平。一般来讲在成年人中女性的安静心率较男性快 3～4 次/min。经常参加体育锻炼的人的安静心率较一般人的低，正常范围在 45～80 次/min，优秀的运动员的安静心率通常为 40～50 次/min。个别优秀的耐力性项目的运动员的安静心率可达 30 次/min。与正常人相比运动员的每搏输出量明显增大，每分钟心输出量变化不大，说明在安静状态下运动员心脏保持着良好的能量节省化状态。心肌耗氧、耗能量维持在最低水平，保持着良好的心力储备。

运动时心率分为极限负荷心率（心率达到 180 次/min 以上）、次极限负荷心率（心率达到 170 次/min 左右）和一般负荷心率（心率达到 140 次/min左右）。运动时心率增加到极大限度时叫最大心率，最大心率随着年龄的增长而减少。一般用 220 减去年龄估算最大心率。最大心率与安静心率之差称为心搏频率储备，表示体育锻炼者运动时心率可能增加的潜在能力。

体育锻炼者在运动时，心脏储备充分动员。其主要表现：

（1）心率和每搏输出量。心输出量等于每搏输出量与心率的乘积，所以心率加快和每搏输出量的增多都能使心输出量增加。如果每搏输出量不变，在一定的范围内心率增加，可以使每分输出量增加。体育锻炼者，特别是优秀的耐力项目运动员，虽然心率较低，但由于心肌发达，收缩力强，每搏输出量高能够保证正常的心输出量。体育锻炼者在运动时最大心率可达到 180～200 次/min，就构成了心脏储备的重要部分——心率储备。

（2）心肌收缩力。如果心率不变，每搏输出量增加，则每分输出量也增加，因此，心脏收缩力是决定每搏输出量的主要因素之一。心脏收缩时尽量排空，使心脏收缩末期容积明显降低。心脏舒张期回心血量增加，心脏舒张末期容积增大，心脏前负荷增大，同样也构成了心脏储备的重要部分。也就是说，对于心脏来讲，心肌纤维的初长度取决于心室血液的充盈度。在一定范围内心室舒张时充盈量越多，则心肌纤维被拉长的程度越大，心室收缩力也越强，从而使每搏输出量增多；反之，则心室舒张时容积小，每搏输出量少。

（3）心脏泵功能的储备。健康成年人在静息状态下的心率为 75 次/min每搏输出量为 70ml，每分输出量为 5l 左右。参加剧烈体育锻炼时心率可达每分钟 180～200 次每搏输出量可以达到 150ml，所以每分输出量可以达到25～30l，为静息时的 5～6 倍。在静息状态下，心输出量并不是最大，但能够在需要时成倍增加表明健康人心脏泵血功能有一定的贮备力量。

心脏的贮备能力取决于心率和每搏输出量可能发生的最大最适宜的变化。心率的最大最适宜的变化约为安静心率的两倍。动用心率储备是心输出量调节中的主要途径，充分动用心率储备，就可以使每分输出量增加 2～2.5 倍。心输出量调节的另一个主要途径是每搏输出量，每搏输出量的储备由主要取决于心室收缩末期的储备量，通过充分动用收缩期储备，就可以使每搏输出量增加 55～60ml。当进行激烈的体育运动时，由于交感肾上腺系统的活动增强，主要通过动用心率储备和收缩期储备是心输出量增加。有些研究资料显示，坚持体育锻炼的人，心肌纤维较粗，心肌收缩能力增强，因此收缩期储备增加；同时由于安静心率因锻炼而减慢，所以心率储备也增大。

运动时心率的快慢与运动强度有关。强度越大心率越快。相同运动负荷时，运动员的心率上升越慢，表明运动员身体机能状况愈好。进行相同强度训练后运动员的最大心率值降低，则说明运动员的身体机能增强。体育锻炼后心率的恢复速度和程度，可以用来衡量运动员对训练负荷的适应水平或身体机能状况。相同的运动负荷训练后，运动员心率恢复加快，表明运动员对训练的负荷量能够适应或者是运动员的身体机能状况良好。

二、血压

血压是指血管内的血液对单位面积血管壁的侧压力。血液在血管中流动主要是由于心室收缩时造成主动脉首端与右心房之间的压力差，血流在各段血管中受到的阻力不同，各段血管的总口径大小不一样，血液在血管中的血流速度也不一样，因此各段血管中的血压也不一样。所谓的血压，多指体循环中的动脉血压。

1. 动脉血压的形成

形成动脉血压的首要因素是在有足够量的血液充盈血管的前提下，还必须有心室的收缩射血、外周阻力和大动脉的协同作用。正常情况下，每次心脏收缩时，左心室向主动脉射出约 60～80ml 的血液。此时，由于血液与血液之间的相互摩擦，以及血液与血管壁之间产生的摩擦形成外周阻力，阻止血液顺利地从主动脉流向外周。一般在心缩期只有每搏输出量的三分之一，其余的三分之二的血液留在主动脉中，对血管壁施加侧压力，使血管壁的弹性纤维被拉长，使动脉血管被动扩张。这样不但缓冲了主动脉血管壁突然增大的压力，而且通过这种方式，将一部分能量以势能的形势储存于被拉长的弹性纤维中。心室收缩将血液射入主动脉后，假设没有外周阻力，左心室收缩释放的能量将全部表现为动能，推动射出的血液全部迅速流向外周，因而不能对动脉血管壁产生侧压力；相反，假设只有外周阻力而没有心室的收缩射血，缺乏能量的来源，当然也不能形成动脉血压。所以，心室收缩射血和外周阻力是形成动脉血压的两个重要因素。主动脉血管的弹性对血液循环起这两种作用：①把心室收缩时释放的一部分能量以势能的形式储存起来，于心舒期推动血液继续流动；②缓冲动脉血压的变化，使心室收缩时动脉血压不至于过高，舒张时动脉血压不至于过低。

2. 动脉血压的正常值

血压包括收缩压和舒张压。在一个心动周期中，动脉血压随着心室的收缩和舒张而发生规律性的波动。心室收缩时，动脉血液达到的最高值称为收缩压。心室舒张时，动脉血压的最低值称为舒张压。收缩压与舒张压的差称为脉搏压或者脉压。收缩压主要反映心脏每搏输出量的大小；舒张压主要反映外周阻力的大小；脉压主要反映大动脉管壁的弹性。一定高度的动脉血压，是推动血液循环和保持各组织、器官足够血流量的必要条件之一。健康的正常人安静时的动脉血压较为稳定，变动范围较小，收缩压为 $100 \sim 120 \mathrm{mmHg}$，舒张压为 $60 \sim 80 \ \mathrm{mmHg}$，脉压为 $30 \sim 40 \mathrm{mmHg}$，健康的正常人的血压随着性别、年龄及其他生理情况的不同而有所变化。男性一般比女性略高。随着年龄的增长动脉血压也随之逐渐升高，但收缩压的升高比舒张压的升高更加显著。安静时，舒张压持续超过 $95 \ \mathrm{mmHg}$，就可以认为是高血压。如果舒张压低于 $50 \mathrm{mmHg}$，收缩压低于 $90 \mathrm{mmHg}$，则认为是低血压。

人体的动脉血压都有一定的相对稳定性，其相对稳定性具有一定的生理意义。如果血压过低，机体的供血量减少，不能够满足身体组织的代谢需要，机体的各组织、器官可能因为缺血、缺氧而引起各种疾病。如果血压过高，心室收缩射血时所遇到的阻力过大，使心肌的负荷加重。人体在正常的情况下，清晨的空腹静卧石的血压较为稳定。如果收缩压持续两天以上升高 20%，则表明机体出现过度疲劳或者是身体机能下降。

体育锻炼中血压的变化与运动的强度有关，大强度锻炼后收缩压上升和舒张压下降明显，并且恢复较快，表明身体机能良好。体育锻炼后收缩压明显上升，舒张压也上升或者是血压反应与锻炼强度刺激不一致，恢复所需的时间延长等说明身体机能状态不佳，有待调整。在日常的体育锻炼中，如果连续数周出现安静时舒张压增加超过日常的正常水平 10mmHg；安静时脉压差减少超过日常的正常水平 20mmHg；提示体育锻炼者的身体机能状况不佳。

3. 体育锻炼对心血管系统的影响

经常参加体育锻炼，可以促进人体心血管系统的形态、机能和调节能力产生良好的适应，从而提高人体的机能水平和工作能力。体育锻炼对心血管的影响有以下几个方面：

（1）窦性心动徐缓。经常参加体育锻炼，特别是耐力性训练可以使安静时的心率减慢。一些优秀的耐力性运动员的安静心率可以降低至 40~60 次/min，这种现象称为窦性心动徐缓。这是由于控制心脏活动的迷走神经作用加强，而交感神经作用减弱的结果。窦性心动徐缓是可逆的，安静心率降到 40 次/min 的优秀运动员，在停止训练多年后，有一部分人可以恢复接近正常人的水平。

（2）运动性心脏增大。运动训练可以使心脏增大，运动性心脏增大与病理性心脏增大在功能上是有显著差别的。病理性增大的心脏扩张、松弛，收缩射血的能力较弱，心力储备较低，不能承受任何的体力负荷。相比较而言，运动性增大的心脏，收缩力强，心力储备高，因此，运动性心脏增大是对长时间运动负荷的良好适应。近年来的研究结果表明，运动性心脏增大对不同性质的运动训练具有专一性反应。例如，投掷、摔跤和举重等静力性项目，运动性心脏增大是以心肌增厚为主；而耐力性运动，像游泳和长跑等，运动性心脏增大却以心室腔增大为主。

第二节　运动性疲劳及疲劳的恢复

一、运动性疲劳的概念

在 1982 年的第五届国际运动生物化学会议上，将疲劳定义为机体生理过程不能持续其机能在一特定水平上和/或者不能维持预定的运动强度。也有人将疲劳定义为人体在运动过程中，人体的工作能力及身体机能就会产生暂时降低的现象，这种现象称为运动性疲劳。运动性疲劳使人体的工作能力及身体机能暂时性的下降，在经过一段时间的休息和及时采取消除疲劳的有效措施，人体的工作能力及身体机能就能很快得到恢复。所以，运动性疲劳只是一种暂时的生理现象，对人体是一种保护性的抑制。运动疲劳出现以后，及时地进行恢复，不要让疲劳积累导致过度疲劳的产生，疲劳是不会损害人体的身体健康和影响正常的体育锻炼，相反，通过疲劳的产生和恢复的过程的不断强化，使人体的身体机能和运动能力达到超量恢复，更有利于体育锻炼水平和运动能力的提高。

二、运动性疲劳的分类

运动性疲劳是由于身体活动或肌肉运动而引起的，主要表现为运动能力下降、身体机能下降。根据疲劳发生的部位，可以分为全身性疲劳和局部疲劳；根据疲劳发生的机理和表现形式，可以分为中枢性疲劳、外周性疲劳和混合性疲劳。运动性疲劳常因活动的方式不同而产生不同的症状，例如，激烈运动后出现的肌肉酸痛、全身乏力、工作能力下降；棋类运动后头昏脑胀、反应迟钝等。

三、运动性疲劳产生的机理

自从 19 世纪 80 年代自开始研究运动性疲劳以来，学者在不同的时期为阐明运动性疲劳提出过不同的理论假说，最具代表的有以下几种：

1. 衰竭学说

衰竭学说认为长时间运动产生疲劳的同时血糖浓度降低，补充糖后工作能力有一定程度的提高，所以认为疲劳产生的原因是机体内的能源物质的耗竭。

2. 堵塞学说

堵塞学说认为，疲劳的产生是由于某些代谢产物在肌组织中堆积而造成的。机体疲劳时肌肉中乳酸等代谢产物增多，由于乳酸的堆积，造成肌组织和血液中 pH 值的下降，肌体内的酸性环境，抑制了果糖磷酸激酶的活性，从而抑制糖酵解，导致 ATP 合成速率减慢。pH 值的下降使肌浆中 Ca^{2+} 的浓度下降，影响了肌球蛋白与肌动蛋白的相互作用，使肌肉收缩减弱。

3. 内环境稳定性失调学说

内环境稳定性失调学说认为，疲劳是由于机体内的 pH 值下降，细胞外液水分及离子浓度发生变化和血浆渗透压改变等因素所致。当人体失水占体重 5％时，肌肉工作能力下降约 20％～30％。哈佛大学研究发现，在湿热环境中，体育锻炼出汗过多时，达到疲劳状态时，单单给予饮水并不能缓解，

但饮用 $0.04\% \sim 0.14\%$ 的氯化钠水溶液可以使疲劳有所缓解。所以说，离子代谢在运动性疲劳中占有很重要的位置。

4. 保护性抑制学说

保护性抑制学说认为，运动性疲劳是由于大脑皮质产生了保护性抑制。运动时大量冲动传至大脑皮质相应的神经元，使神经元长时间处于兴奋状态，导致耗能增多。为避免进一步消耗，便产生了抑制过程，这对大脑皮质起到保护性作用。此外，血糖下降、缺氧、pH 值下降、盐丢失和渗透压升高等，也会促使皮质神经元工作能力下降，从而促进疲劳（保护性抑制）的发生和发展。

5. 突变理论

从肌肉疲劳时能量消耗、肌力下降和兴奋性改变三维空间，提出了肌肉疲劳的突变理论。由于在运动过程中三维空间关系的改变而导致了疲劳的发生。也就是说，在能量消耗和兴奋性明显衰减的过程中所存在的一个极具的能力下间的阶段，以避免能量储备的进一步下降，保护机体免于衰竭。这一学说改变了以往用单一指标研究运动性疲劳的缺陷。突变理论学派的学者认为，在肌肉疲劳产生的过程中，存在着不同的逐渐衰减的突变过程，主要包括以下几个方面：

（1）单纯的能量消耗，在这一途径只有能量的极度消耗，而不存在肌肉兴奋性下降，继续运动下去便导致肌肉僵直，但在运动性疲劳中一般不会发展到这种程度。

（2）在能量消耗和兴奋性衰减过程，存在一个急剧下降的突变峰。由于兴奋性突然急剧下降，减少了能量储备的进一步消耗，同时伴随着肌肉力量和输出功率的突然下降，表现为肌肉疲劳，这也是疲劳突变理论的主要内容。

（3）肌肉能源物质逐渐消耗，兴奋性下降，但这种变化是渐进的，并未发生突变。

（4）单纯的兴奋性丧失，并不包括肌肉能量的大量消耗。

6. 自由基损伤学说

自由基是外层电子轨道含有未配对电子的基团。在细胞内，线粒体、内质网、细胞核、质膜和胞液中都可以产生自由基。由于自由基化学性活泼，可与机体内糖类、蛋白质、核酸及脂类等物质发生反应，因而造成细胞功能和结构的损伤与破坏。激烈运动时，由于肌纤维膜破裂和内质网膜变性，使血浆脂质过氧化（LPO）水平增高，影响了肌纤维的兴奋-收缩耦联，还对线粒体呼吸链 ATP 的释放、氧化酶的活性造成影响，从而导致肌肉工作能力下降，产生疲劳。

四、运动性疲劳的发生部位及特征

1. 运动性疲劳的发生部位

根据运动性疲劳发生的部位，可以分为中枢疲劳和外周疲劳两大类。

（1）中枢性疲劳。中枢性疲劳是自脑至脊髓部位的疲劳。由于运动中枢神经系统发生功能紊乱，改变了运动神经元的兴奋性。疲劳时，神经冲动的频率减慢，使肌肉工作能力下降。由于中枢神经代谢功能失调，可引起多种酶的活性下降，其中 ATP 再合成速率下降，从而使肌肉工作能力下降，导致疲劳。

（2）外周性疲劳。外周性疲劳可能发生的部位是从神经-肌肉接点到肌纤维内部线粒体，这些部位中发生的某些变化与运动性疲劳有密切的联系。

2. 不同类型运动疲劳的特征

运动性疲劳是一个极复杂的生理过程，由于运动负荷的不同，对人体机能产生的影响也不相同，疲劳的特征也不相同。不同运动项目的疲劳存在一定的规律性。短时间最大强度的运动疲劳，如 100 m 短跑，因肌细胞代谢变化导致 ATP 合成的速率下降。强度较大，时间较短的运动所造成的疲劳往往是由于机体所产生的大量乳酸来不及代谢，堆积所致，如中长跑的项目，800 m、1500 m 等。长时间中等强度运动所造成的疲劳往往与机体内的肌糖原的大量消耗、血糖浓度下降，体温升高使体内水分和无机盐随汗液大量排出体外等有关，如马拉松等。

五、运动性疲劳判断的简易方法

科学合理地判断运动性疲劳的出现及其程度，对科学地锻炼身体，增强体质和合理地安排锻炼计划，增强身体素质，有着重要的意义。由于运动性疲劳产生的原因是复杂的，所以疲劳的表现形式也不相同，判断和评定运动性疲劳的方法很多，运动性疲劳常见的判断和评定方法如下：

（1）根据锻炼者的主观感觉判断运动性疲劳。如果在进行体育锻炼时出现疲乏、头晕、心悸、恶心、面色苍白、眼神无光、呼吸表线、反应迟钝、注意力不集中、运动能力下降等，表明体育锻炼者已达到疲劳状态。

（2）根据人体的生理、生化指标来判断锻炼者是否达到疲劳。人体在疲劳时闪光融合频率减少，皮肤空间阈值增大，一般较安静时增加 1.5～2 倍，为轻度疲劳，增加 2 倍以上为重度疲劳，心率增快，心电图 S－T 段下降，T 波可能倒置，肌力下降，肺活量下降，血压体值反射测定，血压明显下降，尿蛋白含量增加等。

（3）根据运动医学检查判断运动性疲劳。其判断疲劳程度的标志如表 6－1 所示。安静时和运动前后进行各种机能测验，如台阶试验、PWC170、最大吸氧量测定，疲劳时心血管系统和呼吸系统的调节机能下降。

表 6－1　疲劳程度的标志

内容	轻度疲劳	中度疲劳	重度疲劳
自我感觉	无任何不适	疲乏、腿痛、心悸	除疲乏、腿痛、心悸外，还有头痛、胸痛、恶心，甚至呕吐等征象。有些征象存在时间较长
面色	稍红	相当红	十分红或苍白，有时呈紫蓝色
排汗量	不多	稍多，特别是肩带部分	非常多，尤其是整个躯干部分。在颞部及汗衫和衬衣上可出现白色盐迹
呼吸	中等度加快	显著加快	显著加快，并且表浅（其中有少数深呼吸出现），有时呼吸节奏紊乱
动作	步伐轻稳	步伐摇摆不稳	摇摆现象显著，在行进时掉队，出现不协调动轮船
注意力	比较好，能正确执行指示	执行口令不准确，改变方向时有时发生错误	执行口令缓慢，只有大声口令才能接受

六、机体能源储备的恢复

在体育锻炼中，由于强度、时间及运动量大小的不同，能源物质恢复的速度和所需的时间也不相同。

1．磷酸原的恢复

磷酸原的恢复速度很快，在剧烈运动后被消耗的磷酸原在 20～30 h 内，合成一半。力竭性运动后 30min 磷酸原恢复约 70%，2～3min 内，机体消耗的磷酸原便可完全恢复，这意味着在 10min 以全力运动的训练中，二次运动的间歇时间不能短于 30min。

2．肌糖原储备的恢复

肌糖原为肌肉的收缩提供能量，是有氧氧化系统和乳酸能系统的供能物质。不同运动强度和运动持续时间，对肌糖原的恢复时间也不同，长时间运动后导致肌糖原耗尽后，用高糖膳食，46h 就可以使肌体消耗的肌糖原完全恢复；而用高脂肪与蛋白质膳食 5 天，肌糖原恢复仍然很少。

在短时间，高强度的间歇体育锻炼后，无论是食用普通膳食还是高糖膳食，肌糖原的完全恢复都需要 24h。

3. 氧合肌红蛋白的恢复

氧合肌红蛋白存在于肌肉中，其在肌肉中的含氧量为 11ml/kg，在肌肉收缩时，肌肉中的氧合肌红蛋白能迅速解离释放氧并被利用，而运动后被分解掉的氧合肌红蛋白在几秒钟内即可完全恢复。

4. 乳酸清除规律的应用

乳酸是糖酵解的产物，其中蕴藏着大量的能量可以被利用，乳酸绝大部分用于肝糖原合成被再利用。在运动中机体内可产生的乳酸大部分在肌肉中被继续氧化分解。乳酸经血液循环，主要到达心肌、肝和肾脏作为糖异生作用的底物。在运动后恢复期，乳酸的清除速度受休息方式影响。活动性休息中血乳酸消除的的半时反应为 11min，恢复至安静时的水平约要 1h，而休息性恢复中乳酸消除的半时反应需 25min，恢复至安静水平则需要 2h。实验证明，进行适量的活动，如散步、慢跑，比静坐和躺卧休息方式乳酸的消除速度更快一些，因为适量活动，可以促使血液循环加快，输送至肌肉中的氧比静止时多，肌肉的代谢水平也较高一些，有利于乳酸的消除，减轻肌肉的酸痛，促进疲劳的尽快恢复。

七、消除运动性疲劳的常用措施

体育锻炼就是疲劳—恢复—再疲劳—再恢复的过程。体育锻炼者身体机能水平的提高是由锻炼导致的适度的运动性疲劳，并在合理的恢复后，身体机能状态在新的水平上获得适应的结果。因此，疲劳和恢复的过程都是体育锻炼中不可缺少的部分。但是，如果体育锻炼者在连续的大运动量的锻炼后，机体得不到及时的恢复，运动性疲劳就会在机体中积累，导致过度疲劳，身体机能水平下降，所以在体育锻炼的过程中应坚持，没有疲劳的锻炼是无效的锻炼，而没有恢复的锻炼则是危险锻炼的原则。

为了使运动中所消耗物质和各器官系统下降了的机能尽快恢复，以及运动中所产生的代谢产物尽快消除，不致使疲劳积累而造成过度疲劳，一般可采用下述消除运动性疲劳的方法。

1. 运动性手段

（1）积极性休息。在运动锻炼结束后，采用变换运动部分和运动类型，以及调整运动强度的方式来消除疲劳的方法，称为积极性休息。1903年谢切诺夫实验发现，用右手测力描绘工作疲劳后，以左手继续工作来代替安静休息，能促使右手恢复更快更安全。在日常的体育锻炼中，经常采取调整锻炼内容，转换锻炼环境和变换肢体活动部位等方式，其目的在于采用积极性休息的方式，达到提高锻炼效果的目的。

（2）整理活动。指在运动之后所做的一些加速机体功能恢复的轻轻松松的身体练习，又称"放松练习"，充分的整理活动是取得良好的效果及预防运动损伤的重要手段之一。剧烈运动时骨骼肌强烈持续的收缩，使机体内的代谢产物来不及排除体外，而大量的堆积，使肌肉的硬度增加并产生酸痛。运动结束后肌肉很难在短时间内自然恢复到运动前的松弛状态。另外，运动时体内的血液重新分配，内脏血液大量转移到运动器官中，以保证运动时能量代谢的需要，运动结束后停止不动，由于地心引力和静止时的身体姿态，严重影响静脉回流，使心输出量骤然减少，血压急剧下降，造成一时性脑贫血，所谓重力性休克。研究表明，剧烈运动后，进行 $3\sim5\text{min}$ 的慢跑或者其他的动力性的整理活动，可加速全身血液的再次重新分布，促进血乳酸的消除与再利用，减少肌肉的酸痛，有助于疲劳的消除，预防重力性休克的发生。

2. 睡眠

睡眠是消除疲劳、恢复体力的最好方法之一。睡眠时大脑皮层的兴奋过程降低，体内分解代谢处于最低水平。人体内代谢以同化作用为主，异化作用减弱。睡眠有利于体内能量的蓄积。静卧可以减少身体的能量消耗，也可加速身体机能的恢复。

3. 营养学手段

运动时所消耗的物质要靠饮食中的营养物质来补充，合理膳食有助于加速恢复过程。

4. 按摩

按摩也称为推拿，是运用不同的手法作用于机体，以达到提高身体的机能、消除疲劳和治疗疾病的目的。按摩应根据体育锻炼的项目特点和运动疲劳的程度而定。一般按摩运动负担量最大的部位。按摩能使肌肉中的毛细血管扩张和后备毛细血管开放，使局部的血液循环加强，营养供应改善，使肌肉的工作能力提高，加速疲劳肌肉中乳酸的排除，有助于疲劳的消除。

5. 物理疗法

物理疗法消除运动性疲劳的种类较多。体育锻炼后采用局部热敷和温水浴是一种最简单易行的消除疲劳手段，促进血液循环，加强新陈代谢，减少肌肉中酸性代谢产物的堆积，放松肌肉和消除肌肉僵硬、紧张及酸痛。热敷的温度以 47℃～48℃为宜，时间约 10min 左右。温水的水温一般以 40℃为宜，每次时间控制在 15～20min。还可以根据运动性疲劳的程度和条件，采用光疗、蜡疗、电疗、蒸气浴、干燥空气浴等恢复手段，也可促进血液循环，加速疲劳的消除和机能恢复。

6. 氧气及负氧离子吸入法

体育锻炼后肌肉和血液中有大量酸性代谢产物。高压氧舱在 2～2.5 个标准大气压下，吸入高压氧可使血氧含量增加，血液二氧化碳浓度下降，pH 上升，提高组织氧的储备量，有利于氧债的偿还，对于体育锻炼所引起的肌肉酸痛、僵硬、酸碱平衡失调等有明显效果。对减轻头痛、头晕，改善睡眠的作用，对消除无氧锻炼后的疲劳更为有效。负氧离子有提高神经系统的兴奋性，加速组织氧化还原过程，改善心肺功能，提高血红蛋白浓度等作用，有助于机体运动后运动性疲劳的消除。

7. 药物

合理的应用中医药可以增强机体免疫能力，减少大强度运动时氧自由基对抗体的损害。中药黄芪、刺五加、参三七等具有调整中枢神经系统，扩张冠状动脉补气壮筋等作用，对促进疲劳的恢复有一定的效果。蜂王浆、人参、鹿茸等有养血补气、增强体力、消除疲劳的作用。

8. 心理恢复法

运动性疲劳在人体中除了有躯体疲劳外，还有心理性疲劳。因此，运动性疲劳后采用心理调整、自我暗示、放松训练和气功等心理恢复手段，能调节大脑皮层的机能，减轻紧张情绪，放松肌肉等，对消除运动性疲劳有良好效果。

第三节　运动生理负荷的测量与评价

一、基本概念

1. 生理负荷与运动负荷

生理负荷是指机体内部器官和系统在发挥机体本身所具有的生物学功能，并保持一定生理机能活动水平的过程中，为克服各种加载的内、外阻力

（负荷）所做的生理"功"。由于生理负荷是机体内部所承受的生物学负荷，故又称为"内负荷"。如心脏为推动血液在脉管系统中流动，必须承受一定量的生理负荷或完成一定量的生理功；当血管阻力增大时，心脏所承受的生理负荷增加，其生理功也相应增加。人体在安静状态下的生理负荷称为静态生理负荷。

生理负荷反应是指机体在承受一定生理负荷量时各器官和系统所表现出来的机能变化或反应，如呼吸加快、心输出量增加等。机体承受生理负荷的能力和负荷反应程度随个体差异、机能状态和训练程度等因素影响，表现出明显的差异性。

运动负荷是指加载于机体上的各种外部物理"功"的总称，也称为运动量。由于运动负荷是机体外部所承受的机械负荷，故又称为"外负荷"。

运动负荷常用运动时间、强度、密度来表达。在实际制定和实施锻炼计划（如长跑训练）过程中，当运动距离确定时，运动强度可用通过运动距离所用的时间或目标生理负荷强度（如最大摄氧量百分数、心率等）来表达；当运动时间确定时，运动强度又可用在该时间内所通过的距离来表达。

2. 运动生理负荷与负荷反应

运动生理负荷是特指机体在一定强度和持续时间的运动负荷刺激的作用下，机体器官和系统所承受的额外生理负荷，即除安静状态下的生理负荷外，机体为维持运动状态下的机能活动水平而额外做的生理"功"。机体所承受的总生理负荷等于静态生理负荷与运动生理负荷之和，即

总生理负荷（W_{TP}）＝静态生理负荷（W_{RP}）＋运动生理负荷（W_{EP}）

运动生理负荷反应指机体在运动负荷刺激作用下，身体内部承受一定量生理负荷时各器官、系统所表现出来的明显机能变化或反应。如血液重新分配、耗氧量、心输出量比安静状态明显增加等。在实际体育运动锻炼中，有时也将运动生理负荷反应简称为"负荷反应"。

运动负荷是外部条件，身体机能活动是内在因素。在正常生理机能状态下，由于外部运动负荷的刺激作用，机体出现一系列应答性机能活动，形成了运动生理负荷。反之，机体的运动生理负荷反应程度又制约了身体能承受运动负荷刺激的能力。如当较大的运动负荷强度引起机体出现强烈的运动生理负荷反应并超过人体本身的承受力时，机体承受运动负荷刺激的能力就会明显下降。

3. 运动生理负荷的基本要素

运动生理负荷的基本要素包括运动生理负荷强度、负荷时间及负荷积

分。三者既紧密联系，又相互区别。一般人们所称的运动生理负荷量，实际上包含了上述负荷强度、时间及积分。运动生理负荷强度指在运动负荷强度刺激作用下所引起的整体生理机能反应程度和幅度，简称负荷强度。运动生理负荷时间指机体在整个运动过程中，持续负载运动生理负荷的时间。由于赛前状态等因素，增加了生理负荷时间，加之运动停止后的生理机能恢复时间，实际上的运动生理负荷时间往往比运动时间长。但为了便于计算，把运动生理负荷时间特指为运动阶段的负荷时间，从而使负荷时间与运动时间一致起来。运动生理负荷积分是指运动过程中生理负荷强度随负荷时间变化的函数关系，其本质是负荷强度与负荷时间的积分。负荷积分将负荷强度和负荷时间结合起来，是既反映运动生理负荷量、也反映人体运动生理负荷机能潜力的一项综合指标。一般而言，负荷积分值越大，运动生理负苛量值就越大，其机能潜力也应越大。

二、运动生理负荷的决定因素

运动生理负荷量主要取决于运动强度、运动时间及负荷（强度）反应三方面。运动时间与运动强度、负荷（强度）反应呈反比关系。运动强度越大，所引起的生理负荷（强度）反应就越大，持续运动时间则必须缩短，负荷积分值也相对较小；适宜运动强度刺激，能引起较大负荷强度反应，可持续运动时间也最长，所产生的负荷积分值则最大。就运动生理负荷反应而言，对同一运动强度的刺激，不同个体表现出一定的差异性。如进行同一速度及坡度的跑台跑运动，甲乙二人的吸氧量、心率和血乳酸值等负荷反应可能出现较大的不同。这既与受试者的训练程度、机能状态等后天因素有关，也与其本身的先天遗传等个体差异性有关。故在应用运动生理负荷指标进行机能评定、运动负荷监测和调控时，应充分考虑到各种影响因素。

三、体育锻炼负荷量的测量与评定

体育锻炼负荷量的测量可以直观地了解运动量的大小，观察机体对运动量的适应情况。

1. 传统的测量方法

受测者在安静时、准备活动结束时、整理活动结束时和体育锻炼结束休息10min后的脉搏绘成曲线图，根据曲线图的变化分析体育锻炼的负荷量是否适宜。例如，某次体育锻炼的各部分中实践和脉搏的测定情况如下（见图6-1）：

锻炼前安静时的脉搏为 80 次/min。

开始部分 3min，脉搏为 86 次/min。

准备活动部分 12min，共测 4 次脉搏，2min 后为 94 次/min，6min 后为 120 次/min，10min 后为 127 次/min，12min 后为 140 次/min。

锻炼部分 25min，共测 9 次脉搏，3min 后为 116 次/min，5min 后为 154 次/min，7min 后为 142 次/min，10min 后为 140 次/min，3min 后为 160 次/min，13min 后为 104 次/min，16min 后为 174 次/min，19min 后为 110 次/min，23min 后为 130 次/min，25min 后为 120 次/min。

结束部分 5min，结束后的脉搏为 86 次/min。

首先，将途中各点（脉搏数）与横坐标之间作一垂直线把锻炼的整个过程分为几个部分（其中横坐标表示时间 t，纵坐标表示心率，即脉搏数 N），然后用下列公式计算个部分的生理负荷量：$\sum X_n = N_t + 1/2d_t$，其中 $\sum X_n$ 表示各部分的生理负荷总量。N_t 表示各个部分的最低脉搏，t 表示各个部分所占的时间，d_t 表示各个部分中最高脉搏与最低脉搏之差。

其次，公式依次计算出 $\sum X_1 = 249$，$\sum X_2 = 180$，$\sum X_3 = 428$，$\sum X_4 = 494$，$\sum X_5 = 267$，$\sum X_6 = 384$，$\sum X_7 = 270$，$\sum X_8 = 296$，$\sum X_9 = 453$，$\sum X_{10} = 396$，$\sum X_{11} = 417$，$\sum X_{12} = 426$，$\sum X_{13} = 480$，$\sum X_{14} = 250$，$\sum X_{15} = 515$

最后，该次体育锻炼的平均生理负荷量为：

$(\sum X_1 + \sum X_2 + \sum X_3 + \cdots + \sum X_{15}) / (t_1 + t_2 + t_3 + \cdots + t_{15}) =$

$5505/45 = 122$ 次/min

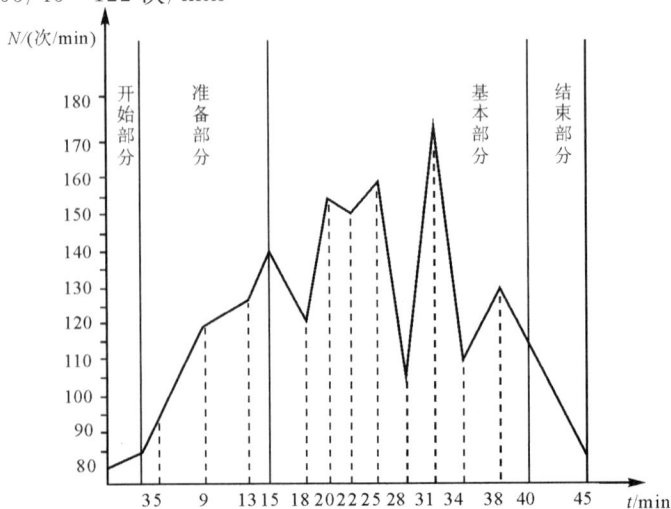

图 6-1　一次体育锻炼中脉搏变化曲线图

生理负荷量的评定传统采用指数法，其公式为

　　生理负荷量指数＝平均生理负荷量/体育锻炼前安静时的脉搏

本次锻炼的生理负荷量指数：$122/80＝1.5$

然后查表6-1可知，本次锻炼的生理负荷量为中等。

表6-1　负荷量指数评定表

负荷量指数	生理负荷量等级
2.0～1.8	最大
1.8～1.6	大
1.6～1.4	中等
1.4～1.2	小
1.2～1.0	最小

2. 百分法测量

　　根据库柏报道，对心肺功能锻炼的最佳运动强度是在心脏每搏输出量最大的范围内。大量的研究表明，这个心率的范围在 140～150 次/min 之间。实验证明，脉搏超过 180 次/min，运动时间达 20min 以上，T 细胞的免疫功能即下降，大约需要 12min 才能恢复。因此，有人提出对于体育锻炼者生理负荷量等级的确定，可用百分法来计算。其计算公式如下：

　　$k=$ ［（体育锻炼的平均脉搏—锻炼前安静时脉搏）/（体育锻炼的最高脉搏—锻炼前安静时脉搏）］$\times100\%$

　　若用此方法计算以上举例的体育锻炼的 k 值为

　　$k=$ ［（122—80）/180—80］$\times100\%＝42\%$

　　查表6-2可知，这次体育锻炼的生理负荷量为中等。

表6-2　体育锻炼的生理负荷量等级表

$k/$（%）	生理负荷量等级
1～20	最小
20～40	小
40～60	中等
60～70	大
70～80	最大

　　在计算体育锻炼的生理负荷量时要特别注意锻炼前安静时的脉搏，尽量排除各种外界因素的干扰，否则，计算出来的生理负荷量指数可能因安静时

的脉搏的上升而偏低。

四、生理负荷量测量结果的评定

体育锻炼的生理负荷量应根据人体生理和功能的活动变化规律逐渐地加大运动量。到体育锻炼结束前要逐渐减少运动量。生理负荷量的高峰应该控制在基本部分的中期偏后为宜。准备部分的生理负荷量不宜过大，以免体力消耗过多。结束部分的生理负荷量应该明显下降。以利于身体机能的恢复。

第四节 按 摩

按摩亦称推拿，是运用各种不同的手法作用于机体，以提高身体机能、消除疲劳和治疗疾病的一种手段。

一、按摩的作用

1. 对神经系统的作用

按摩是一种良好的物理刺激，对神经系统可起兴奋或抑制作用。不同的按摩手法，对神经系统起着不同的作用，叩打、重推对神经系统起兴奋作用；轻推、轻揉起抑制作用。同一按摩手法由于运用的方式不同，对神经系统有着不同的影响，手法缓急、用力轻重、时间长短的不同，其作用也各不相同。一般地说，缓慢而轻、时间较长的手法，有镇静作用；急速而重、时间较短的手法则起兴奋作用。

运用按摩手法，可以通过神经体液的调节机制，增强人体的免疫功能和抗菌能力，有助于消除疲劳，减轻运动后肌肉酸痛。

2. 对皮肤的作用

按摩首先作用于皮肤，使局部衰亡的上皮细胞得以清除，皮肤的呼吸得到改善，有利于汗腺和皮脂腺的分泌，以及汗液和皮脂的排出。经常进行按摩，可以促进皮肤代谢，加强皮肤的屏障功能，增强机体的抗病能力和对环境的适应能力。

3. 对运动系统的作用

按摩能使肌肉中毛细血管扩张和后备毛细血管开放，使局部的血液供应加强，营养改善，提高肌内的工作能力，并可加速疲劳肌肉中乳酸的排除，有助于消除疲劳。采用适宜的手法按摩，在运动前可增强肌力；运动后可降低亢进的肌张力，减轻以至消除肌肉酸痛。经常进行按摩，能增强韧带的柔韧性和加大关节的活动范围。预防运动损伤。

4. 对循环系统的作用

按摩可以引起周围血管扩张，降低大循环中的阻力，加速静脉血的回流，影响血液的重新分配，调整肌肉和内脏的血液流量，以适应肌肉紧张工作时的需要。按摩后可使白细胞的吞噬能力提高，增强抗病能力。

5. 对呼吸、消化系统的作用

按摩可以直接刺激胸壁或通过神经反射使呼吸加深。经常进行胸部按摩，不但可以改善呼吸功能，而且可以增强体质，减少感冒的发生率。按摩全身或腹部后，能使氧的需要量增加 $10\% \sim 11\%$，相应地增加二氧化碳的排出量。

按摩腹部通过机械作用和反射机制，能提高胃肠道的分泌机能和消化机能。

6. 活血散淤、消肿镇痛的作用

对软组织挫伤、肌肉拉伤、关节扭伤等所致的淤血肿胀，适时地采用合理的手法按摩，可以加强血液循环和淋巴流动，促进淤血消散、吸收和肿胀消退。缓解伤部由神经反射引起的血管和肌肉痉挛，减轻或解除疼痛。

7. 理筋生新、松解粘连的作用

对肌肉、肌腱、韧带的部分断裂，运用理筋手法，可使损伤的纤维得以顺理归位，然后适当固定，有助于断裂的纤维保持接触及愈合。对伤后局部组织变性者，通过按摩，改善局部营养，促进新陈代谢，使变性的组织得以恢复。

二、按摩的注意事项

（1）按摩者首先手要清洁，指甲要剪短，以免擦伤被按摩者的皮肤。天气寒冷时，按摩前应先把手搓热，然后再进行按摩。

（2）按摩者和被按摩者所取的体位和姿势必须适宜，便于按摩者操作，使被按摩者的肌肉充分放松。

（3）按摩的方向一般说来应按淋巴流动的方向进行。淋巴结所在的部位不宜按摩。

（4）按摩时用力应由轻到重，再逐渐减轻而结束。要随时观察被按摩者的表情，询问其自我感觉，以便及时调整按摩用力的程度。

（5）做关节被动活动时，活动的幅度应掌握在生理活动范围之内。用力要适当，不可粗暴。

（6）按摩递质是为了减少按摩时对皮肤的摩擦，使用的递质有酊剂、乳剂和粉剂等。常用的按摩递质有 10% 的樟脑酒、舒活酒、按摩剂、滑石粉等。

（7）有下列情况者不做或慎做按摩：

1）肿瘤部位禁忌按摩。

2）妇女月经期和妊娠期不能做腹部按摩。

3）对患血友病、紫癜病者，一般不做按摩。

4）局部患皮肤病、淋巴管炎、淋巴腺炎、脓肿等急性炎症者，患部不做按摩。

5）急性闭合性软组织损伤轻者 24h 之内，重者 48h 之内，以及肌腱、韧带完全断裂的急性期，均不宜按摩。

6）骨折和关节脱位的早期不能按摩。

三、按摩手法

本节主要介绍按摩的基本手法。基本手法既可以用于运动按摩，又可以用于治疗按摩。

1. 推摩

用手掌、掌根或手指在身体一定部位做单方向的直线或弧形推抚，称为推摩。根据用力大小，可分为轻推摩和重推摩。

（1）操作方法：

掌轻推摩：肘关节微屈，拇指分开，2～5 指并拢，全手贴于皮肤上，沿着淋巴流动的方向轻轻向前推动。动作要柔和、均匀，力量只达皮肤。

掌重推摩：手法与轻推摩基本相同，但用力较重。操作时，虎口稍抬起，着力点在掌根处。力量达到皮下组织。

拇指推摩：用拇指的指腹或指端接触皮肤，向一定方向推动，其余四指分开助力。

（2）作用：

轻推摩：对神经系统起镇静作用。

重推摩：能加速静脉血和淋巴液的回流。在消肿散淤和提高局部温度的作用。

（3）应用：

掌轻推摩：多在按摩开始和结束时用，按摩中间变换手法时，常插入几次轻推摩。

掌重推摩：常用于运动前按摩，以迅速提高运动员局部的体表温度，多与揉捏、按压等手法交替使用。

拇指推摩：可用于头、面、背、四肢等部位，有止痛、消除疲劳、理顺肌腱等作用。

2. 擦摩

用拇指或四指指腹、大鱼际、小鱼际、手掌、掌根贴于皮肤上，做来回直线形往返摩动，称为擦摩。要求动作柔和，力量均匀，速度稍快。作用力主要在皮肤上，亦可达皮下组织。

（1）操作方法：

拇指指腹和大鱼际擦摩：用两手拇指指腹和大鱼际平行地方在皮肤上进行往返地擦摩，其余四指托住被擦摩的部位。

指腹擦摩：用拇指和四指相对，成钳形，钳住被按摩部位。以拇指为支点，用其他四指进行摩擦；或以四指为支点，用拇指进行擦摩。

手掌或掌根擦摩：腕关节稍背伸，将手掌或掌根放在被按摩的部位上，进行往返重复的擦摩。

（2）作用。加强局部血液循环和提高皮肤温度。

（3）应用。多用于膝关节、肘关节、指间关节、背、腰、下肢等部位。

3. 揉法

用手指或手掌在身体的某个部位做揉动的手法，称为揉法。

（1）操作方法：

指揉法：用拇指指腹紧贴皮肤回旋地揉动。适用于狭小部位或穴位处。

掌揉法：用手掌、掌根、大鱼际、小鱼际贴于皮肤上，做圆形或螺旋形的揉动。揉动时手掌不移开接触的皮肤，揉动皮下组织。轻揉时，力达皮下或浅层肌肉；重揉时，力达深层肌肉或深部组织。

（2）作用。轻揉可缓和强手法的刺激，并有镇静、止痛作用。重揉有促进血液循环，促进新陈代谢的作用；重揉还有松解粘连、软化疤痕组织的作用。

（3）应用。适用于身体各部位。

4. 揉捏

以拇指与食指及中指相对或拇指与其余四指相对，在某一部位同时做持续揉捏动作，称为揉捏。

（1）操作方法。拇指分开与其余四指相对，手成钳形，将掌心及各指贴于皮肤上。在揉捏时腕关节放松，边揉边捏，有节律地提放肌肉，沿向心方向做旋转式移动。动作要缓和而连贯，用力均匀而达深部组织。在揉捏的过程中，掌指不能离开被按摩的皮肤，指间关节不能弯曲，避免仅指尖用力。

（2）作用。促进肌肉的血液循环和新陈代谢，增加肌力和防止肌肉萎缩；消除肌肉疲劳性酸痛，解除肌肉痉挛，并有活血化淤的作用。

（3）应用。揉捏是按摩肌肉的主要手法，多用于大腿、小腿、臀部等肌肉丰厚的部位，也可用于前臂和上臂。

5. 搓

用双手手掌或小鱼际在肢体上做快速往返搓动的手法，称为搓。

（1）操作方法。双手掌相对，放在被按摩部位，相对用力，方向相反，来回搓动。动作要轻快协调，双手力量要均匀，频率一般较快。但在搓动中，要使速度由慢而快，再由快而慢地结束。要求力达皮下组织和肌肉。

（2）作用。消除肌肉疲劳，提高肌肉工作能力。

（3）应用。适用于四肢的肌肉及肩、髋关节等处。常在每次按摩的后阶段用。

6. 按压

按压是用手指指腹或手掌着力在本表某一部位或穴位上，逐渐用力下压的手法，称为按压。可以分为指按压和掌按压。

（1）操作方法：

指按压：用一手或双手拇指指腹按压穴位或痛点，如单手指按压力量不足时，可用另一手拇指重叠按压，以加强按压力量。按摩腹部时，可用食指、中指、无名指、小指四个手指的指腹按压，必要时可用另一手的四个手指重叠按压。

掌按压：将一手或双手的手掌或掌根（双手并列，或重叠，或相对）贴于被按摩部位，腕关节背伸，用较大的力量向下或相对按压，力量由轻到重，再由重到轻，作用点在肌肉或关节。

（2）作用。指按法多用于穴位和痛点（阿是穴），有镇静和上痛的作用。掌按法可以使肌内放松，消除疲劳，并可使轻微错位的关节复位。

（3）应用。指按法常用于肩、背、腰、臀、四肢的穴位或骨缝处。前额痛可用双拇指对按太阳穴。

7. 叩打

用两手掌尺侧面或者两手半握拳叩打被按摩部位的方法，称为叩打。叩打可以分为叩击、轻拍、切击3种手法。

（1）操作方法。

叩击：两手半握拳，用拳的尺侧面交替叩打被按摩的部位。叩击时力量要均匀，手指、手腕尽量放松，发力在肘。

轻拍：两手半握拳，或两手手指伸直张开，掌心向下交替进行拍打。拍打时，力量要均匀，手指、手腕应放松，发力在腕。

切击：两手手指伸直张开，用手的尺侧进行切击。切击时，力量要均匀，发力在肘。

（2）作用。促进血液循环，放松肌肉，消除运动后肌肉酸痛。

（3）应用。多用于腰、背、臀、下肢等肌肉丰厚的部位。进行切击时，手应沿着肌纤维的行走方向进行切击。

8. 抖动

小幅度、快速连续摆动肌肉或肢体的方法，称为抖动。可分为肌肉抖动和肢体抖动。

（1）操作方法。

肌肉抖动：被按摩者肌肉要放松，按摩者用掌、指轻轻抓住肌肉，进行短时间的快速振动。

肢体抖动：按摩者双手握住被按摩者肢体末端，进行左右或上下快速抖动。抖动的速度应由慢而快，再由快逐渐减慢，振幅不要过大。

（2）作用。使肌肉、关节放松，消除疲劳。

（3）应用。多用于肌肉丰厚的部位和四肢关节。

9. 运拉

按摩者在被按摩者的某一关节部位，连续作屈、伸、内收、外展、内旋、外旋、环转及牵引等活动的手法，称为运拉，亦称引伸法。由于运拉法属于被动运动，进行运拉时，不能使关节活动幅度超过正常生理活动范围，以免造成损伤。

（1）操作方法。一手握关节近端肢体，另一手握关节远端肢体，根据关节活动的可能性，做屈、伸、内收、外展、内旋、外旋、环转及牵引等活动。

颈部运拉法：一手扶住被按摩者头颈，另一手托住下颌部，轻轻地做左右旋转和前俯后仰的屈伸活动。

对于由于颈椎损伤而导致颈椎生理前凸减少的运动员，运动后可以采用颈椎拔伸法，减轻颈部不适的症状。方法是让被按摩者正坐，按摩者站于其身后，用双手拇指顶住被按摩者枕后隆突的两侧下方，其余手指扶于两侧下颌部位，并用两前臂分别压住被按摩者的两肩，然后逐渐用力向上拔伸。

肩关节运拉法：一手握肘部，另一手按于肩上以固定，做肩关节的屈、伸、内收、外展、内旋、外旋及环转等活动。

肘关节运拉法：按摩者一手从后侧握住被按摩者的上臂下段，保持不动；另一手握住其同侧腕部，做肘关节的屈、伸和旋转活动。

腕关节运拉法：一手握腕关节上部，另一手握着手的四指，做屈、伸和环转运动。

指关节运拉法：一手握手掌，另一手捏住指端，做屈伸、环转和牵引等活动。

运拉上肢：被按摩者取会位，按摩者站于其体侧，一手从背侧握住其手指（或腕），使上肢外展；另一手托住被按摩者同侧肘后，双手协同用力，先使前臂内旋，屈腕，屈肘，并从外向内推肘，使上臂在肩关节处环转；然后使上肢伸直。

运动髋关节：一手握踝关节上部，另一手按于膝关节上，使膝关节屈保持锐角，做由内向外或由外向内的活动，并适当伸、屈髋关节。

运拉膝关节：被按摩者取俯卧位。按摩者站于其体侧，一手固定股部下段，另一段握住同侧足部，做膝关节屈、伸活动，在膝关节处于 90°位时，做小腿旋内、旋外活动。

运拉踝关节：一手握小腿下部，一手握足，做屈、伸，内翻、外翻和环转活动。

运拉下肢：被按摩者取仰卧位，按摩者站于其体侧，一手握踝关节上部，另一手按于膝关节上，屈髋、屈膝，做由内向外，或由外向内的运动，使髋关节旋转，并配合做膝关节的屈伸运动。

（2）作用。能增加关节的活动幅度；维持肌肉和韧带的柔韧性。

（3）应用。常在各关节及肢体按摩结束时，活动关节和肢体。

四、治疗按摩手法

1. 滚

用手背及掌指关节背侧的突起处在被按摩部位滚动的手法，称为滚。

（1）操作方法。手指轻度屈曲，略微分开，腕部稍屈，以手掌的尺侧接触被按摩的部位，用手背掌指关节的突出部着力，连续不断做旋后、旋前滚动，均匀用力，有节律地逐渐走向移动，不能跳动和摩擦。

（2）作用。有活血散淤、消肿止痛和松解粘连的作用。

（3）应用。常用于腰背、大腿等肌肉丰厚的部位。

2. 弹筋（提弹）

用手指将被按摩部位的肌肉或肌腱迅速提起、迅速放开的手法，称为弹筋或提弹。

（1）操作方法。用拇指与食、中二指或拇指与其余四指，将肌肉或肌腱速提速放，像木工弹墨线一样。每处每次可弹 1～3 次。弹筋后，应配合揉法，以缓解肌肉的酸胀。

（2）作用。有刺激神经、促使血流畅通和缓解肌肉紧张的作用。

（3）应用。常用于治疗慢性肌肉损伤、肌肉酸胀和肌肉痉挛。可用于大腿内收肌、股二头肌、肱三头肌、斜方肌、背阔肌等肌肉。

3. 分筋（拨筋）

用手指指端垂直于肌纤维或韧带走行的方向拨动的手法，称为分筋或拨筋。

（1）操作方法。用双拇指或单拇指的指端深压伤处，左右拨动，拨动的方向与肌纤维或韧带的方向垂直。

（2）作用。有分离粘连、缓解肌肉痉挛、促进局部血液循环的作用。

（3）应用。适用于治疗肌肉、肌健和韧带的慢性损伤。

4. 理筋（顺筋）

用指腹沿着韧带、肌纤维或神经的方向将其将捋顺的手法，称为理筋或顺筋。

（1）操作方法。用一拇指指腹压于伤部的上端，另一拇指顺着韧带、肌纤维或神经的方向，自上而下，均衡持续用力，舒理其筋，反复数遍。

（2）作用。调和气血、理筋归位。

（3）应用。四肢软组织扭错筋结时，腱鞘炎及肌肉和韧带拉伤均可用理筋法治疗。

5. 刮

用指端或指甲在病变部位做单向刮动的手法，称为刮。

（1）操作方法。用单拇指或双拇指（拇指末节屈曲）的指甲或指端，在病变部位做匀速匀力的单向刮动，刮时应避免损伤皮肤。

（2）作用。松解粘连，消除硬结，改善病变部位的营养代谢和促进其修复。

（3）应用。常用于治疗髌骨张腱末端病及狭窄性腱鞘炎。

6. 切

用指端从肿胀部位的远心端向近心端切压皮肤的手法，称为切。

（1）操作方法。用拇指指端以轻巧而密集的手法从肿胀部位的远心端向近心端切压皮肤。在压缩处指切时，用力必须轻而缓慢，以免增加疼痛。

（2）作用。有较快的消肿作用。

（3）应用。用于肿胀的部位，但急性软组织闭合性损伤在损伤后 24 h 或 48 h 之内，损伤局部禁用切法，以免加重损伤。

7. 扳

用双手向同一方向或相反方向用力，使关节伸展或旋转的方法，称为扳。

（1）操作方法。扳法可分为侧扳、斜扳、旋转扳等。运用扳法时应注意，每个关节都有其一定的活动范围和运动方向，扳时要因势利导，不能超出其生理活动范围，要避免强拉硬扳。

腰部侧扳法较为常用，在进行腰部侧扳时，嘱被按摩者侧卧位，贴床面的下肢自然伸直，另一侧下肢屈曲。按摩者站于被按摩者体侧，两手（或两肘）分别扶住被按摩者的肩背部及臀部，做相反方向的缓慢用力扳动，使腰部被动扭转。当扭转到有阻力时，再施一个增大幅度的突然用力推，此时常可听到"喀喀"响声，表示手法成功。

（2）作用。治疗脊椎小关节错位等。

（3）应用。常用于腰部扭伤及脊椎小关节紊乱症等。

8. 背法

按摩者将被按摩者背对背地背起的方法，称为背法。

（1）操作方法。按摩者与被按摩者背对背站立，按摩者双肘屈曲，挽住被按摩者双臂，将其背起，以臀部着力顶住被按摩者腰骶部，先做左右方向的摆动，使腰肌放松，再做上下方向的抖动，使腰部有牵引感。

（2）作用。牵伸腰背筋膜，放松腰肌，消除运动后腰背肌肉酸痛，恢复腰椎生理弯曲，纠正腰椎小关节错位。

（3）应用。运动后应用背法，可用于放松腰背肌，消除肌肉酸痛，恢复疲劳。亦可用于急性腰扭伤和腰椎间盘突出症的治疗。

五、按摩在运动实践中的应用

（一）运动前按摩

运动前按摩的目的，是使运动员保持训练和比赛前的良好状态。按摩可增强肌肉力量，增进关节的灵活性和韧带的柔韧性，因而通过按摩可达到提高运动能力和预防伤病。

一般情况下应和准备活动结合起来。按摩约 2～10 min，在训练或比赛前 15 min 内进行为宜。

应根据运动员赛前或训练前的不同情况，分别采用适宜的手法进行按摩。

1. 克服赛前紧张状态的按摩法

如果运动员临场比赛前兴奋性过高，常表现为急躁、情绪激动、坐立不安、多尿、全身微微颤抖，感到咽喉发堵，动作协调性差，此时一方面要通过谈话使其平静下来，另一方面要采用手法较轻而时间稍长、接触面积大的局部按摩，按摩运动员负担量最大的关节和肌群，如轻推、轻揉、轻揉捏等。也可采用缓和的头部按摩以起镇静作用。

头部按摩要求被按摩者取坐位，按摩者取站立位按下列步骤：

（1）用一手拇指指腹揉印堂穴 3～4 次，用双手拇指指腹分推前额部，来回 3～4 次，接着双拇指分别推至太阳穴，揉 3～4 次，然后推至两耳后面，双手五指并拢向下推，止于颈部两侧，如此反复 3～4 次。

（2）一手五指分开用指腹从前额向头后方向推，如此反复 3～4 次。

（3）用一手拇指指腹沿头正中线从前额向头后按压，经百会穴和风池穴时，稍用力点揉，如此后复 3～4 次。

在进行上述按摩时，用力要轻快、柔和，否则会引起过度抑制。

2. 克服赛前精神不振的按摩法

有的运动员临场比赛前，精神准备不足，缺乏足够的兴奋性，甚至情绪低浇，表情淡漠，或对比赛缺乏信心，这些都会使运动员的工作能力下降，影响比赛成绩。对赛前精神不振的运动员，首先查明原因，消除思想因素，另外可用按摩法提高运动员的兴奋性，即在一般准备活动之后，被按摩者取坐位，按摩者站于其身后（或体侧）。点揉风池、太阳、内关等穴，并重揉和从外向内重推第四至第七颈椎的斜方肌之缘，使酸胀反应直达头及眼部，按摩总时间约需 2～3min。按摩后，做专项准备活动。

3. 克服赛前局部关节、肌肉无力的按摩法

一般在准备活动之后，采用手法较重、频率较快、时间短、接触面积小的局部按摩，顺序如下：

先做重推和擦摩 3～4 次，接着用 1 min 左右的时间做快速的局部重揉捏，再进行搓、切击、轻拍等兴奋手法，按摩后做好专项准备活动。

4. 克服赛前皮肤发凉的按摩法

冬季运动员训练或比赛，皮肤发凉，关节、肌肉僵硬，往往影响运动成

绩，或造成运动损伤。这时可用较重而快速的推法和擦擦摩，以促进局部血液循环，加强温热感觉，增强关节、韧带、肌肉的功能。

5.带伤参加训练或比赛的运动前按摩法

有些运动员患有损伤性腱鞘炎、跟腱腱围炎、肩袖损伤、腰背筋膜炎等运动损伤，损伤局部的灵活性、柔韧性比较差，带伤参加训练或比赛时，必须加强运动前按摩，以避免损伤的部位重复受伤。

除进行一般的运动前按摩外，有慢性损伤的局部可做推法和擦摩，损伤周围肌肉较丰厚的部位做揉捏和揉，腱鞘及韧带部位可做理筋手法，关节部位可施以适当的运拉手法，以增强关节、韧带、肌肉的功能。按摩后还要做好专项准备活动。训练和比赛前，损伤的局部还可以粘贴粘膏支持带或缠绕弹力绷带，以起保护和支持作用。

（二）运动中按摩

运动中按摩即运动间歇中的按摩。有些项目如投掷、跳跃等项目训练或比赛中间有间歇，在间歇中可采用按摩。其目的是迅速消除疲劳，恢复体力，提高机体的兴奋性。

运动中按摩，应根据项目的特点和间歇的长短，采用短暂、兴奋的手法，消除肌肉的紧张和疲劳，一般是对负荷大的肌群进行按摩，先用轻而缓和的手法，按摩已疲劳的肌肉，然后再用较重而快的手法，按摩将要承受负担较大的部位，以提高其兴奋性。按摩时间不应超过 3 min，按摩后做专项准备活动。

（三）运动后按摩

运动后按摩，也叫恢复按摩，其目的是帮助运动员消除疲劳，恢复体力，一般在课的结束部分或课后进行。也可在洗澡后或晚上睡前进行。当运动员十分疲劳时，需让运动员休息 2～3 h 后再进行按摩。

按摩部位应根据运动项目特点和疲劳情况而定，一般是按摩运动负担量最大的部位，当运动员极度疲乏时，可用全身按摩。

在进行局部按摩时，关节和躯干部以揉为主，四肢肌肉以揉捏为主，先按摩大肌肉，后按摩小肌肉，一侧按摩后，再按摩另一侧。臀部、大腿后侧等肌肉丰厚的部位，可用重按压，使肌肉放松，消除疲劳。搓、抖动、叩打等按摩手法，也有助于放松肌肉，消除疲劳。

在行进全身按摩时，一般在晚上睡前进行。按摩时间需 0.5～1 h，肌肉酸痛部位按摩时间可长些，一般先按摩大腿，后按摩小腿，再依次按摩臀、腰背、上肢，必要时还可按摩头部。也可先按摩腰背，后按摩臀部，再依次按摩大腿、小腿、上肢。

第五节　组织损伤的形态、修复及再生

一、组织损伤的形态变化

（一）萎缩

发育正常的器官、组织或者细胞的体积缩小称为萎缩。而器官、组织得萎缩可伴有细胞的数目减少，代谢减弱，功能降低。

萎缩有生理性和病理性两种。与运动损伤有关的主要是病理性的，病理性的萎缩是可复性的，如果病因不除，病变继续加重，萎缩的细胞可逐渐消失。

（二）变性

变性是细胞新陈代谢障碍引起的一类形态变化。表现为细胞或细胞间质内出现一些异常物质或正常物质的数量显著增多。

变性的细胞仍有生命力，但功能低下。多数的变性是可复的，如果病因不除，变性继续加重，则可发展成坏死。

（三）坏死

机体的局部组织、细胞的死亡称为坏死。是一种不可回复的病变，已坏死的组织不能自行修复，机体将通过各种方式将其清除，被清除后形成的缺损，则通过邻近健康组织的再生来修复。在大多数情况下，坏死是由变性逐渐发展而来的，但在某种情况下，由于致病因素非常强烈，坏死可很快发生。引起坏死的最常见原因为局部缺血、生物因素或理化因素。

二、炎症

（一）炎症的基本病变

炎症是机体对致炎因子的损伤作用而产生的一种以防御为主的病理过程。致炎因子有生物性的、化学性的、物理性的等。运动损伤的致炎因子一般是机械力而引起的无菌性炎症。任何炎症的局部组织中都存在着变质、渗出和增生这一基本病理变化。只有在不同的炎症阶段中三者的程度和组成方式不一样。

变质是指炎症局部组织损伤后在形态上发生各种变性、坏死，并伴有局部的物质代谢改变。

渗出乃是炎症局部的血管障碍和血液成分从血管中渗出，并导致组织水肿。渗出液中含有白细胞和巨噬细胞，有利于坏死组织的分解和清除。

增生是指炎症区域的纤维母细胞、结缔组织、毛细血管内皮细胞及淋巴细胞的增生。

（二）炎症的局部表现和全身反应

炎症过程中局部的征象为红、热、肿、痛和功能障碍。

红：是动脉充血的表现。

热：是炎症区域血流量增多和代谢旺盛，产热增加所致。

肿：为充血、炎症渗出物聚集所致。慢性炎症时，局部的肿胀主要是局部组织增生。

痛：炎症时所释放的化学物质刺激，局部张力的增加，压迫和牵拉感觉神经末梢而引起的疼痛。

功能障碍：炎症时由于渗出物造成的机械性阻塞、压迫和疼痛等可造成不同程度的功能障碍。

如果机体所受伤害严重，炎症明显时，则出现全身症状，如发热、白细胞增多等。

（三）炎症的分类

按炎症病程的缓急、长短，可将炎症分为：

急性炎症：发病急，局部或全身症状明显病程较短（一般不超过两周）。局部病变常以变质和渗出为主，炎症区域内有大量的白细胞浸润，外周血液中的白细胞总数也增加。

慢性炎症：发病较缓，局部与全身症状不明显，炎症的经过较长（几月到几年），炎症区病变以变性增生为主。

亚急性炎症：病程介于急性和慢性之间。

三、组织的修复与再生

修复是机体的一种防御机能，是指致伤因素所引起的组织缺损得以修复、恢复的过程。修复是通过组织的再生而修复的。

（一）再生

组织和器官可以因为各种原因损伤而产生组织和细胞的缺损。组织缺损后由其邻近健康的细胞分裂增生来完成修复的过程，称为再生。再生可以是完全性的，即再生的组织在结构和功能上与原来的组织完全一样；也可以是不完全性的，即缺损的组织不能完全由结构和功能相同的组织来修补。而是以肉芽组织代替，形成疤痕。

损伤后能否完全再生取决于组织的再生能力及损伤的程度。人体各种组织具有不同的再生能力，其中结缔组织、小血管和骨的的再生能力较强，肌肉、软骨、神经组织的再生能力较弱。但组织的再生能力又与伤员的全身和局部状况有关。从全身来看，年龄小并且营养足，身体机能状态好，则组织再生能力较好，反之则较差。从局部来看，血液供应好，则组织再生能力较好，否则较差。

第七章　体育锻炼与营养

第一节　基础营养

一、三大营养素

我们通常所说的三大营养素是指糖、脂肪和蛋白质。糖是体育活动中最重要的能量来源，它是肌肉收缩的主要能源，它可以分为单糖、双糖和多糖三大类；脂肪是能量储存的有效形式，每克脂肪所产生的能量是每克糖或蛋白质的两倍多，脂肪含有饱和脂肪酸及不饱和脂肪酸。脂肪不仅来源于膳食中的脂肪，也来源于膳食中过多的糖和蛋白质的转化；蛋白质的基本作用是构建和修补组织，同时也参与维持机体的功能（包括合成酶、激素及抗体等），以及调节机体代谢和抵抗疾病，在糖摄入不足时，蛋白质可转变为葡萄糖为机体供能。

二、平衡膳食的概念

平衡膳食是指膳食中热能和各种营养素含量充足，种类齐全，比例适当；膳食中供给的营养素与机体的需要保持平衡。人体约需要42种以上的营养物质，包括各类蛋白质、脂肪、碳水化合物、各种维生素及矿物质，必需的微量元素和水等（见表7-1）。

三、饮食中的十大平衡

1. 主食和副食的平衡

主食可以提供人体的碳水化合物，也是人体能量的主要来源。中国以水稻和小麦为主要食品，玉米、小米、高粱米也是一些地区的主要食品。副食能为人体提供丰富的蛋白质、脂肪、维生素和无机盐及植物纤维等，对人体健康起重要的作用。副食的种类很多，如肉类、蛋类、奶类、禽类、鱼类、豆类和蔬菜等。需要说明的是副食不能代替主食，尤其对从事运动训练和健身的人来说，主食是必不可少的，摄入不足，所缺少的糖只能由脂肪和蛋白质来代替，其结果是肌肉消瘦和贫血，达不到锻炼效果。同时，专家提示：每天的膳食中不应少于 25 g 植物纤维。

表 7 - 1　平衡膳食食物

类　　别	包括的主要食物	提供的主要营养物质
谷类及薯类	米、面、杂粮、马铃薯、甘薯、木薯等	碳水化合物、蛋白质、膳食纤维、B 族维生素等
动物性食物	肉、禽、鱼、奶、蛋等	蛋白质、脂肪、矿物质、维生素 A 族及 B 族等
豆类及其制品	大豆及其他干豆类	蛋白质、脂肪、膳食纤维、矿物质、B 族维生素等
蔬菜水果类	鲜豆、根茎、叶菜、茄果	膳食纤维、矿物质、维生素 C 和胡萝卜素等
纯热能食物	植物油、淀粉、食用糖、酒类等	热能，植物油还可提供维生素 E 和必需脂肪酸

2. 酸性食物与碱性食物的平衡

正常情况下由于肌体自身的缓冲作用，人体 pH 值均在 7.35～7.45 之间，这就是酸碱平衡。饮食中各种食品搭配不当，就会引起机体内酸碱失衡。一般讲，动物性食物多为酸性食物，蔬果类食物多为碱性食物。过食酸性或碱性食物，对人体都是有害的，尤其应预防酸中毒。

3. 荤与素的平衡

荤素搭配平衡是副食品调配上的一个重要原则，荤素搭配可以解决蛋白质的互补问题，还能调整食物的酸碱平衡。含蛋白质丰富的食物和蔬菜搭配，除了可以发挥蛋白质互补作用外，还可以得到丰富的维生素和无机盐。特别是要充分利用好大豆的蛋白质。用肉类、蛋类、禽类等动物性食品和豆制品、面筋等搭配烹制，再与叶菜类或花苔类、茄果类等搭配食用，不仅能大大提高蛋白质的营养价值，使人体获得全面的营养，还可以保持体内的酸碱平衡，有利于身体健康。豆类以及其制品是优质蛋白质的良好来源，豆制品和各种蔬菜搭配，既经济又营养。

4. 饱与饥的平衡

在正常情况下，人体胃肠蠕动是有严格的时间节律的，而消化液的分泌是相对稳定的。饮食有节就为消化过程的正常进行创造了有利条件。如吃得太饱，则肠胃的正常活动受到影响，造成食物在胃肠道的积滞、发酵，就会引起腹胀、腹痛等不良反应，长期下去，容易得胃肠类疾病。少食多餐，吃到七八分饱的方法是可取的。与此相反，如果饮食不足，同样不能满足人体对营养物质吸收的需要，时间久了，也会引起疾病，因此进食应做到饥饱平衡。

5. 杂与精的平衡

杂是指各种豆类、小麦、玉米、燕麦、高粱等杂粮类；精是指精米、精面等。我国现在的主食变得越来越精，"富贵病"逐渐增加，这与食用精致食品过多有关，杂粮含有丰富的维生素和矿物质，可以预防多种疾病的发生，应适时补充。

6. 寒与热的平衡

中医提倡的"热者寒之，寒者热之"，即取得平衡的意思。食物也有寒热的属性之分，饮食也应如此。例如夏天炎热，喝绿豆汤可解暑，螃蟹属寒性食物，在吃的时候用热性的姜沫当作料等。不同地域的人们，在饮食习惯上的改变也是适应自然的结果，如四川盆地地势低，气候阴冷潮湿，所以当地人多喜食辣，以去阴寒之气。

7. 干与稀的平衡

水是人体不可缺少的营养素之一，机体的 $60\%\sim70\%$ 是由水构成的，人体对水每天的需要量约在 $2\sim3\,l$，除了饮水之外，有一部分是从膳食中获得的。机体若失水 5%，将导致疲劳、乏力、注意力不集中等，机体若失去 15% 的水则可能导致死亡。在进食时，应有一定的液体食物，如汤、稀粥等，有助于溶解食物，促进对食物的消化吸收。若饭前不饮水（饭前 $1\,h$），饭中没有汤水，则饭后会因胃液的大量分泌使机体丧失过多水分而产生口渴，这时再喝水，反而会冲淡了胃液，影响食物的消化吸收。

8. 摄入与排出的平衡

食物提供人体能量，体力活动消耗能量。如果进食量过大而活动量不足，多余的能量就会在体内以脂肪的形式积存，这样会增加体重，久之发胖；相反若饮食量不足，劳动或运动量过大，可因能量不足引起消瘦，造成劳动能力下降，所以人们要保持食量与能量消耗之间的平衡。

9. 动与静的平衡

为了保持适宜的体重，人体要保持摄入的能量与消耗的能量处于平衡。脑力劳动者和活动量较少的人应加强锻炼，如快走、慢跑、游泳等。而消瘦的儿童则应增加食量和油脂的摄入，维持正常发育和适宜体重。体重过高或过低都是不良健康的表现，可造成抵抗力下降，易患某些疾病，如老年人的慢性病或儿童的传染病等。经常运动会增加心血管和呼吸系统的功能，保持良好的心理状态，提高工作效率，强壮骨骼，预防骨质疏松。

10. 情绪与食欲的平衡

约有三分之一的人因各种原因持有不正常进餐心理，而这些心理因素又正是影响进食量和进食范围的重要原因，也是影响健康的不良因素，餐桌上的心理状态，多表现在进餐时对食物的挑选上。

第二节　健康膳食指导

一、平衡膳食摄入量

平衡膳食摄入量如表 7-2 所示。

一个人每天应摄入的三大营养素的比例：

糖：58%左右（48%为多糖，10%为单糖）。

脂肪：30%左右（10%饱和脂肪，20%不饱和脂肪）。

蛋白质：12%左右（成人每日蛋白质的需求量约为 0.8 g/kg）。

表 7-2　平衡膳食摄入量

食品名称	每日摄入量
油　脂　类	25 g（0.5 两）
奶类及奶制品，豆类及豆制品	100 g（2 两），50 g（1 两）
畜禽肉类，鱼虾类，蛋类	50～100 g（1～2 两），50 g（1 两），25～50 g（0.5～1 两）
蔬菜类，水果类	400～500 g（8 两～1 斤），100～200 g（2～4 两）
谷　　类	300～500 g（6 两～1 斤）

注：①根据中国营养学会制定的"中国居民膳食指南及平衡膳食宝塔"简化而来。

②斤、两为非法定计量单位，1 斤=250 g，1 斤=10 两。

二、一日三餐的合理比例

俗语说：早餐要吃好；午餐要吃饱；晚餐要吃少。那么，三餐的比例究竟多少为宜呢？专家建议三餐中摄入量的比例为：早餐 30%，午餐 40%，晚餐 30%为宜，特殊情况可适当调整。三餐中最重要的是早餐，除主食外，至少还应包括奶、豆、蛋、肉中的一种。

（1）早餐是打开记忆之门的钥匙。一夜的睡眠，使人体内供应大脑且无储备的葡萄糖几乎消耗殆尽，此时部分记忆将被"关闭"，而且在 1 000 亿个脑细胞中，约有多达 100 万个"钾钠泵"用于传递信息，而启动大脑记忆的糖和钾、钠，首先是从早餐的含糖食物及各种水果中获得的。

（2）清淡早餐可减少患心脏病的危险。荷兰学者公布的一项研究结果中显示，吃什么类型的脂肪无关紧要，即使是吃植物性脂肪，只要其热量超过 50% 便会使危害心脏的凝血因子升高，而吃清淡的早餐则可以减少这种凝血因子，从而减少患心脏病的机率。

（3）好的早餐是助"消化剂"。德国促进健康饮食协会的专家指出：不吃早餐或乱吃高脂快餐，不能提供消化食物所需的乳糖，因而破坏了肠胃之间的和谐，是消化不良的重要原因。

（4）好的早餐有利于控制体重。近期的研究结果显示：三餐比例适宜早餐 30%，午餐 50%，晚餐 20%（至少应在睡前 3 h 完成），最有利于减肥，能使体重平均下降 15%。高热量早餐或不吃早餐都可以使体重"稳中有升"。

三、一些饮食禁忌

常见的饮食禁忌有：①炒牛肉不宜加碱；②不宜用开水冲调蜂蜜；③萝卜、人参忌同时服用；④喝咖啡不宜放过多的糖；⑤吃螃蟹不宜用水煮；⑥熬粥不宜加碱；⑦牛奶不宜与巧克力同时食用；⑧忌用牛奶送服药物；⑨饭后不宜一杯茶；⑩不宜用菠菜补铁；⑪不宜用温锅水煮饭；⑫红、白萝卜忌合煮；⑬萝卜不宜与橘子等同食；⑭炖骨头不宜加醋；⑮啤酒、白酒不宜混喝；⑯进食海味后不宜食水果；⑰喝牛奶不宜加糖过多；⑱早餐不宜吃鸡蛋；⑲脑力劳动者不宜偏食酸性食物；⑳不要长期以酒代饭。

第三节 健身与特殊营养

《中国居民膳食指南》第五条指出："饮食量与体力活动要平衡，保持适宜体重。"人体长期保持一定的体重是遗传特征和环境因素相互作用的结果。在环境因素中，人的体力活动水平和膳食营养的摄取量是影响人体能量平衡的两个主要因素，从而影响体重。成年人保持一个恒定体重的基本原理是取决于热能摄取量与消耗量之间的平衡。年龄超过 25 岁，每 10 年卡路里的需要摄入量相应的要减少 2.5％。

热能摄取量＞消耗量，体重增加；热能摄取量＜消耗量，体重减轻；热能摄取量＝消耗量，体重不变。

近年来我国人民生活水平得到改善，肉类、鸡蛋、牛奶、水产品和油脂等食物的消费量成倍地增加，从而导致体重超重和肥胖者增多，引发慢性病增多，并成为危害人民健康的最主要原因素。大多数的慢性病均与体力活动不足及膳食营养不合理有密切的关系。

医学上最近几年提出的中心性（腹部）肥胖综合症，导致一系列生理和代谢的异常，从而引发三种最常见的慢性病：糖尿病、高血压和冠状动脉硬化心脏病。

一、大力提倡增加健身运动

提倡增加体力活动是从缺乏体力活动的危害和增加体力活动巨大的健康效益两方面考虑的：缺乏体力活动不仅与慢性病发病有关，而且还会引起组织器官废用性萎缩和功能丧失。不同运动可以帮助你消耗掉多余的卡路里，改善身体状况，提高健康水平，同时预防及治疗某些慢性病，如糖尿病、骨质疏松症及心血管系统疾病。体育运动中能量消耗主要取决于运动类型、运动强度、持续时间及身体体重。表 7-3 列出了一些日常生活中不同形式能量的消耗情况。

表 7-3 一些活动的能量消耗

单位：kcal／（h·kg）

活 动 名 称	能 量 消 耗	活 动 名 称	能 量 消 耗
卧床休息	1.0	中等强度跳舞	3.7
静坐	1.0	剧烈跳舞	5.0
办公室工作	1.8	骑车（不同速度）	3.8～8.6
实验室工作	2.1	上下楼	5.9～15.3
清洁活动	2.7～2.9	登山	8.8
烹调	1.9	跑步	8.1～11.3
走路（不同速度）	2.9～3.6	游泳	3.4～10.3

注：IS 标准规定热能单位为 J（焦［耳］），1 kcal（千卡）＝4.186 8×10^3 J。

二、健身防病的活动量

采用中等强度活动者冠心病的发病率显著减少。运动强度以最大吸氧量的 $40\% \sim 85\%$，平均 $50\% \sim 60\%$ 为宜（或以心率计算：最大心率不超过 $170 -$ 年龄），每天运动至少 30 min，每周活动 $3 \sim 5$ 次。具体可根据年龄和体能情况来安排，从小运动量开始，循序渐进，然后保持在一定的强度和活动量。

三、健美食品

我们都知道健美运动员对营养有特殊的要求。一项研究表明，努力训练的健美运动员每天要比正常人多消耗 21% 的热量。补剂和维生素药丸虽可以起到一定作用，但日常所吃的食物才是最好、最主要的营养来源。不能简单额外补充蛋白质，而应三大营养素合理补充，还应补充促进能量产生所需的微量元素。下面列出一些健美者每天必备的食物。

（1）山芋和土豆。它们实际上不含脂肪，并且是一种很好的复合碳水化合物，比胡萝卜含有更多的维生素 C 和维生素 E，也是自然界中最重要的防癌食物之一。

（2）大蒜。它含有钾、氟、硫、磷、肌酸、维生素 A 和维生素 C，具有消炎、去敏的功效。最近的研究表明，经常吃葱、蒜这类葱属植物能有效防止胃癌。

（3）鱼类。鱼类含有利于提高免疫力的锌，这对健美运动者是一种很重要的微量元素。锌在肌肉组织、骨骼和性器官的生长发育中起很大作用。沙丁鱼有助于提高免疫力和延缓衰老。

（4）豆类。豆类富含铁，在细胞的供氧和氧气的利用过程中起着关键的作用。由于缺铁引起的贫血常常带来浑身无力或者是容易疲劳的症状。富含铁的食物包括鸡蛋、鱼、肝、牛奶、蔬菜、甜菜、梨、桃、南瓜、葡萄干等。

四、运动营养需要的特点

1. 速度性运动

速度性运动的代谢特点是能量代谢率高，能量主要来源于糖元。因此，膳食中应含有较多易收的碳水化合物、维生素 B_1 和维生素 C。为了肌肉和神经代谢的需要，还应食用含较多的蛋白质和磷的食物。蛋白质的供给量最好在 2 g/（d·kg）以上，优质蛋白质至少在 1/3 以上。为了增加体内碱储备，应吃蔬菜水果等碱性食物，其供给的热量最好达到一日热量的 15％～20％。

2. 耐力性运动

耐力运动项目的训练具有持续时间长、运动中无间隙以及物质代谢以有氧氧化为主，运动中能量消耗量大。饮食应提供充足的热量，多餐次对提高运动能力有利。但加餐用的食物应考虑平衡营养及营养密度。饮食应提供足够的蛋白质及含钾硫胺酸的食品，如牛奶、奶酪和牛、羊肉等。瘦肉、鸡蛋、猪肝、绿叶菜等含铁丰富的食物，有助于维持血红蛋白水平，防止缺铁性贫血，保证血液的输氧功能；运动前补液 400～700 ml，运动中及运动后少量多次补液对提高运动能力有利。

副食中可适当增加一些盐渍的食品。食物中应有充足的维生素 B 和 C，维生素的供给量应随热能消耗量的增加相应提高。

3. 力量性运动

力量运动需要肌肉有较大的力量和神经肌肉协调性，并且要在极短的时间内爆发力量。食物应提供丰富的蛋白质，蛋白质的供给量应提高到 2 g/（d·kg）以上，其中优质蛋白质至少占 1/3。体内应有充足的碱储备，含丰富的碳水化合物、维生素和无机盐。食物中应含有丰富的钾、钠、钙、镁等电解质，蔬菜和水果的供热量应提高为总热能的 15％。

4. 灵巧性运动

这类运动的能量消耗不高。食物应提供充分的蛋白质和维生素 B 族和钙磷等营养。蛋白质的供应量应占总热量的 12％～15％，减轻体重期的蛋白质的供给量应增加为总热量的 18％左右（15％～20％）。维生素 B_1 的供给量应达到每日 4 mg，维生素 C 应达到每日 140 mg，还应保证充足的维生素 A，每日供给量应达到 6000～8000IU，其中多数应来自动物性食物。

第四节　体育锻炼、营养与体重的控制

一、标准体重估算法

体重的计算方法有很多，中国军事科学院研究指出，北方人与南方人体重计算有差异：

北方人标准体重（kg）＝［身高（cm）－150］×0.6＋50

南方人标准体重（kg）＝［身高（cm）－150］×0.6＋48

二、身体成分简介

身体成分是指身体中脂肪和非脂肪部分（包括骨骼、肌肉、体液等）的组成。脂肪占身体的百分比称为体脂百分数。有两种因素决定了脂肪数量：一是脂肪细胞个数，二是脂肪细胞体积。其中指肪细胞个数在出生前增加、出生后增长至青春期为止。女性脂肪多堆积于腹部、臀部及大腿部，而男性则更倾向于腹部。

三、体重控制的"置点"理论

人体具有精确调节自身各种机能的内在系统，体重就是这种调节过程的目标之一。每个人的体重似乎都存在一个已经设置好的生理恒量（设置点）。研究表明，减肥—反弹—再减肥—再反弹的模式最终会导致"置点"的提高，其结果可能超出原有体重，还将导致肌肉组织减少，脂肪增加。科学的体育锻炼加上合理的饮食习惯将有利于"置点"的降低。

四、平衡控制法

通过控制饮食的时间与结构，安排合理运动来调节身体，应做到以下几方面：

（1）三餐比例为 3：5：2，晚餐应以清淡的素食为主。

（2）晚餐应在睡前 3 h 完成，尽可能在 19：00 之前吃完晚餐。

（3）每天保证喝 8 杯水，但睡前 2 h 不要再喝水。

（4）每日膳食中必须含有一定量的蛋白质、碳水化合物及植物纤维。

（5）可以在饭前 30 min 喝少量的果汁，帮助控制进食量。

（6）在早餐与午餐之间、午餐与晚餐之间各加一餐，如一个水果或一杯酸奶都可算一餐，用来帮助形成良好的进餐次数与控制每餐的进食量，少食多餐，但总热量不可超标。

（7）每周做 2~3 次运动，每次 60 min，其中前 10 min 为热身运动，可慢跑、跳绳、游戏等，有针对性的肌肉训练 45 min，5 min 放松运动，应充分伸展身体各部分。

（8）运动中利用脉搏控制运动强度，脉搏保持在 120~135 次/min 之间效果最佳。

（9）运动前 2 h 及运动后 3 h 尽量不进食，可适当喝一些健康饮品。

（10）每周体重下降保持在 0.5~1 kg 即可，不宜过快。

（11）少食或不食对身体有刺激的快速减体重药物。一生保持良好的饮食习惯。

五、运动员适宜的体重

美国 LAMB 建议，可以通过确定"理想"的体脂百分比方法来确定"理想"体重，而"理想"体脂也是通过对优秀运动员测试或反复观察而取得的。其计算如下：

$$"理想"体重 = \frac{100 \times 测体重当时的瘦体重（kg）}{100 - "理想"体脂百分比}$$

运动项目不同，其"理想"体脂的百分比不同，优秀的女子体操运动员经常追求 10％ 以下的体脂，控制在 5％～7％ 水平以下。不同运动项目如马拉松、长跑、体操、跳高、短跑、足球、游泳、划船、垒球等的体脂百分比为 8.2％～15.4％（男），12.4％～16.6％（女）。而投掷运动员的体脂相对较高，男、女分别为 24.9％～30.9％ 和 27.0％～33.8％。

六、控制或减轻体重的营养改进措施

（1）制定合理的减体重目标，避免过度减轻体重。

（2）体脂过低时（男小于 7％，女小于 10％），不可再减体重。

（3）膳食热能达到最小的安全水平，即 5.024～10.048 MJ。

（4）不限制水分摄入量，不采取病理的减体重措施。

（5）平衡膳食。适量的糖、优质蛋白质、低热能、低脂，但营养密度高，并有充足的维生素、无机盐和水分。

（6）对于月经紊乱的运动员除应注意合理营养之外，还应调整运动量，保持适当的体脂水平。

第五节　营养与疾病

一、营养缺乏病概述

人体的健康、疾病与环境因素有着重要的关系，其中与饮食营养关系最大。人类从食物中取得赖以生存的物质，这些物质分为 7 大类，包括水、蛋白质、糖类、矿物质、维生素和膳食纤维素类。如果细分，人体不能合成或合成速度不能适应需要的营养素至少有 43 种以上，其中包括必须氨基酸、必须脂肪酸、矿物质、微量元素、脂溶性维生素等。正常人体需要 40 种营养素，每一种营养素都一样重要，缺一不可。所需的营养素摄入过多或不足均会导致营养不良（见表 7-4）。人体患病以后也会引起营养素代谢的不平衡。

表 7-4　部分营养素缺乏与疾病的关系

所缺营养素	病因	临床表现	预防与治疗方案
蛋白质	1. 原发性蛋白质—能量不良 2. 继发性蛋白质—能量营养不足常常与其他疾病并发	1. 消瘦性 2. 浮肿性	在病因治疗的基础上，全面加强营养，尽快提高患者的营养水平
硫胺素	1. 硫胺素摄入不足 2. 硫胺素的需要量增加 3. 硫胺素的吸收、利用障碍	1. 神经症状：抑郁、易激动，注意力不集中，记忆力下降 2. 脚气病	多食糙米类、谷类和其他含硫胺素丰富的食物，注意稻米加工、淘米以及烹煮时会减少损失
维生素 A	维生素 A 摄入不足，由于消化疾病如急性肠炎、痢疾、结肠炎等引起的维生素 A 消化、吸收障碍	1. 眼睛症状 ① 夜盲症 ② 干眼病 ③ 角膜软化症 2. 骨质软化症	维生素 A 在海鱼，如沙丁鱼、比目鱼、金枪鱼等肝脏中含量很高
核黄素 (维生素 B2)	核黄素缺乏	1. 阴囊炎 2. 舌炎 3. 唇炎和口角炎 4. 皮肤 5. 眼	用核黄素治疗，每日 10 mg，分两次口服，直至症状消失
烟酸 (尼克酸)	癫皮病尤与以玉米为主的食物有关。由于玉米中含有的尼克酸是结合型的，不能为人体利用	一般性消化不良，腹泻或便泌，体重减轻，虚弱，口腔烧灼感，头晕、头痛和失眠等症状	确诊的酸缺乏病，可给予烟酸 50 mg/d 至 100 mg/d；预防尼克酸缺乏的关键是改善营养状况，合理调配膳食

续 表

所缺营养素	病　因	临床表现	预防与治疗方案
维生素 C	人工喂养婴儿和成年人如果膳食中长期缺乏新鲜水果、蔬菜，可发生维生素 C 缺乏病	1. 前驱症状 2. 出血 3. 牙龈炎 4. 骨质疏松 5. 坏血病	患者口服维生素 C 片，儿童每日 100～300 mg，成人每日 500 mg
微量元素	1. 铁的摄入量不足 2. 食物中存在影响铁吸收的因素 3. 食物中缺乏促进铁吸收的因素 4. 铁吸收的障碍 5. 铁的需要量增加 6. 铁的丢失或消耗量过多 7. 先天性缺铁	1. 疲倦，乏力，耳鸣，记忆力衰退，注意力不集中 2. 呼吸，循环，消化，中枢神经系统病变。在小儿可见肝、脾、淋巴肿大	防止寄生虫病，重视妇幼保健工作是预防缺铁性贫血的重要措施。应增加富含铁以及铁吸收率高的食物还应增加优秀的蛋白质食物
锌	1. 摄入量不足 2. 锌吸收障碍 3. 锌丢失增加	锌缺乏使性成熟延迟，性器官发育不良，以及性机能降低，精子数目减少	治疗时常用口服硫酸锌或醋酸锌，为了减轻胃肠道的反应可在午餐后服用。需要注意的是补充过量的锌可能导致急性锌中毒
必须脂肪酸	1. 膳食中必须脂肪酸缺乏 2. 长期使用胃肠道外营养，而忽视可添加的含有必须脂肪酸的脂肪乳剂 3. 脂肪泻疾病和小肠切除手术后，由于必须脂肪酸吸收障碍和在治疗过程中使用低脂肪饮食而引起	1. 皮肤病症和失水 2. 胃肠和肝脏、肾功能异常 3. 血小板功能异常 4. 脂肪酸代谢异常 5. 必须脂肪酸缺乏病的婴、幼儿生长、发育延缓，容易发生感染	1. 膳食中通过供给植物油脂的方法 2. 静脉中输注含必须脂肪酸的脂肪乳剂

二、常见疾病的饮食预防与治疗

1. 冠心病的饮食防治

冠心病是老年人的常见病，主要是由于冠状动脉硬化所致。所以降低血脂，防止动脉硬化是预防冠心病的关键所在。从饮食上应做到：

①多吃植物油，少吃或不吃动物脂肪；②多吃蔬菜、水果；③少吃盐，每日食盐摄入量3～5 g为宜；④适当控制主食量，防止体重增加；⑤适当饮茶；⑥不吸烟、酗酒或饮用其他一些刺激性食品，如咖啡、辣椒等；⑦多食绿色食品。防止动脉硬化的绿色食品有很多，常见的有海带、大麦胚芽、大葱、大蒜、香菇等。

2. 高血压的饮食防治

高血压是冠心病、心肌梗塞、脑猝死的主要病因。早期发现并加以预防和控制高血压是非常重要的，改革膳食结构已成为当今控制高血压的首要因素。

（1）改革膳食的结构，合理调配饮食。做到粗细粮搭配，多吃豆类、蔬菜和水果，这些绿色食品中含钾和丰富维生素，对抗高血压有很好的作用。食则八饱，少吃甜食，以免身体发胖。

（2）减少食盐的摄入量。若已患高血压应当控制在5 g/d以内为好。

（3）少饮酒。过量饮酒可伤害胃、肝脏、发胖，并且会加速动脉硬化，导致血压升高以至酒精中毒。

3. 高脂血症的饮食防治

当血液中胆固醇或甘油三脂含量超过正常高限时，称为高脂血症。它是冠心病的主要因素之一，合理的营养是其治疗的重要基础。

（1）高脂血症的饮食原则。对于高胆固醇血症的病人，应限制膳食中的胆固醇摄入，少食动物性脂肪，适当加入植物油，饮食清淡，不必过细过精，适当增加膳食纤维。对高甘油三脂血症者，应限制总热量的摄入，节制主食量和动物性脂肪，多吃含纤维素较多的蔬菜、水果和粗粮。

（2）具有降血脂的食物：

1）鱼类。动物实验证明鱼肉蛋白质具有降血压、预防脑猝死的作用。

2）膳食纤维。谷类食品、水果、蔬菜、豆类食品都不缺乏膳食纤维。

3）豆类（尤其是黄豆蛋白）。黄豆蛋白制成品可降低高脂血症—Ⅱ型的甘油三脂浓度。

4）油脂类。多不饱和脂肪酸（PHFA）具有降甘油三脂的作用，而单不饱和脂肪酸（MUFA）的作用为中性。

（3）需加限制的食物。该类食物有肥肉、猪油、纯糖食品及甜食，动物内脏、肝、肾、脑及蟹黄、鱼子、蛋黄、松花蛋等。

4. 糖尿病的饮食防治

糖尿病是一种常见的内分泌——代谢性疾病，其基本病理生理改变是由于胰岛素绝对或相对不足，引起人体内糖、脂肪、蛋白质代谢紊乱以及继发的维生素、水电解质代谢紊乱。病人可出现多尿、多饮、多食、消瘦（"三多一少"）等症状。糖尿病患者易并发感心染、肾等重要脏器的动脉硬化、神经系统病变及眼部病变。

下面介绍一下糖尿病的饮食治疗。

糖尿病饮食治疗的核心问题是能量平衡：总的能量平衡、营养素平衡及食物分布的平衡。

（1）可选用米、面、红薯类，但忌白糖、蜂蜜及含糖饮料等零食。

（2）可食用含高蛋白质低胆固醇的食品，如奶类、蛋类、鱼类、瘦肉类及豆制品。

（3）多食粗粮、高纤维素的水果、蔬菜，限制含糖量高的甘蔗、鲜枣、柿饼、红菜头、鲜黄花菜等。

（4）限制动物性脂肪类食品的摄入，限制胆固醇的摄入。

（5）保证 B 族维生素及无机盐、微量元素的供给，如常量元素镁和微量元素锌、硒等。

含锌丰富的食品有瘦肉、肝、蛋、牡蛎、鲜鱼、花生、核桃、苹果、豆腐皮、黄豆、白木耳、白菜糙米胚芽等。另外有降糖作用的中药有枸杞、熟地、桑葚，人参梗也含锌较高。

含铬多的食品有鲜酵母、蘑菇、家畜的肝、牛肉等，黑胡椒、粗面粉、糙米、玉米次之。

含硒多的食品有海产品（鱼、虾）与动物的肝、肾、心、牛奶、蘑菇、芝麻、大蒜、豌豆、大白菜、南瓜、萝卜、韭菜、洋葱、番茄、蛋和奶类等。

补充镁剂能增强糖尿病人胰岛素治疗效果，镁在海带、紫菜、芝麻、大豆及香蕉中含量较多。

5. 骨质疏松的饮食防治

骨质疏松症是一种全身性骨骼疾病，它以骨量减少、骨的微细结构退化为特征，致使骨的脆性增加，易于发生骨折。疼痛是骨质疏松症的最常见、最主要的症状。骨质疏松症多见于老年人和绝经期的妇女，但是现在发生的年龄阶段有年轻化的趋势。目前的研究成果认为，激素的调节、营养状态、物理因素、系统免疫功能、遗传基因等与骨质疏松症的发生有关。目前，营养疗法是防治骨质疏松症的基础，也是重要手段之一，且预防比治疗更有效可行。

平时要摄取高钙饮食，进行合理配餐，以减少钙的丢失，从而防止或推迟骨质疏松症的发生。在日常生活中强调合理烹调，如牛奶加热时应不断搅拌，烹调蔬菜时可以加少量的水，蔬菜切大块，烹调的时间越短，钙损失越少。用高压锅烹调或蒸菜，钙的损耗要比煮菜时少。当膳食满足不了人体需求时，应该补充钙剂。在天然食物中，牛奶的含钙量最高（每 100 g 牛奶含钙 100～120 mg），而且容易吸收。此外，虾米、虾皮、豆类、海藻类、鸡蛋等食品也富含钙。日常饮食切忌暴饮暴食，应避免油腻、过咸、有刺激性的食物。

6. 近视眼的饮食防治

科学研究证实，眼睛外表润泽清亮，对景物反应灵敏、看得远、看得清与多种营养成分有密切关系。预防近视应做到以下几方面：

（1）注意补充足够的蛋白质。如食用瘦肉、鱼类、乳类、蛋类和大豆制品等。

（2）合理补充维生素 A。维生素 A 缺乏，影响夜视。补充维生素 A，应同时补锌。

（3）注意补充钙、磷。缺乏钙、磷时发生视力疲劳，注意力分散，引起近视。含钙多的食物有虾皮、海带、豆类及豆制品，还有核桃、瓜子等干果。进食这些食物的同时，可适量补充维生素 D，以利吸收。

（4）摄入足够的维生素 C。摄入不足可使晶状体浑浊，以致引起白内障。含维生素 C 丰富的食物有鲜枣、猕猴桃、柑橘等新鲜水果，以及西红柿和深色蔬菜。

（5）不可忽视维生素 B_1 和维生素 B_2。缺乏维生素 B_1 和维生素 B_2 会引起眼球结膜充血，眼睑发炎（烂眼边），使人感到眼睛干涩、怕光、视力模糊，甚至发生视神经炎。维生素 B_1、维生素 B_2 含量丰富的食物有花生、豆类、小米、肉类、蛋类、鱼类、糙米、动物内脏、豌豆、金针菜等。

（6）微量元素如锌、铬、钼、硒的摄入。锌增强视神经敏感度，一旦缺少，可影响维生素 A 的运转，引起视网膜视紫质合成障碍，暗适应力减弱；铬不足时，易导致近视，含铬丰富的食物有牛肉、粗面粉、蘑菇、葡萄等；

硒参与眼部肌肉、瞳孔的活动，是维持视力的重要因素，含硒较多的食物有鱼、家禽、大白菜、萝卜、韭菜、蒜苗等；钼是组成眼睛虹膜的重要成分，虹膜可调节瞳孔大小，保证视物清楚，含钼较多的食物有萝卜缨、大豆、扁豆等。

（7）饮食中还须注意少吃葱、姜、蒜、辣椒等刺激性食物。

三、人体营养状况评价

1. 营养评价的重要性

营养状况的评价是营养实际工作的重要内容，也是许多营养科研中不可缺少的一项工作。人体营养状况评价是通过各种营养检测手段，并按统一的标准做出较为全面的、客观的综合评价，是了解人体营养状况并进行改善的依据，也是计划合理及组织食品供给的依据。

完整的营养评价包括膳食调查和能量消耗调查、人体测量与体格检查四个部分。这四个部分之间互相联系，互相补充，从不同的侧面了解了人体的营养状况，并做出了综合的评价。

一般膳食调查、身体营养检查及实验室检查同时进行，因为这三部分调查是相互联系和互相验证的。若受当时客观条件的限制不能同时进行这三部分的调查时，单独进行其中任何一部分，对评价营养状况也有一定的参考价值。

2. 膳食营养评价的步骤

膳食营养评价的程序是：

（1）膳食资料的收集。获取每人每日食物及数量的资料，这是膳食调查最基本的资料；收集的方法可采用 24h 回顾法、记录法和称重法。

（2）资料的整理与计算。按食物成分算出各营养素的数量，作为参考数值，利用营养软件用微型计算机计算膳食营养成分和被调查者的摄入量进行比较。

（3）逐个对营养素进行评价，评价时还包括能量消耗的估计。

3. 人体测量

人体测量用于描述状态的概况。包括发育测量、某些生理功能检查与体征检查三个方面，进行时可根据具体情况选择项目。在此介绍生长发育测量。测量的指标有体重、身高、胸围、上臂围和上臂肌围、皮褶厚度（三头肌部、肩胛下部、腹部）。

（1）VERVAECK 指数。

$$VERVAECK = 体重 （kg） ＋ 胸围 （cm）$$

评价标准详如表 7-5 所示。

表 7-5 我国青年 VERVAECK 指数营养评价指标

| 营养状况 | 男 17 岁 | 17 岁 | 18 岁 | 19 岁 | 20 岁 |
	女 17 岁	17 岁	18 岁	19 岁	21 岁以上
优	＞85.5	＞87.5	＞89.0	＞89.5	＞90.0
良	＞80.5	＞82.5	＞84.0	＞84.5	＞85.0
可以	＞75.5	＞77.5	＞79.0	＞79.0	＞80.0
不良	＞70.5	＞72.5	＞74.0	＞74.0	＞75.0
极不良	＜70.5	＜72.5	＜74.0	＜74.0	＜75.0

（2）上臂肌围。上臂肌围是反映肌蛋白质量的指标，也可反映体内蛋白质营养状况。它与血清蛋白含量密切相关，能反映肌体蛋白质营养状况。

上臂肌围 ＝上臂围 （cm） －30.14×三头肌皮褶厚度 （cm）

正常标准值：男 24.8 cm，女：21.0 cm，以此为百分之百，评定标准如表 7-6 所示。

表 7-6 上臂肌围的评定标准

评 价	相当于健康人的百分数	评 价	相当于健康人的百分比
正常	＞90％	中度肌肉消瘦	60％～80％
轻度肌肉消瘦	80％～90％	重度肌肉消瘦	＜60％

（3）体质指数（BMI）。这是近年来一种国际流行的标准体重测定法。体质指数也叫凯特莱指数，不受性别和身材的影响，可以衡量人体肥胖的标准。

$$BMI ＝体重 （kg） /身高 （m^2）$$

欧洲人的标准：BMI 在 20 以下为偏瘦；20～24 为标准；24～26.5 为偏胖；26.5 以上为肥胖。

亚太地区人口肥胖标准认为，BMI 达 23 时，就是肥胖了。

4. 生化检查

生化检查可以早期发现人体营养素缺乏，对营养缺乏病的诊断有重要意义。生化检查方法基本分为以下几种：① 测定血液中营养成分的浓度；② 测定营养成分经尿排出的速度；③ 测定血或尿中的营养素的代谢产物；

④ 测定与营养有关的酶活性的改变；⑤ 给予大剂量后测定尿中排出量，即饱和实验；⑥ 测定毛发和指甲中特定的营养素含量。

5. 体征检查

着重注意了解不同营养素缺乏的可能性。每一种维生素缺乏，均有几个症状，单一的症状不可以作为诊断的依据，除非很典型的特有症状，如维生素 A 缺乏的夜盲症、核黄素缺乏的阴囊皮炎、抗坏血酸缺乏的牙龈出血等。通常都是根据两个以上的症状，并且其中有一个症状的程度较为明显，才能确诊某种维生素缺乏，否则应诊断为可疑。

第六节 饮食热门话题

在 21 世纪，将有一场真正的"食品革命"。现代农业、养殖业将与生物工程、医药学、营养学更密切地结合起来，将有专为胖人和动脉硬化病人制造的香肠，将有无胆固醇的奶酪，将有不含酒精的葡萄酒，将有专门适应高血压病人吃的盐，不产生热量的油和含特别脂肪的牛奶，有易于男人壮阳补气、女人滋阴补血、小孩健脑益智、老人益寿延年的药膳食品，而健康饮料也会不甘示弱，不断地推陈出新。与此同时"无污染"、"纯天然"食品将备受人们的青睐，野果、野菜、野味为人们高度重视，粗细搭配、少吃精加工粮食将成为人们日常进食的准则。

美国《未来学家》杂志的一篇文章中写到：世界食物的发展将出现几大趋势，其要点为：减肥食品备受青睐；食品要求安全、方便、好味道，饮食与"康乐"挂钩。越来越多的消费者开始把健康和食品联系在一起，具有多种营养成分的保健食品受到大家的喜爱。日本人每年用于此类食品的消费高达 45 亿美元。

一、保健饮食

目前，一些厂家用植物脂肪代替动物脂肪，开发出用黄豆制成的"无肉牛排"，用黄豆和鸡蛋制成的"无肉肉馅"，用植物脂肪代替鸡蛋制成的"无鸡蛋蛋饼"和"无鸡蛋沙拉酱"等。农业专家也想尽办法借助遗传工程技术培养高质量的蔬菜水果，比如培育胡萝卜素含量更高的胡萝卜、维生素 C 含量更多的茴香以及增加菠菜的铁质。

在法国，如今有一个共识，就是饮食平衡能够改善或保持身体健康的状况。"地中海饮食"使橄榄油大受欢迎，因为这种油能够减少食者患心血管疾病的危险。在时兴吃无脂肪、无糖或有代替糖的甜味剂的清淡食品之后，带有维生素保健成分的所谓"补充"食品的时代正在到来。

在本世纪下半叶基因食品将成为人们的"按需选用"的一种辅助食品。基因食品的开发，将会减少大量化肥和杀虫剂的使用，更有利于保护环境和人类的健康。所谓的"人控食物"将在一定的条件下达到防病治病的目的。例如，把某种抗原体注入到鸡的体内，人们吃了这种鸡生的蛋，就能防止腹泻和龋齿的发生。外国推出的"超级鸡蛋"则有防治心脏疾病和增进大脑健康的功能。韩国有人用含当归、防风、茵陈等的草药为饲料喂牛，发现这种牛的肉质很好，且有保健的效果。日本还实验用草药喂养蜜蜂，所产生的蜂蜜更有保健作用。

我们相信，21世纪中国人必将有自己的保健精品，拥有全新的医疗保障体系，拥有快乐、健康的生活，同时，健康产业也会成为新世纪的导向型产业。因为只有这样，我们才能领取到21世纪的健康通行证。

二、安全食品

人们越来越多地谈论食物的安全性，从生产、加工、运输、销售各个环节，人们会关心食品是否有添加剂，是否是绿色食品，是否被辐射过，对于是动物食品是否用抗菌性和激素治疗过，等等。

三、方便饮食

方便食品分为两大类，一是面向个人或家庭的方便食品和套餐，二是面向餐馆和食堂的批量、合成套餐。例如，市场上的各种速冻食品，可用多种方法加热，很适合单身或家庭使用。牙膏式果酱、喷管式食油等则为外出提供了更多方便。另外大批量成套食品已经开始走进餐馆、饭店。它们稍加处理之后即可用于大型宴会和招待会。

有人预言，在未来的世纪里，更多的人将到饭店去用餐，而且可能盛行"放牧式"的饮食。即一日五餐，选择想什么时候吃就什么时候吃。专家认为："未来，这种'放牧'现象将正式成为一种公认的饮食的习惯。这不仅适应现代生活节奏，而且，'少吃多餐'更有利于健康。"

方便食品中最离奇的恐怕要数"空气食品"了，它是按一定比例调配，含有多种人体所必须的营养悬浮颗粒。这种悬浮颗粒储存在一种类似喷雾器的器具里，食用时只要将嘴巴对准喷口，用手轻按一下开关，马上就会有股"风"喷入口中。只要吸上一口，就能使人体饥饿顿除，产生一种进食美味佳肴般愉悦的感觉。整个进食过程用不了 1 min。不过，看起来这种吃法恐怕只有在特殊情况下才会被人使用。

四、美容食品

美容食品将成为女同胞的首选饮食，有 68％的人表示对能够美化皮肤的食品"感兴趣"。美国人、尤其是日本人已经是美容食品的虔诚信徒了。

五、食物品种

联合国粮农组织开展了一项重要的研究活动，识别和保护那些鲜为人知的生物种类，并鼓励农民和养殖者在合适的环境里种植或喂养这些动植物。如生长在非洲南部卡拉哈里沙漠中耐旱、味美、蛋白质含量比花生还高的麦兰豆；生长在南美洲亚马逊河流域含维生素 C 比柑橘高 30 倍的野生水果——秘鲁果；生长在中国的低脂肪小猪；生长在埃及产蛋量高的法尤姆鸡。

然而，另有一些生物学家们的估计十分乐观，他们认为可供人类食用的植物至少有 8 万种，而今天开发的仅仅是其中的几百甚至几千分之一。科学家们认为，昆虫也是人类未来重要的食物源，或许在今后的宴会上，蟋蟀、蝴蝶、家蝇、白蚁、蝗虫也将占有一席之地。

除传统的动植物食品外，各国的科学家们正竞相探索新的食品种类。例如，加拿大学者从鱼的废弃物中生产出蛋白质，法国和苏格兰的科学家则从石蜡和天然气中提取蛋白质。有人甚至对树枝和杂草打起了主意，试想通过细菌分解他们的纤维，尔后从中提取蛋白质。

除了上述外，更有千奇百怪的"边缘食品"。像美国培育出的含有牛肉及土豆两种动植物蛋白和其他营养成分、能像土豆一样种植的"牛肉土豆"；印度培育出兼有苹果和柑橘滋味的蜜桃玉米等。相信，人类未来的食品会更加丰富多彩。

进入新世纪之际，世界上有一种新的潮流正在悄悄地到来，它深刻地改变着我们的传统观念和生活方式。这种新潮流认为，现代人普遍需要的是不同于传统"经济文明"的新文明，即改善人类生命的质量，旨在实现人类价值文明。而实现这种文明，靠的就是营养健康和人际的友好协调。

第八章　运动与心理健康

运动与心理健康是指在体育运动领域内保持心理健康、克服心理障碍，达到有效活动目的而采取的各种活动和措施的总称。运动与心理健康研究在体育运动实践领域内，维护和保持心理健康的规律、探讨其原理和方法的学问，揭示人在运动中与客观现实交互作用的原理，从运动的角度，论述了人的精神现象与客观现实的依赖关系，阐释了运动参与在促进大学生心理健康的功能效应，为大学生心理健康地促进手段与方法提供理论支持与技术指导。

第一节　心理健康概述

大学生是社会最活跃、最敏感的群体，也是最先敏锐地感觉到社会的变化与冲击，个体需要承受的心理负荷也会相应增加，因而迫切需要社会调节机制和个体心理调节机制的逐步完善，尤其是近年来大学校园频发的自杀、凶杀案件，引起社会的广泛关注，大学生心理健康状况不但关系到学生本人的生活、学习、工作和全面发展，更重要的是对创新型、复合型高素质人才的培养有着潜在和深远的影响。

一、心理健康的概念与判定标准

1. 心理健康概念

心理健康是指个人心理所具有正常的、积极的状态和同环境保持良好心理适应的能力。有人认为心理健康是没有心理疾病，其实不然，有人虽无心理疾病，如精神病、神经官能症或变态人格，但是缺乏积极的生活态度，对生活感到厌倦，认为没有意义，对别人不信任，拒绝与人交往，或者惟我独尊，狂妄自大，人际关系失调；或者情绪偏执，缺乏自我调控能力，遭遇不幸往往不能自拔；等等，这些都是心理不健康的表现。

心理健康是一个发展的概念，随着社会的发展，精神文明水平程度的提高，心理也表现出不同质的水平。

2. 心理健康的判定标准

关于心理健康的标准，国内外专家有种种阐述，但主要是以个人行为表现是否符合社会共同的规范；个人心理活动的机能是否能保持对环境的灵活适应；个人主观感受是良好。作为综合判定的依据。

衡量人的心理健康是一个辨证的、综合的判定。美国心理学家马斯洛（Maslow）和缪尔曼（Mittelman）提出 10 条被认为是最为经典的标准。

(1) 有充分的自我安全感。

(2) 能充分了解自己，并能恰当估计自己的能力。

(3) 生活理想切合实际。

(4) 不脱离周围现实环境。

(5) 能保持人格的完整与和谐。

(6) 善于从经验中学习。

(7) 能保持良好的人际关系。

(8) 能适度地宣泄情绪和控制情绪。

(9) 在符合团体要求的前提下，能有限度地发挥个性。

(10) 在不违背社会规范的前提下，能适当地满足个人的基本需要。

二、运动促进心理健康的理论

美国学者考斯特（Cox，1994－1998 年）在前人研究的基础上归纳总结，提出了身体活动促进心理健康原因的 6 项基本假说，试图从理论上揭示身体活动促进和身体锻炼产生心理效益的机制。6 项基本假说是：认知行为假说、社会交往假说、转移注意力假说、心血管健康假说、胺假说和内啡呔假说（见表 8－1），前三种假说主要从心理角度，后三种假说主要从生物化学角度来说明身体活动和身体锻炼与心理健康的关系。但还没有一种假说可以为这种关系提供令人满意的全面解释。

三、身体活动与锻炼产生的情绪体验

1. 身体活动后的即刻效益

(1) 心境状态的改善。心境是指具有感染力的微弱而较为持久的情绪状态。保持良好的心境状态是心理健康的重要标志之一。有研究报道（Weinbrg et al.，1989）：30min 的跑步使紧张、困惑、疲劳、焦虑、抑郁和愤怒等不良情绪状态显著改善，同时使精力感保持在高水平；还有研究认为（Thayer，1987）：5 min 的步行也有助于提高心境状态。"

表 8－1　身体活动促进心理健康原因的 6 项基本假说

	类　　别	基本假说
心理学分析	认知行为假说	可以诱发积极思维和情感，从而对抑郁、焦虑和困惑等消极心境具有抵抗作用
	社会交往假说	锻炼中积极、愉快的社会交往和集体的健身活动更具有降低抑郁的作用
	转移注意力假说	参与锻炼的机会，能够转移对自己的忧虑和挫折的注意力，从而使焦虑、抑郁等消极情绪出现短暂的下降
生化学分析	心血管健康假说	运动可增强心血管机能；增加心血管的收缩性和渗透性，良好的血液循环可使体温恒定，有助于保持神经纤维的正常传导
	胺假说	运动可以刺激神经递质类化学物质分泌量的增加，（如：去甲肾上腺素、多巴胺等）对心理健康有促进作用
	内啡呔假说	运动促进大脑分泌一种具有类吗啡作用的化学物质"内啡呔"，具有痛作用，并出现欣快感。"内啡呔"所引起的欣快感可降低抑郁、焦虑、困惑以及其他消极情绪的程度

（2）焦虑水平的下降。焦虑是对当前或淤积的威胁所反映出的恐惧和不安的情绪状态。有研究报道（Bahrke et al.，1978）：以 70％最大心率在跑台上行走、冥想、在舒适的沙发上休息，比较 20min 后的状态焦虑水平，其结果是三组被式者的状态焦虑水平均下降。

（3）应激和紧张减少。应激有三方面的含义，首先，能提高焦虑和唤醒水平的任何情景；其次，因觉察到情境的威胁而造成的与自主神经系统唤醒的不愉快的情绪反应。通常是在个体感知环境要求和个体自身反应能力间不平衡时发生；再就是身体器官对环境刺激的各种反应。紧张则是应激的一种反应形式。一向对老年人肌紧张和焦虑的研究，通过身体活动对 10 名焦虑老年人的镇静反应的研究结果表明身体活动的情绪效益并非自动产生，活动负荷必须适量，否则便没有心理效益。

2. 运动所产生的良好情绪体验（见图 8-1）

（1）最佳表现。最佳表现是指一个人在某项活动中的行为超越了其自身正常水平的现象，是在一个特定情境下超越自己平常能力的表现（如身体力量、运动才能、创造性表达等）代表着个体卓越的机能和出色的行为，它可以促进人们对特定任务的胜任感、个人能力的卓越感、对技能控制的自我效能感。它渗透在个人生活的每个方面，这些会促进人们强烈的生活满意感和健康幸福感。

（2）高峰体验。高峰体验是一种理想的内部体验状态，在这种状态中，人会忘我地全身心地投入所从事的活动中，表现出不惜一切代价去从事该活动，包含着强大的乐趣和从事活动使兴高采烈的情绪。其核心元素是享受，这种乐趣和兴高采烈的主观感受会影响人总体对生活的满意度。

（3）流畅体验。流畅体验是在某项活动中，在个人能力、任务与难度相匹配时产生的内在享受，所产生一种强烈的自我意识和冲破外阻力的自由感的情感状态，它是喜悦、乐趣和精神启迪，并产生控制感。流畅体验是个体生活中最兴奋最满意和最有意义的时刻，能增加人的快乐并提高健康幸福感。

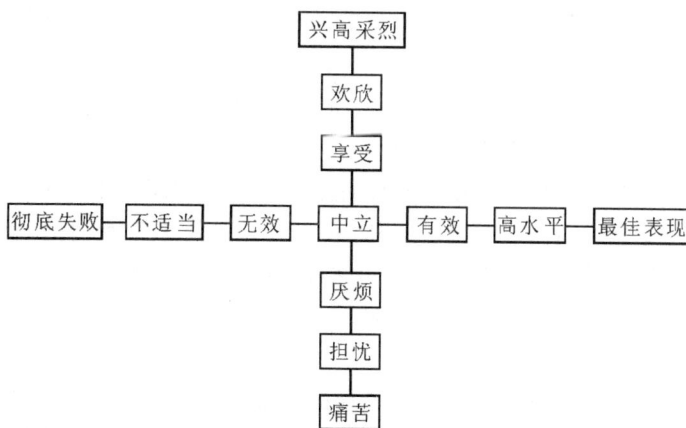

图 8-1　感受与表现模型（纵向为感受维度，横向为表现维度）

3. 活动与锻炼产生情绪效益的维持时间

体育运动与心理健康的关系中，短期的身体活动并不能使消极心境长期改变；只有长期的身体锻炼再能保持所产生的心理效益。值得关注的问题是短期身体活动和长期体育锻炼所产生心理效果能维持的时间：短期身体活动对情绪效果能维持的时间最多 24h；长期身体活动对情绪效果能维持的时间最多 15 周。锻炼的活动的时间必须长于 20min 才能有效的降低焦虑，身体训练能比渐进性放松能够有效地降低状态焦虑（指因为特定情境引起的暂时的不安状态），长期和短期的有氧练习均可降低状态焦虑。身体锻炼必须坚持 10 周以上，才有可能降低特质焦虑（指一种一般性的人格特点或特质，它表现为一种多少比较持续的担心和不安）。身体锻炼控制焦虑和缓解抑郁的作用是同时产生的，无氧训练可以有效的降低抑郁，却不能降低焦虑。长期身体锻炼对心理疾病患者的情绪效益比对正常人好。

第二节　运动与心理健康的关系

一、体质健康与心理健康的交互作用

增强体质是体育的本质功能。学校体育的价值首先是，通过学生发展体能和运动技能，使学生获得必要的健康知识和健身的方法的同时，提高学生对自身身体和健康的认识水平，坚持体育锻炼，促进身体健康，提高自身对环境的适应能力，了解与体育锻炼的相关的营养、卫生、安全防范等方面的指示，最终形成健康的行为习惯和健康的生活习惯。实现学校体育增强体质的根本目标。

体质是人体的质量，是先天遗传和后天获得性的基础表现出的人体结构、生理机能和心理因素综合的，相对稳定的特征。在整个生命活动中表现出个体差异和个体发展的阶段性。体育运动对体质的积极作用是通过对人体运动系统（骨骼、肌肉、关节）；呼吸系统（呼吸肌力量和耐力增强、肺活量增大）；消化系统；心血管系统（中枢神经系统对心血管系统的调节机能提高）五大系统的积极影响来实现的。

1. 身体健康是心理健康的基础

身体健康是心理健康的基础，当身体健康出现问题时，人的心理健康也常常会遭到破坏。人如果得了严重的急性疾病，精神上一般会比较痛苦，常常伴有焦虑、忧郁、恐惧、失眠等情绪变化，且心理负担也很大。各种慢性疾病也常会给患者带来精神负担。精神负担的强度往往与疾病的严重程度、病状和对社会功能的影响有关。尽管大多数慢性疾病患者对病情的急性发作多少能摸到一些规律，但发作时往往产生心烦、焦虑或抑郁等不快的情绪体验，而这些不快的情绪体验又反过来加重躯体疾病，形成恶性循环。个别患者甚至会产生轻生的念头或出现自杀行为。

研究表明，慢性疾病患者的自杀率较一般人群高 4～5 倍。中国医学科学院 曾对 387 名高血压病患者及 312 名正常人进行调查，结果表明：

（1）高血压患者具有的消极因素较正常人的比例要高。高血压病人常会出现心情烦躁、易怒、记忆力减退等心理症状。

（2）慢性乙型肝炎病人发病后常会出现很强的焦虑情绪，如焦虑、紧张、害怕、失眠、抑郁等，这主要是由于病人感到慢性乙型肝炎难以治好，因而造成沉重的心理负担。

（3）多数糖尿病患者罹患该病后，心理上会产生一定的压力，从而产生紧张、恐惧、忧虑和焦虑等情绪。患者原有的饮食习惯被迫改变，由于长期控制饮食，对自己不能与正常人一样生活感到悲观失望，有的甚至失去治病的信心。

2. 心理健康对身体健康的影响

身体健康是心理健康的基础，同时，心理健康对身体健康也有很大的影响。他们互为影响。在人类各种疾病中，有一类疾病称之为心身疾病，是指主要由心理和社会因素引起的，但以躯体症状表现为主的疾病也称为"心理生理疾病"。

不良的情绪状态和性格特征可诱发疾病，而良好的心境状态和性格特征也能帮助人战胜疾病。

"生活在现代社会中的个体，对来自社会环境的压力与冲突作用于人的躯体时，通过中枢神经的整合作用便产生了紧张、焦虑、恐惧、忧虑、愤怒等情绪体验。首先是刺激交感神经兴奋，导致肾上腺髓质释放大量儿茶酚安（肾上腺素与去肾上腺素），从而增加心脏、脑和骨骼肌的血流供应，使心率加快、血压升高、呼吸增强 胃肠蠕动减慢、血糖升高、代谢加速，以动员机体更大的力量来应付外环境的刺激，并引起机体各系统功能和代谢的广泛性改变。由于激素分泌的大量增加，抑制了机体的免疫功能（胸腺功能失调、T 细胞成熟受阻、巨噬细胞活力降低等）。因此，持久或过度的情绪反应和应激状态，可导致严重持久的神经功能改变，甚至可使相应的器官产生器质性病变，形成心身疾病。"（刘淑惠《体育心理学》）

在现实社会中，人不但要面对各种心理冲突，同时也要承受来自外界的各种心理压力与心理紧张，所以，患高血压的城市人比农村人多，从事脑力劳动的人比从事体力劳动的多。心理学家们还发现，患原发性高血压的病人在性格上往往存在以下特点：有雄心壮志，争强好胜，好激动，广泛敌意，对自己要求过高，总想在工作上有新成就，而常感到时间不够用和有压力；不轻易暴露自己的想法，固执，保守，过分耿直；有的则是多疑敏感，自卑胆小，常有不安全感。

在一项对 100 例癌症病人的调查中，发现在病人待诊时，有 57% 的人情绪表现稳定，34% 的人不相信自己会得癌症；即使在确诊得了癌症时，也有 32% 的人表现稳定，且有 20% 的人表示要和癌症作斗争，但也有 24% 的人表现出惊恐、不知所措；在治疗过程中，有一半的人在积极地努力与癌症拼搏，当病情好转时，这类人群上升到 0.8%，但当病情恶化时这类人群只占 21%，大部分人（58.3%）表现为悲观消极。一个人如果受到严重的外伤，或因病、因伤而致残，会对心理造成巨大的刺激。伤残患者的最初阶段，大多有一个"情感休克期"。许多人表现为情绪紧张、恐惧、焦虑、悲伤、绝望、失眠，部分人有自杀的念头或行为。经过一段时间的自我调适，一部分人可以过比较正常地生活，而也会有一部分人依然情绪低沉，按联合国世界卫生组织的标准，如果成人收缩压经常高达或超过 160 mmHg，或舒张压超过 95 mmHg，就认为是高血压。诱发高血压的因素很多，如果主要是由于情绪波动等精神因素引起的高血压可称为原发性高血压。这是由于情绪作用使大脑皮层功能紊乱而引起全身小动脉阻力增高。多年以后，小动脉逐渐硬化，管腔变小，由它们供血的器官和组织会因逐渐发生缺血和营养不足而产生病变。

二、体育运动对心理健康的积极作用

体育活动是社会活动的模拟化，在感受丰富多变的刺激中，会体验几乎和社会活动相同的精神磨砺与心理冲动，校园体育文化氛围和个体体育活动的积极参与，对人心理过程的发展产生微妙而深刻的影响，对心理健康有着积极的促进作用。

1. 体育运动能促进人心理过程的发展

（1）体育运动能促进认知过程的发展。首先是促进人的认知过程的发展，在从事复杂运动过程中，要求参与者既能对外界物体（球、器械）做出迅速准确的感知与判断，又能快速感知、协调自己的身体动作以保证动作的完成。长期积极从事体育锻炼就能促进人的感觉、知觉能力的发展（如：前后、左右、高低、远近、先后、快慢等概念），提高反应速度和直觉判断力，敏锐地观察瞬息多变的临场环境，独立地快速灵敏、创造性的处理临场情况，使人变得敏锐、灵活；对提高观察、注意、思维、想象、记忆等能力都有十分明显的作用。

（2）体育运动能促进情感过程的发展。体育活动中有强烈、深刻的情感体验，竞技场上成功与失败、进取与挫折共存，欢乐与痛苦、忧伤与欣喜交织；同伴与对手情感表现的相互感染、相互融合在一起。这种丰富的情感体验有利于学生情感的成熟和自我调节能力的提高。

在生活中，人们也可以通过体育活动改变自己的心境状态。如南非总统纳尔逊·曼德拉从年轻时就醉心于体育运动，甚至在监狱里都没有停止锻炼，以此调整自己的情绪状态。他说："我从来相信，体育锻炼不但对身体健康起着关键作用，而且还能使我心情平静下来。从前，有好多次我烦恼的时候，就跑到健身房对着沙袋一通猛打，免得冲着同事、甚至是警察发火。"

（3）体育运动能促进意志过程的发展。体育，特别是竞技运动，本身就是人的意志行为。为了一个既定目标日复一日，年复一年长期坚持刻苦的训练和竞赛，不断地挖掘自己的运动潜能，在提高运动能力的同时也发展和锻炼了意志水平。在学校体育中，为了完成体育课的必修内容（体能测试、专项课考核），在体质适应的过程中，要求学生必须意志坚强、刻苦锻炼，要克服困难，战胜困难，以此培养学生勇敢、顽强、坚毅的性格品质以及集体主义精神。

2. **体育运动能促进人格的全面发展**

体育运动能使人学会竞争，学会表现自己的才能与实力；也使人学会合作，学会相互配合，使大家凝聚成一个整体，为了一个目标去努力，夫争取成功。体育能让你掌握与人相处的法则，就是：自己成功时要谦虚，别人成功时要善于欣赏，大家成功时要善于分享。这就是健全人格的法则。体育运动能发展人的身体活动能力、协调能力、操作思维能力、直觉思维能力、应激能力等，并能磨练人的性格和意志，使人变得坚强、刚毅、开朗、乐观；同时，在与对手的交锋中学会遵守规则、尊重裁判、尊重对手，有效地促进人的社会化进程。通过学会控制自己的需要和动机，学会延缓需要的满足，学会解决动机斗争的矛盾，从而使自己的个性趋于成熟。

3. **体育运动有助于矫正某些心理缺陷**

人的心理不是孤立的，心身是相互联系、相互作用的，人的心理与周围的外环境也设密不可分的，相互协调、相互影响的。而体育这一活动的互动场所，使人的心理与身体、人的主体与周围环境充分地交融在一起，从而促进主体对环境的适应，促进人际关系的和谐，使人达到身心平衡，获得身心健康。不同项目的体育活动对人不良心理的矫治：

（1）对于不善于与同伴交往、不合群的人，可以选择足球、篮球、排球以及接力跑、拔河等集体项目，这些团体性的体育活动会使人慢慢改变孤僻的个性，逐步适应与同伴交往和群体活动。

（2）对于胆子较小、做事怕风险、容易脸红、怕难为情的人，可以参加游泳、滑冰、滑雪、拳击、摔跤、平衡木等项目的活动，这些活动要求人们不断地克服害怕摔倒、跌痛等各种胆怯心理，以勇敢无畏的精神去面对困难，越过障碍。经过一段时间的锻炼，这方面的不良的个性特征会得到改善。

（3）对于处事犹豫不决、不够果断的人，可以参加乒乓球、网球、羽毛球、跨栏跑、击剑等体育活动，在这些活动中，任何犹豫徘徊都将错失良机，遭到失败。

（4）对于容易急躁、感情易冲动的人可以参加下棋、太极拳、慢跑、远足、游泳、骑自行车、射击等活动，这些活动要求持久的耐力，从而能增加自我控制能力，使情绪更加稳定，进而改变容易急躁、冲动的性格特点。

（5）对于做事信心不足的人，可以选择一些简单易做的活动，如跳绳、俯卧撑、广播操、跑步等项目，使锻炼者看到自己的成绩，从而增强自信心。

（6）对于遇事容易紧张的人，如考试总是心慌的人，可以参加足球、篮球、排球等紧张激烈的比赛。

（7）只有冷静、沉着，才能在激烈的比赛中获得好成绩，经常参加这类运动能够使人遇事不会过分紧张，更不会惊慌失措。对于自负的人，可以选择一些难度较大，动作复杂的项目，如跳水、体操、马拉松长跑、艺术体操等，也可找一些实力超过自己的对手下棋、打乒乓球、打羽毛球等，这样可以逐渐改变自己的骄傲之气。

第三节　体育学习中的心理学分析

一、运动中感知觉的基本特征

感知觉是由低级到高级，可分为三个水平：感觉水平、知觉水平、观察水平。感觉是人脑对当前直接作用于感觉器官的客观事物的个别属性的反映。感觉是感知的低级水平。知觉是高于感觉水平，却又以感觉为基础，它并非是感觉的简单相加的总和。在体育学习中感知觉的基本特征表现出：

是对刺激物既客观事物的分析、综合的有机结合，是以多个复合信息源、多个分析器协同活动的结果，同时，知觉在一定程度上受个体知识、经验及各种心理特点（兴趣、需要、动机、情绪等）的制约（见图 8-2）。

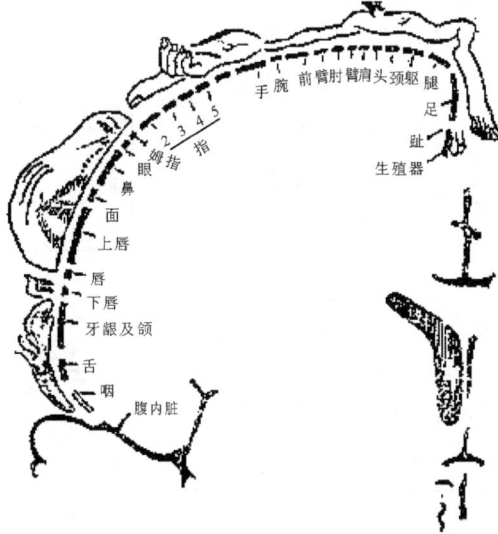

图 8-2　大脑皮质感觉区定位

（一）感觉水平

人们对感觉水平可以为两大类：外部感觉和内部感觉（见表 8-2），与体育运动有紧密关系的外部感觉有视觉、听觉现象、触觉、平衡觉。

1. 运动中的外部感知觉

（1）视觉。在运动中，视觉对球类运动员具有重要意义。对方队员、同伴队员在场上运动，要准确地观察运动中的空间、方位、和距离上迅速变化的各种关系，才能建立正确的行动定向。有研究表明，优秀篮球运动员的闪光临界融合频率值，高于一般运动员和普通人。这一值的高低反映了视觉对光刺激在时间变化上的分辨能力，该值越高，表明时间的视觉灵敏度越高。

宽阔的视野对于大场地集体球类项目十分重要。视野是指眼睛注视正前方某一点时所能感知的空间范围（以"度"为单位）。不同项目的运动员和经常从事运动的人瞬间知觉客体的数量不同，足球运动员为 3.5 个，体操运动员为 2.9 个，田径运动员为 2.7 个。有文献报道，橄榄球四分位和篮球后卫的视野范围要高于其他位置的运动员。

表 8－2　感觉水平的种类

感觉刺激			感受器	适宜刺激
外部感觉		视觉	眼球视网膜的视细胞	光（电磁波刺激）
		听觉	内耳耳蜗的毛细胞	声（声波刺激）
		嗅觉	鼻粘膜中的嗅细胞	气体（挥发性物质）
		味觉	舌头味蕾中的味细胞	液体（水溶性物质）
	肤觉	温觉	皮肤粘膜　温点	热
		冷觉	中枢神经　冷点	冷
		触觉	末梢　压点	压力
内部感觉		平衡觉	内耳前庭器官中的毛细胞	身体位置变化和运动（机械刺激）
		运动觉	肌、腱、关节的神经末梢	身体位置变化和运动（机械刺激）
		机体觉	内脏器官壁上的神经末梢	机械刺激、化学刺激

（2）听觉现象。运动中的听觉对运动员具有重要意义，对方队员、同伴队员在场上运动通过各种声音信号（语言、击掌、跺脚等身体动作声音）进行战术配合也是屡见不鲜的。

（3）触觉。触觉是指经常从事运动的人，在长期的锻炼和训练所形成的专项触觉的敏感性。如田径运动员的"速度感觉"、游泳运动员的"水感"、球类运动员的"球感"等。篮球、排球运动员体现在手掌和手指上；足球运动员体现在脚背和叫内侧。体育教学中的触觉存在于教师和教练通过阻力和助力的触觉形式，帮助学生体会动作到位情况。

（4）平衡觉。人类在日常生活中的觉醒状态时，头部都是保持与地面垂直状态，即使偏离也是短时间和小幅度的，但是在难度项目中，如体操、跳水、技巧、武术、花样滑冰以及撑竿跳高等项目中，运动员在完成倒立、旋转和翻腾等动作过程中，要改变头部日常习惯位置，保持身体的一定姿势，都对运动员的平衡感知能力提出很高的要求，需要在长期训练中，锻炼培养自己要具备精确感知自己身体位置变化的能力。

2. 感受性及其变化

关于感受性是指分析器对刺激物的反应能力，是用感受阈限的大小来度量的，感受阈限是指能引起感觉的，持续一定时间的刺激量。通常把刚刚能引起感觉的最小刺激量或最小强度，称作为绝对感受阈值；把刚刚能引起差别感觉刺激物间的最小差别量，称作为差别感受阈值。运动项目不同，对运动员的感受性要求也不同。感觉适应对于学生和运动员来说具有特殊的意义（球感、水感、速度感）。因此，体育运动对提高参与者感知觉水平有着积极的意义。

（二）知觉水平

感觉是知觉的基础，知觉高于感觉水平，知觉的信息源是多维的，是通过多个感觉系统的协同活动，获得身体在运动中的复杂知觉。复杂知觉按其所反映对象的性质可划分以下几个部分（见图 8-3）。

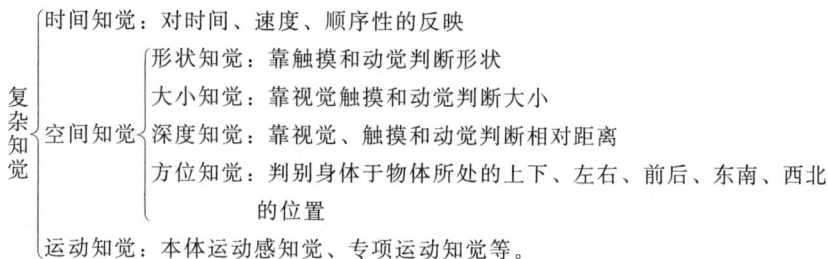

```
        ┌ 时间知觉：对时间、速度、顺序性的反映
        │      ┌ 形状知觉：靠触摸和动觉判断形状
复       │      │ 大小知觉：靠视觉触摸和动觉判断大小
杂 ┤ 空间知觉 ┤ 深度知觉：靠视觉、触摸和动觉判断相对距离
知       │      │ 方位知觉：判别身体于物体所处的上下、左右、前后、东南、西北
觉       │      └        的位置
        └ 运动知觉：本体运动感知觉、专项运动知觉等。
```

图 8-3　复杂知觉分类

1. 时间知觉在运动中的表现

（1）时间知觉与时机掌握——时机掌握是体育动作中经常遇到的情况。如：排球中的扣球、拦网，篮球中的抢断球、篮板球和盖帽等，都需要运动员准确的时间知觉帮助掌握最佳的起跳时机。排球中的时间差进攻，就是利用对方拦网队员时间知觉的误差来达到战术目的。

（2）时间知觉与情绪态度——人对时间估计所产生的误差常常与主体情绪有关。

（3）时间知觉与节奏知觉——节奏知觉也是一种时间知觉。在周期性运动项目中，如自行车、赛跑、游泳、速滑等，节奏知觉往往是运动员控制自己动作节奏的先决条件。身体的节拍性运动和计数活动有助于时间的判断。对节奏的刺激人们习惯于伴随节拍性动作和口头计数，所产生的动觉刺激为衡量时间提供信号，补充和提高知觉时间能力，收到良好的锻炼效益。

2. 空间知觉

空间知觉——是指反映物质空间特征的知觉，包括形状、大小、距离、立体、方等。

在所有运动项目中，随时都需要在空间知觉的帮助下进行。通过长期的训练提高空间知觉的准确性。如跳高、跳远和跨栏运动员 为了在助跑和栏间跑的最后一步准确的踏在预定位置上，在全程跑的过程中，始终要通过空间知觉精确控制自己的步幅；球类运动中的射门、投篮、扣球、抢断、突破过人等，运动员都必须首先判断出球、对方、同伴队员与自己的空间特征和彼此之间的关系来选择战术行动。

3. 运动知觉

运动知觉包括有本体运动感知觉和专项运动知觉。

（1）本体运动感知觉是运动者对自各部分运动和位置变化的感知，是综合运动觉、平衡、觉、视觉、听觉触觉等多种感觉信息，经过分析、加工后所获得的复杂知觉。是完成身体运动的前提，包括有以下几个部分：

1）本体运动感知觉——躯干的弯曲、伸直、四肢动作、头部位置变化等。

2）本体运动形态感知觉——直线运动、曲线运动、运动幅度等。

3）本体运动方位感知觉——运动的空间方位，上下、左右、前后等。

4）本体运动时间和速度感知觉——时间长短、间隔、节奏、速度等。

5）本体运动用力感知觉——阻力、重力和助力。

（2）专门化运动知觉。专门化运动知觉是在长期的专项训练和运动实践中发展与形成起来的，如"球感"（球类）、"水感"（游泳、跳水）、"器械感"（体操）、"时间感"（短跑、中跑）、"距离感"（跳高、跳远）等。专门化运动知觉是在感受器及中枢神经协同活动下，形成的判别感受性的高度发展的基础上形成的。中国游泳队总教练陈云鹏认为"水感"是一种"看不见、摸不着，感觉得到"的实践知觉，只可意会，不可言传，如果概括起来讲，可以是"轻、飘、浮、粘"四个字。这种专门化运动知觉越来越引起人们的重视，对运动成绩的提高有着重要的作用。

（三）观察力

观察是一种为感知特定对象而组织的有目的、有计划、、必要时需要采用一定方法的高水平的感知觉过程。它是一种主动积极的、往往与注意及思维相联系密切联系的、紧张的、更为自觉的感知觉过程。它与第一信号系统、第二信号系统、思维相联系，因此，也被称为思维的知觉。观察力一般被认为是智力的重要组成部分之一。观察是发展思维的良好方法与前提，培养和提高学生观察力是体育教学与训练的重要任务之一。

（四）感知觉规律在体育教学中的运用

1. 运用注意力丰富学生在体育教学中的感性认识

在场地、器械精心、合理布置，吸引学生注意力，利用注意视错觉，影响学生对大小、距离、色彩等的判断，潜意识地调动学生学习的积极性，产生愉悦感觉，提高教学效果。即：

（1）利用颜色错觉——如：白色大，黑色小；白色轻，黑色重。

（2）利用时间错觉——紧张、有趣时间过的快；枯燥、乏味过的慢。

（3）利用颜色对比——利用色彩对比突出教学重点。

（4）利用宽度、高度等错觉——跳高练习中拉开立柱，适当加宽横竿长度，感觉高度降低；跳远练习中，利用助跳板提高学生的腾空感受力。

2. 运用知觉特征提高学生的知觉品质

知觉特征主要有整体性、选择性、理解性、恒常性，它在体育教学中运用非常广泛，如：整体与部分的关系在教学中的运用，是学生学习动作技术的条件，在分解教学中要注重完整中的分解，分解中的完整，保持动作的连贯性。就知觉的选择性，是指在运动学习过程中的许多知觉对象中，对其中部分对象知觉特别清晰，部分对象知觉模糊，所表现为对象与背景的关系，在学习中的筛选。在视知觉中，知觉的恒常性表现的特别明显。在篮球教学中，从不同角度瞄篮圈所感知的视觉形象均不同，我们利用"恒常性"这一特点，不断改变不同位置的示范与练习，使学生从各个角度来把握同一技术动作。

合理掌握运用知觉特征，在反复的动作练习实践中提高学生的知觉品质，即知觉广度、速度知觉、知觉精确度和清晰度。

（1）知觉广度——指在一定时间内对呈现的刺激所把握的量。

（2）知觉速度——指在某种知觉任务（外形）和对客体的难度形成精确的表象。

（3）知觉精确度——在动作练习方面，知觉精确度不仅要包含一般外形，还要有一定的动作参数：指向性、幅度、速度、肌肉紧张与放松否则就会降低对客体的知觉精确度。

（4）知觉清晰——指对对象的各个细微部分的区分程度。

二、体育学习中的特殊性记忆

（一）记忆的概念

记忆是认知的智力活动的组成因素之一，智力活动水平（包括记忆）将影响到整个心理活动的水平。记忆是一个完整的过程，即识记、"保持—回忆—再认"三个环节，记忆按不同的性质可分为不同的种类：

记忆的内容——形象记忆、词语逻辑记忆、情绪记忆、动作记忆。

（1）记忆的目的——有意记忆、无意记忆。

（2）储蓄的时间——瞬时记忆、短时记忆、长时记忆。

（3）事物的特点及内在的联系——意义记忆、机械记忆。

（4）体育学习中的记忆是一种特殊记忆。运动技能的学习和掌握是体育教学主要目的之一，它是以身体活动为主要表现形式。在运动实践中，其记忆的形式是一种复杂综合的记忆，既有动作概念的逻辑记忆，又有直观的动作形象记忆，还有身体练习的动作记忆，它不仅有感知觉、思维的参与，并且还伴随着情绪的记忆，这种多种记忆共同实现的记忆称为运动记忆。

运动记忆对过去所感知的记忆，是以形成运动熟练技巧为基础，基本生理机制是动力定型的建立和保持，容易保持、恢复是运动记忆的特点。在运动过程中对身体动作的知觉起着特殊作用，也是体育教学与其它学科教学活动记忆形式的最大区别。记忆是学习的基础或条件，在体育学习中所获得的运动记忆在运动技能形成过程中起着决定作用，运动记忆的质量直接影响着运动技能形成的效果。

（二）运动技能的形成的规律

1. 运动技能形成的阶段

运动技能也称动作技能，指表现在外部的以完善合理的方式组成，并能顺利完成某种活动任务的复杂的肌体动作系统。主要是借助身体的肌肉、骨骼运动和与之相应的神经系统部分的活动，而实现的外显肌肉的反映。也是一种习得的、有意识、有目的的利用身体动作完成动作的能力。

在体育学习中，运动技能的形成规律是通过四个阶段实现的：泛化过程；分化过程；巩固过程；自动化过程四个阶段。通过反复学习与练习，最终即可在无意识控制下完成，形成了运动记忆的动力定型，使之完全成为自身所拥有的熟练技能。

2. 运动技能形成的特征

（1）从活动结构的改变来看，技能的形成表现为一系列的个别动作联合为完整的动作系统，动作之间相互干扰现象和多余动作逐渐消失。

（2）从活动的速度和质量来看，技能形成表现在动作速度的加快和动作准确性、协调性、灵活性的提高。

（3）从活动的调节来看，技能形成表现在视觉控制作用减弱和动觉控制增强，甚至只依靠动觉控制，活动就能顺利地完成。

3. 运动技能形成的途径——练习

运动技能是通过练习形成的，在学习与训练中，各种技能的形成都有一个共同的趋势，就是学习成绩的逐步提高，主要表现在速度的加快和准确性的提高。学习效果（练习成绩）可以用"练习曲线"表示出来（见图 8-4）。其中图 8-4（a）表示工作量与练习时间的关系；图 8-4（b）表示每次练习所需时间与练习次数的关系；图 8-4（c）表示每次练习所需时间的错误次数与练习次数的关系。

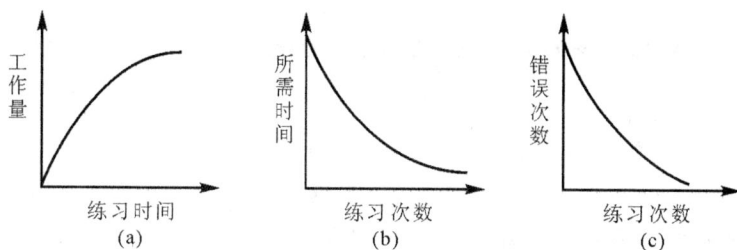

图 8-4 典型练习曲线

（三）影响运动记忆的因素

1. 运动记忆的遗忘规律

由于体育记忆的特殊性，运动记忆的遗忘规律具有以下特征：

（1）动作记忆的遗忘量远远少于词语记忆的遗忘量，这是动作操作的联想条件比较复杂，除了外界的各种信息之间的联系外，还有来自动作操作本身所引起的反馈信息，提高了记忆的稳定性，动作记忆不易遗忘。

（2）遗忘进程不同于词语记忆的遗忘量词语遗忘是呈"L"形，而动作遗忘再开始的 2~3 天经过一个"V"形起伏后，随时间的推移而减少（见图 8-5）。

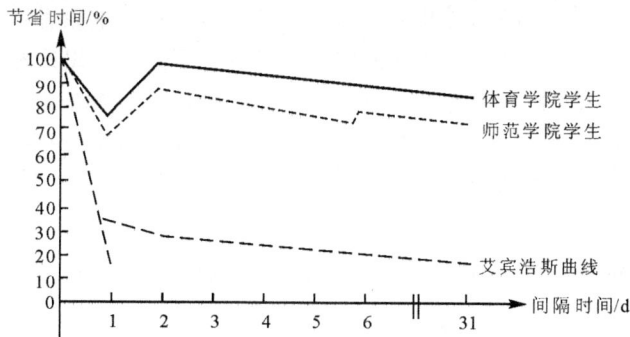

图 8-5 动作操作遗忘曲线与艾宾浩斯遗忘曲线图

2. 影响运动记忆的因素

(1) 目的任务的影响。

(2) 情绪状态的影响。

(3) 学习兴趣的影响。

(4) 学习内容（数量与动作技术结构）的影响。

(5) 学习环境（课堂气氛、动作语言、数学组织）的影响。

(6) 个体差异（运动能力、生理状态、心理状态）的影响。

三、体育运动中学生思维能力的发展

(一) 思维的特征与品质

1. 思维与思维的特征

思维是人脑对客观事物的间接的、概括的反映，它所反映是客观事物共同的、本质特征和内在联系，是认知的理性阶段，是复杂、高级的认知过程。间接性和概括性是思维的重要特征。思维的间接性就是借助已有的知识经验，理解和把握那些没有感知或根本不可您感知到的事物，预见和推知事物发展的进程；而思维的概括性就是把同一类的共同特征和本质特征抽取出来加以概括。在人的智力结构的五种因素，即观察力、注意力、记忆力、想象力、思维力中，思维是智力活动的核心，是整个智力活动的调节者，虽然，智力其它构成因素为思维提供了信息资源，但离开了思维的动力源泉，其它活动也只能停留在较低层次和水平上。

思维过程凭借物和思维形态的不同，可分为动作思维、形象思维、抽象思维三大类。以行动为支柱的思维，称为动作思维，它是在动作中发生，在动作中进行，随动作的停止而结束；在大脑中，通过分析、综合、比较、抽象和概括，从而产生的形象和创造新形象的思维，称为抽象思维。

根据思维遵循的逻辑形式和规则，又可分非形式逻辑思维和形式逻辑思维两大类。非形式逻辑思维是指没有完全的逻辑过程，迅速对问题的答案做出合理的猜想、设想和"顿悟"（直觉思维）；形式逻辑思维是指具有明确的逻辑过程，遵循一定的逻辑原则的思维，称为抽象思维。

2. 思维的品质

思维的品质是指人与人在思维活动中所表现出的个体差异。主要表现在以下几个方面：

(1) 思维的广阔性——广度。思维的广度是指在思维过程中能够全面的看问题，着眼于事物之间的关联，从多方面分析研究，发现问题的本质。

（2）思维的深刻性——深度。思维的深度指善于从纷繁复杂的表面现象中思考到最本质、最核心的问题，从而达到对事物深刻理解。

（3）思维的独立性——独立思考。思维的独立性指善于根据客观事实和观点检查自己的思维及其结果的正确性，具有一定的批判性。对于自己所遇到的任何事，根据一定原则作出评价；在处理问题时，能够客观地考虑正反两方面的意见，既能坚持正确的观点，又能放弃错误的想法。这是一种既善于从实际出发，又肯于独立思考的思维品质。

（4）思维的敏捷性——迅速、灵活。思维的敏捷性指思维活动能够随客观条件的发展而变化，能及时修改原定计划、方案或方法，灵活地运用一般原理、原则。所谓的"机智"就是指思维的灵活性。

运动员战术思维的敏捷性，表现出在瞬息万变的情况下，迅速做出战术决策。

（5）思维的逻辑性——条理性。思维的逻辑性表现思考问题时遵循逻辑规律。论证条理清楚，有理有据，说服力强。

（二）体育教学中思维的特点

1. 与实际操作相联系的分析与综合的思维特点

运动中的思维与一般思维的根本区别，就是在完成技术以及战术运用时，总是与实际操作相联系，这种实际操作，一是与动作技术结合，称为动作思维；二是与战术运用相结合，称为战术思维。

在运动中无论是掌握技术、完善技能、还是技能运用自动化都离不开思维活动，它与动作操作过程紧密联系，运动中的操作思维不是简单地再现已掌握的运动技术动作，而是临场的分析综合，是以多种感知觉的参与，需要通过主体整合来完成，这种整合就是把众多信息进行综合，从整体的角度进行决策和应答。

战术思维也就是对运动条件的认识，对临场形式的审度（察看、估量以及战前审度时势），有效方法、手段的选择等一系列心理活动。运动中最有效的运用战术以发挥身体、心理、战术的高效能，都与战术思维紧密联系。

2. 直觉思维的广泛运用

在运动中，人们的决策往往是不完全依赖准确的知觉和严密的思维完成的，而是运用直觉思维要不停地做出判断和预测，如对手的意图和可能采取的行动，包括与同伴的战术配合等，都需要直觉思维的参与。主要表现为想象力和场上意识。

"场上意识"是体育领域多年形成的习惯用法，是指在瞬间某一运动情境中，应采取的最佳的、合理的应答反应。有良好"意识"的学生能主动把握战机，做出最合理的动作，是技术与战术水平能正常发挥的基础。

3. 惯性运动与逆向运动的结合与交替促进右脑的开发

随着脑科学技术的发展以及知识的丰富，传统上的左半球优势的局限性已被打破，越来越多的研究证明，大脑右半球同样具有左半球无法代替的功能，并且同样可以执行对空间的认识能力以及复杂关系的理解能力，这些比较高级的皮质机能。研究还表明："右半球与人类的创造性思维活动有密切联系"，直觉、整体综合等都是右脑机能；由于传统的左脑为优势半球观念的影响，在学校教育中对大脑功能的开发是"重左轻右"，使学生创造性思维受到抑制。体育教学运用思维训练，易于诱发和促进学生迸发想象和创造灵感，根据人体运动的对侧控制原理，体育运动本身以身体活动为基础，大脑思维以惯性运动与逆向运动的结合与交替为特点，能够较好地开发利用大脑右半球的功能，这也是其它学科所无法代替的。

4. 运动中发展创新思维的策略

运动中发展创新思维，是教师、教练员在体育学习、训练和竞赛中必须重视的主要内容。要抓以下 6 个方面：

（1）激发学生的学习动机和好奇心。

（2）给予适度的心理自由和心理安全。

（3）尊重、培养学生独立人格。

（4）对比分析、发现本质。

（5）情景置疑，多角度思考、解决问题。

（6）灵活运用技术、战术，具有创新思维。

四、体育运动对情感和意志力的培养

（一）体育运动对情感的培养

情感是人们对客观事物是否符合自己的需要而产生的体验，是伴随认识过程而产生的。人的需要是个体缺乏某种东西的一种心理状态，它是人的生理和社会需求在人脑的反映，一般分为生理的（对于食物、水、空气、运动和休息）和社会的（劳动、交往、艺术、文化知识）需要两大类，也可称为物质与精神需要两大类。

美国心理学家马斯洛提出关于人基本需要的理论，认为这种需要是始终不变的、可遗传的、本能的需要。马斯洛提出凡符合以下情况就可视为一种基本需要。

（1）缺少它会引起疾病。

（2）有了它可免于疾病。

（3）恢复它可治愈疾病。

（4）在非常复杂的自由选择的情况下，丧失它的人宁愿寻求它，而不是寻求其它的满足。

（5）在一个健康人身上，它处于静止的、低潮的或不起作用的状态。

马斯洛的需要等级论把人的需要分为：生理需要、安全需要、尊重需要、发展需要、贡献需要。因此，同一件事情，在不同的条件下和人的需要处在不同的关系中，从而引起不同的情感。

情感可以分为情绪与情感。两者是紧密联系但又不能等同的术语。情绪一般比较不稳定，带有情景的性质，它是不断变化着的一时状态，是较为现象的东西。情感较为稳定，是较为本质的东西，它是对现实事物的比较稳定的态度。可以理解为，当情感体验的心理过程进行的具体形式称之为情绪。在某种意义上可以说，情绪是情感的外部表现，情感是情绪的本质内容。

情感是体验，是反应，又是冲动，也是行为。它是有机体的一种负荷状态，是以特殊方式来表现的心理东西。情绪心理由情绪体验、情绪表现和情绪生理三种因素所组成。情绪体验与表现有和缓的和激动的，细微的和强烈的，轻松的和紧张的等形式，情绪的生理因素也是细微多变的。

情绪的产生，有时往往不以人的意志为转移。如：人受到挫折刺激后产生的暂时性激愤或消沉，受到意外成功刺激后产生的狂喜、激动等。情绪的正反变化，正是情感双重性的体现。根据人的情绪出现强度、速度、持续时间长短和外部表现，可以把情绪分为心境、激情和应激。心境是比较微弱、平静而持久的情绪状态；激情是强烈地、暴发性强且持续时间短的一种情绪状态；应激是在出乎意料的紧张情况下所引起的情绪状态

（二）意志与认识、情感过程的关系

1. 意志

意志是人自觉地确定目的，并为实现目的调节自我、克服困难，从而实现目的的心理过程。人们在客观现实的相互作用中，不仅产生对客观对象和现象的认识，也不仅对之形成各种情感体验，而且还会有意识地对客观世界作有目的改造。这种预先在头脑里确实行动目的、制定计划，并在实践中去克服各种困难，从而实现目的的内部过程就是意志过程。

人在从事某一活动之前，就自觉地确立目的，这是人的行为特征。所以，人总是先于各种活动，其可能的结果已经作为行动的目的而观念性地存

在于他的头脑之中，并以此目的来支配自己的行动。人们通过感知觉、表象、思维等心理活动认识客观事物，可以说是外部刺激向内部意识事实的转化，而意志则是内部意识事实向外部动作的转化。后者表现为意志对人的支配或调节作用。因此，意志集中地体现人的心理活动的自觉能动性。

2. 意志与认识、情感过程的关系

意志和认识过程有着密切的联系，它是在人认识了客观事物的发展规律和确定行动目的的基础上产生的。所以，认识过程是意志的基础，离开了它，意志就无从产生。但是，人们变革现实的一切实践活动，一是有目的的行动，受意志的支配，如果没有意志，就不会有深入的、完全的认识活动，因此，意志又给认识过程以巨大影响。

意志和情绪、情感也是密切联系的。情绪、情感对人的行为起推动或支持的作用时，就成为意志的动力。例如：运动员对祖国热爱的情感，就会激励他们在国际性竞赛中奋力拼搏，克服困难，争得冠军，为祖国争光。情绪也可以成为意志的阻力，如人在从事他所不欲的活动时，"不乐意"的情绪就会妨碍意志行动的贯彻，造成意志过程的内部困难。有时，外部困难引起的消极情绪体验，也会动摇和消蚀人的意志。反过来，意志的力量又能够调节和控制人的情绪情感。人们常说的"理智驾驭情感"，就是意志的力量，根据理智的认识，抑制情感冲动，克服与理智相矛盾的情感。

（三）体育活动中的困难与意志努力

1. 体育活动中的困难

由于体育学科和体育活动本身所具有的特殊性，使得在体育活动中所表现出来的困难也具有特殊性。困难包括内部困难和外部困难。

（1）内部困难。内部困难是指与实现目的冲突的来自个体自身的障碍。在体育活动中的内部困难又分生理方面的困难和心理方面的困难。生理方面的困难有个体先天素质所造成的运动困难，如身高、体重、体形、肌肉类型、协调性、灵敏性等针对不同的项目、不同的个体，都会对掌握技术动作，从事某项运动造成一定程度上的困难。有剧烈运动所造成的生理困难，比如大强度的训练造成呼吸困难、氧债剧增、乳酸堆积、耐力下降，使得出现有维持运动水平的困难。心理方面的困难源于生理方面的因素和外部困难因素，在这些因素的作用下心理上出现了微妙变化，比如由于先天不足、能力有限造成缺乏信心，情绪低落，胆怯懒惰等心理障碍；同时在体育活动过程中学生还面临自我实现的压力、被人认可的压力和竞争取胜的压力等心理问题，这些问题处理不好在一定程度上都会造成心理障碍。

（2）外部困难。外部困难是指来自外界的障碍。它又可分为"人化"障碍和"物化"障碍。"人化"是针对自然环境（物化）而言的，是由人为因素造成的障碍，比如同伴或对手的冷嘲热讽、不信任、不认可；教练家长的高要求、高目标；训练计划的大运动量、大强度；目标达成的速度、远度、高度要求等。而"物化"障碍是指一些自然的因素所造成的困难，比如炎炎烈日、大风大雨、场地条件差等。通常，外部困难是通过内部困难而起作用的，生理上障碍会引发心理上的障碍，两者之间是辨证统一的，所以主观上不怕困难和危险，并能勇敢地战胜困难和危险，就是意志坚强的表现。一个人意志坚强程度水平是以困难的程度和为克服困难做努力的程度来衡量的，人只有藐视和克服困难才能锻炼自己的意志，只有首先克服内部困难，才能完成意志活动。

2. **体育活动中的意志努力**

（1）克服生理非常态时的意志努力。这里的"非常态"是指相对平时正常的生理状态而言。平常生活中的正常生理状态的维持不需要意志努力参与，而这里的"非常态"是指个人的心率、血压、肺通气量、肌肉的紧张度等指标都超过了正常值，要完成一定的运动强度，必须付出努力，特别是极限强度，出现疲劳时，就必须靠意志努力克服机体的惰性和抑制现象来维持运动。

（2）克服心理紧张的意志努力。运动中，有许多情况会出现心理紧张。如，对手给自己的心理压力、大运动量、大强度的训练任务；高目标、高要求所造成的心理紧张等。运动中保持适度的紧张是必须的，适度的紧张有利于运动水平的发挥和出好成绩，但是过分的心理紧张会影响运动成绩。在运动学习和训练中，要求学生用意志努力去克服过分的心理紧张，调节自己的注意力，使自己处于一种良好的运动状态。

（3）克服危险有关的意志努力。运动中，会有一些项目存在一定的危险性，如体操中的单杠、双杠；水上项目的跳水；同场对抗项目中的足球、篮球、拳击、散打等。这些项目所固有的危险性，容易使学生产生胆怯、恐慌、困惑等消极情绪。要克服这些不良的情绪，需要一定的意志努力。

（4）遵守纪律、规则的意志努力。体育运动中的游戏规则就是纪律、常规；比赛中的规则要求就是比赛的有力保证，这就要求学生在学习、训练、比赛中，必须约束自己的言行，而约束的过程本身需要意志的努力。

3. **体育学习中培养意志品质的策略与方法**

（1）培养学生克服困难的决心。决心与决定密切联系，决心是决定的内在基础，决定是决心的外部表现下决心主要表现在两个方面：一是确定行动的目的；二是选择达到目的的行动的方式和方法。下决心不是轻而一举，首先展开动机冲突，通过反复的比较与认真权衡，动机冲突解决之后才会表现出偌大的决心。下决心要符合实际，盲目地下决心，决心再大也无济于事。

（2）落实决心的方法。决心是一种精神力量，必须使其物化，即落实，才能发挥出应有的作用。首先是落实计划；其次是落实行动。无计划的决心是空谈，无行动的计划是"一纸空文"，行动的落实必须要持之以恒，否则决心也只能束之高阁。

（3）培养学生克服困难的信心。信心的组成就是建立在自我信任和相互信任的基础上，彼此协作、互相联系、互相配合，才能很好地完成工作、任务。一个具有自信心的人，一般都会表现出以下几点特征：① 目标切合实际；② 对自己的能力有比较准确的估计；③ 喜欢完成有一定难度的工作；④ 有更高的抱负水平；⑤ 具有谦逊的品质。

（4）影响信心发展与变化的因素。一个人的信心发展不是一成不变的，他受到活动结果、他人态度和自我评价等因素的影响。活动的结果可以归结为成功与失败两个方面。成功可以增强信心，而失败的结果则会导致自信心的削弱，甚至会完全丧失自信心。心理学的研究证明，一个人的自信心与他的成功率成正比，成功越多，期望越高，自信心越强；反之，失败越多，期望越低，自信心越弱。这是体育教学中，非常值得注意的问题。

他人态度：是指别人对自己的期望水平和信任程度。凡是他人对自己的期望大，信任程度高，则会加强其自信心。反之，自信心削弱。

自我评价：一个人对自己的德才评价要适当，就会提高自信心。如不适当，就会产生两种偏向：一是自命不凡，对自己过高评价。二是自轻自贱对自己评价太低。这两种情况都会使自信心削弱。

（5）树立信心的方法。善于维持和保护他们原有的自信心，不断为学生创设新的起点，使他们在取得新成功的基础上增加自信心。对成绩较差的同学，要倍加关心，努力创设更多的机会和条件帮助他们成功，还要善于发现闪光点，要对他们的进步给予及时的反馈。

要信任每一个学生，相信他们都具有一定的自制能力，使他们充满自信地去学习。

根据自己的实际情况及时调整期望值，分析当前水平位置，适当提出自己的期望，最终目的是增强学生自信。

4. 培养学生克服困难的恒心

(1) 影响恒心发展与变化的因素：

1) 充沛的精力与坚忍不拔的毅力 是恒心稳定不可缺少的主观条件。

2) 坚定的信念与远大理想，使恒心保持稳定，以及力量极其重要的心理因素。

3) 现实社会与自我的需要，提高恒心水平必不可少的客观条件。

(2) 树立恒心的方法。在困境中要看到光明的前景，克服困难始终如一；抓好决心和信心两个环节，彼此促进；利用恒心的迁移规律，"爱屋及乌"，由能力迁移而实现恒心的迁移。

第四节　体育运动与社会适应

一、运动学习中的人际关系

1. 人际关系的本质

人在成长过程中，无论是成功还是失败，无论是幸福还是痛苦，都与人际交往分不开的。没有交往和关系，就没有人生，就没有一切。交往及由此建立的人际关系是生活的基础。心理学家的研究和社会实践表明，对于任何一个人来说，正常的人际交往和良好的人际关系是其心理获得发展、个性保持健康、生活具有幸福感的重要前提。对大学生这一年龄段来说，交往的意义更为突出。

人们在共同的实践活动和精神活动中彼此建立起的关系，称为社会关系。社会关系包括的内容很广泛，其中有政治、法律、道德、宗教、心理等关系。人际关系是社会关系中的重要组成部分，它最大的特点是具有情感基础，也就是说，人际关系是人们相互间产生一定情感的基础上出现和形成的。例如：教师与学生、教练与队员之间，由于共同的运动目的而结成的关系，具体表现在彼此是否感情融洽，相互喜欢还是厌恶，对别人的影响易于接受还是无动于衷，相互间积极交流还是彼此国隔绝。

体育运动的职业特点和工作环境，就是强调的是集体主义，参加运动的过程就是与他人紧密合作和配合的过程。事业走向成功的时候，功劳归集体；关键时刻又靠个人的力量完成动作，事业走向失败的时候，主要责任在个人。运动员的所有个人成败都面向公众。在一个集体中，人际关系是否协调，心理气氛是否融洽，直接关系到这个班级或代表队团结（内聚力的强弱），也关系的成员们的"士气"（既成员们为集体荣誉而奋力拼搏的态度与决心），并影响到集体的效能（教学、训练和比赛的成绩），和存在前景（集体有无良好的发展前途）。人际关系对社会关系中的其它关系，如同事关系、同志关系、亲属与夫妻关系，都起着重要影响作用。

人际关系的本质是社会关系的一种成分，是在感情基础上产生的，它对集体和社会中的其他关系都有重要影响。不断协调个人、集体中的人际关系，形成良好的心理气氛，是提高集体效能，和个人事业成功的重要因素。

研究表明：在有 30～40 个人的运动群体中，最有威信、最受欢迎的大约占 10％，最受拥戴是运动能力较强的人，其原因主要有以下几点：

（1）善于交际，这是以对他人的关怀和了解、真诚和坦率为基础的。

（2）具有丰富的知识，教高的专业技能，并愿意传授他人、帮助他人。

（3）在学习态度、工作价值以及社会背景等方面都堪为楷模。

（4）个人体魄健壮，仪表、风度都是成为获得好感因素。

那些在群体中被孤立、不受欢迎的主要原因有：

（1）学习、训练、比赛成绩不好，而又不努力。

（2）对自己、他人、集体的成功与失败漠不关心，无动于衷的人。

（3）对人际交往不感兴趣，回避与人交往，有较强自卑感，以及典型性格内向的人。

（4）自私自利，以我为中心，过高估计自己能力和地位，对他人不尊重。

（5）行为举止不稳重，思想浮浅，喜欢夸夸其谈，或背后蜚短流长，拨弄是非。

2. 人际关系的测量

人际关系的测量如表 8-4 所示。

美国社会心理学家莫雷诺（J. L. Moreno）在 20 世纪 30 年代所制定的社会测量法，是研究人际关系广为采用的一种方法。其目的在于 揭示一个群体队员之间"好感"与"反感"的情感关系系统。让每一个成员，按照规定目标，通过"你愿意和谁在一组或一队"，"你愿意和谁一起锻炼和训练"；"你愿意和谁住在一个宿舍"等之类的问题，使被测试者对所在群体中的全体成员进行一定的选择，并将结果填在"社会测量矩阵"表 8-4 中，从而了解每个成员在人际关系系统中所处的地位，便于在教学与训练中，引导、教育、培养个人的人际关系和集体的凝聚力，以增强集体的效能。

表 8-4　社会测量矩阵

队员姓名 编号	3	4	5	6	7	8	9	10	11	12	13	14
3		☆		☆						△		
4	☆		☆	☆								
5		☆			△				△			
6	☆	☆										
7		△									△	
8		△					☆	☆				
9			△			☆						
10			△			☆			☆			
11				△				☆				
12		△										
13									△			☆
14			△							☆		

注:"△"表示单向选择;"☆"表示双向选择。

值得注意的是:社会测量法作为研究群体成员之间情感关系发展水平的一种,只能揭示人际关系的表面现象,并不全面,因此,对测量结果分析评价时要持审慎态度。

二、运动中的攻击性行为

(一)攻击行为与体育道德

体育运动对人的道德品质的形成有着积极和消极的影响两个方面,一方面,在运动中能够培养公平竞争、诚实、写作、自我控制等良好的道德品质;另一方面,体育运动也还与欺骗、攻击行为和对手的不尊重等种种不道德的行为 联系在一起。道德是社会行为规范的总和,它的作用主要在于能有效地解决人际间的冲突,发展人际间良好的关系。判断个体道德的主要依据是,视其行为是否符合社会行为规范以及人际之间合理的契约。

攻击性行为是一种不道德行为。它会造成惨重的人身伤害和财产损失,以及不良的社会影响,它有悖于体育道德和体育的宗旨,运动员、教练员、观众的攻击性行为是运动团体相互作用的一个方面,无论职业比赛还是业余比赛，随着竞争的激烈与功利欲望的驱使，运动场上的攻击性行为越来越多。

1. 攻击性行为的定义

社会心理学家一般将攻击或侵犯定义为，有目的地伤害另一方生命体的行为。包含以下几层含义：

（1）它是有目的的行为：即攻击者有一种伤害某一对象的意向，并期望受攻击的一方受到伤害。伤害可以是身体上的，也可使心理上的。

（2）攻击性行为包括言语活动与身体行动：前者主要是通过语言对他人进行人身攻击，或者是使用身体某些部位（手、脚）以及利用武器对他人进行攻击。

（3）攻击性行为以外显行为为标志：开口骂人属于攻击性行为；内心暗自诅咒他人不属于攻击性行为。

（4）攻击总是指向有生命的对象：打人、骂人、踢小动物属于攻击性行为；但踢桌子、摔东西不属于攻击性行为。

（5）攻击性行为既可指向他人，也可指向自己；前者被称为外部惩罚行为，后者被称为内部惩罚行为。例如，自我损害行为，其极端特点就是自杀。

2. 攻击性行为的分类

在体育运动中，攻击性行为可从敌意性攻击和工具性攻击、特质性攻击和状态性攻击两个维度进行区分。

（1）敌意性攻击和工具性攻击是可以借助攻击者的情绪反应来判定的。

敌意性攻击是指由攻击者的愤怒而产生的、具有使人受伤害的意图、引起他人痛苦的攻击性行为，它对自己行为后果是已知的，其目标是报复性的。工具性攻击是指由期望得到奖赏所引起的，有伤害意图，但目的不是对方受到身心痛苦，目的是获得荣誉或金钱，攻击者一般没有愤怒情绪。

（2）特质性攻击和状态性攻击是根据个体人格（个性）特点的不同来区分。借助人格问卷和有关攻击性问卷能测出这两种攻击性倾向。

特质性攻击是指个体具有攻击性的性格，状态性攻击是指一种暂时的攻击性行为状态。具有特质性攻击的人，更容易产生状态性攻击。

（二）影响运动攻击性行为的内外部因素

1. 个体内部的因素

在运动竞赛中，运动员的身体常常处于一种高度兴奋的唤醒状态。由于运动竞赛情境的刺激，运动员的身体机能状态比平常更活跃起来，如果这时候再加上愤怒情绪的话，就很容易产生攻击性行为。当一个人发生攻击性行为的时候，生理上的唤醒必定很高。但很高的唤醒，未必一定会发生攻击性行为。唤醒只是一种攻击的准备状态，但不可以把唤醒和攻击性行为看成是必然的关系。唤醒升高的人只有在有某种挫折感或攻击性刺激的情境中才会作出攻击性反应。研究表明，在唤醒水平较高的状态下，容易发生敌意性的攻击性行为。美式橄榄球项目的运动员，攻击性也是最高的。例如，篮球、足球运动员比棒球运动员更多地引起攻击性行为。

2. 个体外部的因素

在关于体育运动中攻击性行为的研究中，与内部因素相比，人们关注较多的是外部因素的影响。

（1）环境的温度。环境温度与攻击性行为之间存在一定的关系。至于这种关系是否为线性关系则存在一定的争议。持线性关系者认为，温度越高，运动员的攻击性越强。人们通过观察发现，运动攻击性行为常常发生在闷热潮湿、烟雾弥漫，且通气不良的球场环境条件下。

太高或太低的温度使攻击性行为发生的可能性均很低，这是因为这两种情况难以使人体产生攻击所需要的唤醒水平。只有在适当的温度条件下才能引起人们的攻击性欲望。

（2）噪音。在实验条件下的研究发现，噪音可以直接引起人们的攻击欲望。但到目前为止，还没有研究发现噪音是产生运动性攻击的原因。然而，巨大的噪音可以使人的唤醒水平提高，易发生攻击性行为。

（3）拥挤的人群。拥挤的人群和气温、噪音一样，都是助长攻击性行为的因素。拥挤的观众最主要的影响是造成球队心理压力的增大，倘若这时又存在着敌对性的情绪，便很可能诱发攻击性行为。

（4）对对方意图的感知。如果运动员主观上感到对手企图伤害他，会更倾向于"以牙还牙"，主动采取攻击行为。

（5）害怕报复。在某种程度上，担心遭到对手报复的运动员更可能会阻止自己主动采取攻击行动。

（6）比赛的结构：

1）比分差距。随着比赛的分差距的拉大，（落后方）更具有攻击性的惩罚就会发生。

2）主场比赛或客场比赛。主队或客队的攻击性行为可能取决于攻击的性质和比赛的项目。

3）比赛的结果。当场上出现比分一面倒，有一方是失败无疑时，通常负方表现出攻击性行为的概率远远超出胜队一方。

4）联赛排名。球队排名越靠后，该队球员更易表现攻击性行为。

（三）降低攻击性行为的有效方法

体育运动中的攻击性能够被避免或是减少到最小程度，必须从运动员和观众两个方面来考虑。

（1）必须为年轻的运动员提供非攻击性的角色榜样。运动的高尚性的高技能是与自我抑制以及有相应的成绩的正确行为相关的。

（2）运动员必须对自己的行为负责，形成自我控制的策略，这样唤醒水平不至于激起得太高。对于运动员不合法的攻击性行为一定要予以惩罚，对这类运动员的惩罚必须超过其从攻击性行为中得到的好处。

（3）在教练员的教练计划中，要强调必须消除攻击性行为，并教会运动员攻击性行为的策略。对于允许甚至鼓励运动员采取暴力行为的教练员必须受到处罚。

（4）应该消除那些在比赛场上可能激起敌意性攻击的外部刺激，教会运动员控制或对付敌意性攻击性行为的策略和应对技巧。

（5）应当鼓励那些具有自我控制能力、能够承受得了惩罚性打击或不予报复而继续参加比赛的运动员。

（6）教练员与运动员要学会尊重对手，要鼓励他们在赛前和赛后与对手多相互交往、增进友谊。这有助于消除他们在比赛中出现的敌对感。

（7）体育部门的领导、教练员和运动员一起建立一套非攻击性行为的章程，并通过大众媒体将这个章程广为宣传。

（8）对于降低观众攻击性行为的方法，主要以密切监控潜在的闹事者为主。应查出有暴力和斗殴史的观众并禁止其进入比赛赛场；比赛中应限制酒类产品的销售和饮用；要教育观众，使他们认识到运动不是搏斗，而是促进身心健康和做出成就的重要事件；新闻媒体不应过度渲染比赛场上的攻击性行为。

三、体育活动中的群体凝聚心理

（一）运动群体内的心理相容性

运动群体是指一群人在同一规范与运动目标的指引下协同活动的一个组合体。组成群体的各个成员意识到其他成员存在与他们发生相互影响，建立起相互依存的关系与情感。群体的概念不是简单的聚集，其必须要求群体内的若干个体，在意识和行为上相互联系或影响，有一个共同的行为目标，遵守统一的行为规范。这也是维系群体生存的必要条件。

运动群体分教学群体和友伴群体，他们的突出特点就是强调知行的统一，思维活动和身体练习紧密结合，以小团体的形式，个体与个体、个体与团体在学习和运动过程中完成协作和对抗。并且性格相似或互补，在情绪上互相感染，相互认可或支持；具有很强的凝聚力，同时存在着排他性；对自然产生的领导言听计从，每一个人对团体都有一定程度的归属感。我们也可称它为内聚力。

一个运动群体能是否能长期存在下去，使群体内的每一个成员在情绪上，享有共同情感，相互满足心理需要，并能有效地行使它的职能，在学习、训练和比赛中取得优异成绩。运动群体内的心理相容性与内聚力是两个决定因素。

心理相容性反映出群体内人际关系的融洽程度。心理相容、关系融洽才能同心协力、同舟共济；否则，心理相容性低、关系紧张会影响运动群体在学习、训练和比赛中的效能。在体育运动中，运动群体内的成员，心理相容能力的高低，可用人际关系的社会测量法来测定。在有 12 名成员的群体中，有 6 人以上相互选择，则心理相容性较高，低于 6 人相互选择，则心理相容性较低。国外有许多人研究了运动群体内的心理相容性与运动成绩的关系成正比，结果表明，在集体项目中（篮、排、足），运动员之间心理相容性与良好的运动成绩呈正相关；而在个人项目和小集体项目中（射击、田径），相关系数则低。

（二）运动群体内的内聚力

与运动群体内的心理相容性密切相关的另一重要因素是群体的内聚力，内聚力这一概念最早由勒温提出并加以研究，费斯丁格将它明确定义为"是群体成员留在群体内对他们施加影响的全部力量的总和"。这里所说的"全部力量"是指群体对成员的吸引力。

日本学者丹羽等人，将体育运动群体的内聚力概括为 5 种吸引力：

（1）群体内人际关系的相互吸引力。

（2）群体所进行活动的吸引力。

（3）成员实现个人的吸引力。

（4）群体威信的吸引力。

（5）群体的目标和课题的吸引力。

心理相容性是群体内聚力的基础。心理相容性使群体能够执行自己的职能，使群体的组成得以实现；而内聚力则将群体关系的发展达到一种特殊水平，使全体成员最大限度的为集体的共同目标而奋斗，分担群体价值。

群体发展的水平就是内聚力发展的水平。大体分为 3 种水平：

（1）初级水平，内聚力表现为情感接触的发展。

（2）中级水平，群体内的团结进一步加强，成员们的共同活动与群体的基本价值系统相吻合。即遵从与群体的基本原则。

（3）高级水平，全体成员分担群体活动的共同目的，向更高的水平统一。

社会测量法用"群体内聚力指数"来表示内聚力发展水平。内聚力指数等于成员间相互正面选择的总数与可能选择的数量之比。指数愈接近"1"，表明群体的内聚力愈强。

在运动群体中，特别是基层运动队中，如何提高运动群体内的相容性和内聚力，是管理者应当认真研究的重要问题。

四、体育活动中的领导行为

（一）社团领导在运动群体中的领导作用

校园体育社团中的运动群体，无论规模大小，领导者在其中都起着极其重要的角色。他在行使职能，协调群体内的人际关系，增进心理相容，提高内聚力方面都居于主导地位。从管理心理学的角度，应区别领导与领导者的概念：领导是引导和影响个人和组织在一定条件下实现某中目标的行动过程。除了进行专门的技能、技巧、战术、素质和心理的训练，还要在各个方面以身作则，成为表率，为运动队负起全部责任。其先决条件必须具有决策权和权威性，领导的功能与作用包括有四个方面：决策功能、组织功能、沟通功能、激励功能。

（二）体育社团领导的素养

（1）素质与魅力。以高尚的人格来影响运动员，并且要具备强烈的事业心、进取心、责任感、严以律己，在人格上取得运动员的充分信任，才能有效地实施领导职能和管理角色。

（2）高超的管理能力。主要表现在卓越的管理才能，使自己的团队人人对自身潜能挖掘达到极致。

（3）领导方式。团体动力学的创始人德国心理学家勒温（1890－1947年）在实验研究的基础上，根据行使权利和发挥影响的方式不同，将领导者分为 3 类：

1）专制式领导——主要依靠领导者的个人的能力、经验、知识、胆略来指导团体或组织的活动。大多数独断专行。

2）民主式领导——以平等主义思想为指导，尊重成员的不同能力及资力，领导者以人格感召为主，使属下由衷地追随和接受领导。

3）放任式领导——采取无为而治的态度，一切活动由下属成员自己摸索，团体或组织的方针和决策也由下属自行决，除了成员要求外，一般情况下领导对工作不提意见，对工作成果也不加评论。在这种情况下，成员士气不高，工作效率也低。

在实际工作情景中，三种极端的领导方式并不常见，大量的领导者往往处于两种极端类型之间的混合型。领导者的基本功能是组织功能和激励功能。实现组织和激励功能的过程就是领导行为，激励能力的强弱，直接关系到领导的行为效能。

（4）情趣特点。包括有主动精神、易于接近、幽默感、热情、自信、友好态度等。在团队中表现出强烈的献身精神、正确的自我意识、卓越的管理才能、良好的性格特点。

第九章　康复保健体育

第一节　康复保健体育概述

康复和保健是两个不同意义的概念。康复是指人的机体在患疾后治疗、恢复健康的过程；而保健则是指人的机体在正常状态下为增进健康、防治疾病所采取的医疗预防和卫生防疫措施。

原国家教育委员会文件教体〔1992〕11号《全国普通高等学校体育课程教学指导纲要》中第5条指出："应有针对性地组织康复、保健体育教学"，将康复保健体育列入体育教学计划之中。10年之后，国家教育部教体艺〔2002〕13号文件重新颁布的《全国普通高等学校体育课程教学指导纲要》中第10条指出："对部分身体异常和病、残、弱及个别高龄等特殊群体的学生，开设以康复、保健为主的体育课程"，进一步明确了康复保健体育课的对象。

继国家教育部2002年规定了报考普通高等学校的考生不受年龄限制之后，2003年北京大学、北京航空航天大学等全国著名重点大学向社会公布了只要考生达到本校在当地高考录取分数线的残疾学生可以实现"无障碍录取"的消息，为我国普通高等学校招生制度注入了新的生机。残疾学生"无障碍录取"制度的实践，为这些弱势群体进入大学校园、接受高等教育、享受人权提供了前所未有的机会，同时，也为大学的康复保健体育教学提出了新的挑战和发展机遇。

康复保健体育教学的目的是以新的《全国普通高等学校体育课程教学指导纲要》为依据，以学校部分身体异常和病、残、弱及个别高龄等特殊群体的学生为教育对象，通过采用一些不同的体育锻炼处方，使这些群体中的个体机能得以改善，结构得以矫正，心理得以陶冶，体格得以增强，健康水平得以提高，为顺利完成学业起到保驾护航的作用，也为今后步入社会，掌握一二种康复保健手段达到终身受益的目的。

康复保健体育教学的任务是：传授康复保健体育知识，克服自卑心理，理性对待人生过程，树立自立、自强、奋斗不息的精神，完成营造健康心理、塑造强健体魄的任务。

第二节　康复保健体育的分类与运动处方

康复保健体育可分为畸型者的康复保健、传染病患者的康复保健、精神病患者的康复保健、运动性疾病的预防与保健、运动性损伤的预防与保健等（本节主要介绍前 3 类）。

一、畸型者的康复保健

畸型泛指生物的整个机体或某一部分发育异常，本节主要简介肥胖症和瘦弱症的康复保健问题。

（一）肥胖症

人体内脂肪堆积量大于身体重量的正常比例，影响人日常生活、学习、运动的效果，即视为肥胖。

1. 肥胖症的成因

医学界普遍认为诱发肥胖的原因主要是由先天遗传和后天环境所为。资料显示，父母亲都是正常体重的后代，其肥胖的发生率只有 7%～8%，反之，其发生率就会升至 40%，由此可见遗传因素的作用。除此之外，后天环境的影响不可轻视，如肥胖与地域（城市大于农村）、饮食结构（喜欢甜食面食者居多）、心理（心情平稳者居多）、运动状态（缺乏锻炼者偏多）、社会（发达国家多于发展中国家）、嗜睡等诸多因素有关。归根结底导致肥胖症的直接表现是脂肪储存大于消耗。

2. 肥胖症的分类

肥胖是指脂肪堆积的问题，而非体重，体重和脂肪不是同一概念，不能混淆。当然肥胖者总是超重者，但超重者就不一定是脂肪过多，因为肌肉发达的人也可能是一超重者，但他超重的是肌肉并非脂肪，体重仅是判断肥胖的参数之一。不同性别、年龄的人体内脂肪约占体重的比例如表 9-1 所示。

表 9 - 1 正常人体脂肪比例

年龄/岁	人体脂肪比例	
	男　性	女　性
18～19	15%～18%	20%～25%
20～29	21.6%	25%
30～39	22.4%	24.8%
40～49	23.4%	26.1%
50～59	24.1%	29.3%
60 以上	23.1%	28.3%

从表 9 - 1 可以看出，人体随着年龄的增长，体内脂肪含量逐渐增大，60 岁以上却开始下降，女性脂肪含量大于男性。

按体重将肥胖症的分类，如表 9 - 2 所示。

表 9 - 2 按体重分类

类　别	超过标准体重的比例
轻　度	24%～25%
中　度	35%～49%
重　度	50%以上

成年男子标准体重（kg）＝身高（cm）－100

成年女子标准体重（kg）＝身高（cm）－105

按肥胖产生的原因分类如表 9 - 3 所示。

表 9 - 3 按产生原因分类

类　别	产　生　原　因
先天性	遗传因素较少受后天因素干扰
后天性	情绪波动时，食量大于日常，有以生理性暂时满足来释放紧张或孤独的心理
发展性	终生都是肥胖者

按肥胖产生的生理阶段分类如表 9 - 4 所示。

表 9 - 4　按生理阶段分类

类　别	生理阶段
青少年肥胖	少年或青春期即成肥胖
成人肥胖	青春发育期后才开始肥胖

另外，门德尔索（Mendelso）根据情绪稳定性的复杂心理因素设计了一个肥胖连续统一体。处于最低位置的是情绪稳定的肥胖者，他们约占肥胖者的 20%～25%；处于中间位置的肥胖者，常随情绪的波动而改变其饮食量，过量的饮食往往出现在机体处于某种应急状态的时候；处于最高位置的肥胖者是那些饮食紊乱者，他们终日与饮食为伴，不顾机体的需求关系，以吃为快。

3. 肥胖症者的康复保健处方

（1）正确的目的性。减肥的真正意义在于追求人生健康，享受美好人生，美化社会环境，造福于人类。男性向往阳刚之气，女性渴望婀娜多姿之美。

（2）循序渐进。锻炼时间由短到长，运动负荷由弱到强。每周锻炼 3～5 次，每次坚持 1 h 左右，运动心率保持 130～150 次/min。项目的选择以改善心血管系统功能为主，如长跑、游泳、登山、健美操等。

（3）锻炼与节食并重。健身专家认为：只有节食同体育锻炼有机结合起来，才能产生最佳减肥效果。要想成功瘦身，避免"反弹"，就要"管好自己的嘴，多动自己的腿"，健康的饮食卫生方式和终身锻炼习惯，是减肥成功的秘诀，三天打鱼，两天晒网是减肥的最大忌讳。

（4）持之以恒。肥胖不是一口吃成的，同样减肥也不能一练而蹴。所以，减肥是一种"慢功"，不可操之过急。美国莫尔豪斯博士认为，体重每周减轻 1 磅（1 磅 = 0.4356 kg）以上等于"自杀"、剥肉，有百害而无一利。

4. 小结

无节制的饮食和缺乏科学的锻炼被认为是肥胖症的直接原因，因此，合理的饮食习惯与饮食结构和有效的、持之以恒的体育锻炼是最为理想的减肥办法。

（二）瘦弱症

人体内的肌肉、脂肪含量过低，体重低于标准体重 20% 以上，体质差，抵抗力低，易疲劳，易患病，影响人正常生活、学习和运动效果，即被视为瘦弱症患者。

1. 瘦弱症的成因

（1）遗传因素。俗话说"母瘦瘦一群，父瘦瘦一个"，虽然他们没有器质性病变，但家族成员中瘦的遗传基因在他们体态中表现明显。其体型多为瘦小型和瘦长型，表现为面黄肌瘦，颈细脖长，肩窄胸平，易伤风感冒。

（2）客观因素。由慢性病及器质性病变所引发的，如消化性疾病、胃肠道疾病、贫血等，造成营养的摄取量小于消耗量。同时，贫困也是不可忽视的因素之一。

（3）心理因素。情绪变化无常，易怒，易激动，生活起居无规律，精神过度疲劳，睡眠不足，积劳成瘦。

2. 瘦弱症的分类

瘦弱症按体重分类如表 9-5 所示。

表 9-5　按体重分类

类　别	低于正常体重的比例
低　度	15%～25%
中　度	26%～40%
重　度	40%以上

3. 瘦弱症的康复保健处方

（1）建立人体美学观。肥胖症因体态臃肿而失去美，同样瘦弱症者因体态过于"轻便"而缺少美，要崇尚人体丰满而不累赘，瘦而不单薄的健身健美理念。

（2）健康的饮食习惯。克服偏食、挑食的不良饮食习惯，保证合理的饮食结构，养成"早吃饱，午吃好，晚吃少"的健康进食规律，满足人体营养存量的增值，为瘦转壮提供物质保证。

（3）持之以恒。"一口吃不成胖子"，同理，一朝一夕练不出体态丰满者。体育锻炼虽能改善人体生理机能，改变人体形态，增强体质，但非一日之功，唯有契而不舍，持之以恒，才能见效。

（4）消化道疾病、不良的饮食习惯和睡眠不足是造成瘦弱症的主要原因，因此，应加强体育锻炼，改善人体生理机能，调节内分泌，提高胃肠的消化吸收功能。

4. 小结

保持合理的饮食习惯和充足的睡眠时间及持之以恒的体育锻炼，是改变瘦弱症的有效途径。体育锻炼以全身性运动为主，项目选择以健美、跑步、球类运动为主。

二、传染疾病的康复保健

传染病是由病原微生物引起的能在人群中传染、流行的疾病。由于大学校园内学生密度大且群居生活，传染病极易传播、流行，严重危害学生人群的健康。因此，了解传染病的发生规律，掌握传染病的预防、治疗和康复保健知识，尤显重要。

（一）病毒性肝炎

病毒性肝炎是指由肝炎病毒引起的一组传染病。按病毒性质可分为甲、乙、丙、丁、戊型。属法定乙类传染病，具有传染性强、传播途径复杂、流行面广和发病率高 4 大特点。病毒性肝炎按临床症状可分为急性、慢性、瘀胆型及重症型肝炎 4 类。下面仅介绍慢性肝炎的康复保健知识。

（1）慢性肝炎的成因。多为乙型肝炎在急性期未能很好休息和治疗，或因自身免疫力降低而迁延为慢性。

（2）临床症状。慢性肝炎一般表现为全身乏力，食欲减退，厌食油腻，腹胀，肝区不适等。

（3）体育锻炼对慢性肝炎患者康复保健的意义。治疗慢性肝炎是目前世界卫生组织颇为棘手的难题，治疗效果差，治愈过程漫长。医疗专家一般认为，治疗原则以休息、合理营养为主，辅之以适当的药物和必要的体育锻炼，禁止饮酒和有损害肝脏的药物。实践证明，慢性肝炎患者若长期休息，并不一定能促进病情好转，这是因为长期休息（甚至完全卧床休息）缺乏必要的运动，血液循环和胃肠蠕动的速度变慢，内脏器官的淤血增多，这不仅降低消化吸收功能，造成肝脏的实质性损伤，也会导致患者精神萎靡、情绪抑郁。而适当的体育锻炼，不仅可以提高患者中枢神经系统的张力，改善皮层和植物神经系统对肝脏的调节功能，增强身体的抵抗和免疫能力，活跃肝脏血液循环，改善肝细胞的营养，有助于肝功能的恢复等，而且能够减轻慢性肝炎患者所常有的神经官能性症状（如神经过敏、失眠、情绪低落等）。国外运动医学专家曾对慢性肝炎患者进行功率自行车锻炼的实验（每日两次，每次 10～20 min），7 d 后发现：患者精神愉悦，心情舒畅，血清胆红素和转氨酶明显下降。

（4）慢性肝炎患者的康复保健处方：

1）锻炼适度。肝炎患者体质差、易疲劳，每周锻炼 2～3 次，每次锻炼时间控制在 20 min 左右，运动负荷心率控制在 100 次/min 左右为宜，以不感到疲劳为准。

2）项目选择。患者一般可选择散步、徒手操、打太极拳、太极剑等项目为宜。

3）保持良好的心理状态。抑郁的心情，可引起生理机能的改变，易导致内分泌紊乱，加重病症。故肝炎患者保持良好心理、愉乐的情绪、乐观向上的精神极为重要。

4）定期检查。遵照医嘱定期检查，根据检查结果拟定处方。当病变处于活动期时（低热、疲怠、食欲不振、恶心、肝区疼痛、血清转氨酶高等）应停止锻炼。

（5）小结。慢性肝炎较为难治，有病来如山倒，病去如抽丝之说。故患者应：① 坚持长期治疗；② 合理的营养；③ 适度的锻炼；④ 良好的心理；⑤ 充足的休息。

（二）非典型肺炎（简称 SARS）

非典型肺炎是与由细菌引起的所谓典型肺炎不同的一种肺炎。相对于典型的大叶性肺炎而言，病因尚未完全明确时，因其表现不够典型亦称非典型肺炎。世界卫生组织将传染性非典型肺炎称为严重性呼吸综合症（Severe Acute Respiratory Syndrome），简称 SARS。非典性肺炎现在主要指由支原体、依原体、军团菌、立克次体、腺病毒以及其他一些不明微生物引起的急性呼吸道感染伴肺炎。这些病原体亦称非典型病原体，"非典"的主要病原体是变种的冠状病毒。它是一种呼吸道急性传染病，在家庭、医院和学生宿舍有聚集感染现象。2003 年初非典型肺炎先后在我国广州、北京、山西、内蒙古等地发生，曾引起当地民众和全国其他地方人们一阵恐慌，谈"非典"色变。此间，"非典"被我国卫生部确定为法定传染病，随之党和政府采取了积极果断的预防、治疗措施，一场全民的抗"非典"攻坚战取得了初步胜利。

（1）SARS 的临床表现。SARS 患者主要表现为发热、头痛和全身酸痛、乏力、干咳、少痰，部分病人有气促等呼吸困难症状，少数进展为呼吸窘迫综合症，早期白细胞数正常或降低，肺部影像学显示肺炎改变。

（2）SARS 的传染途径及易感染人群。冠状病毒此前未在人体中出现过，因此人体对此病毒没有免疫能力，故极易传染。

SARS 病毒主要通过空气飞沫传染，另外，接触患者分泌物或接触其污染的物体，然后通过眼、口、鼻亦会感染。SARS 在潜伏期已具有传染性。SARS 病毒在空气中存活约 3～6 h。

SARS 病毒易感染人群为肌体免疫力低下的老人、妇女、儿童、与病人密切接触的人员和医护人员。

（3）SARS 的预防。卫生防疫专家从预防、饮食、居室、出现相关病症等方面建议如下：① 大学生要注意个人卫生，培养健康的生活习惯，保持学习文具、书本的清洁。② 教室、实验室、宿舍保持经常性通风，勤打扫，勤消毒，勤晒被褥，勤洗手。③ 通过食物传播 SARS 病毒目前还没有证据，但接触病人的呼吸道分泌物是可以传染的，所以聚餐时一律使用公用餐具或分餐制。④ 出现"非典"相关病症时，要及时就医，滞留医院观察；打喷嚏和咳嗽时用纸巾遮挡，防止飞沫扩散；减少和同学、家人接触。

（4）预防 SARS 的保健运动处方。呼吸专家指出：预防"非典"最根本、最有效的方法是强身健体，增强自身免疫力，提高抵抗力。坚持经常性的体育锻炼是健康生活的基础，故健身专家开出以下运动处方。

1）适宜的体育锻炼。根据自己的年龄、体质状态，确定适宜的运动负荷。一般人每周锻炼 3～5 次，每次 30～60 min，负荷心率控制在 130～150 次/min。年龄大、体质弱的锻炼次数可少，时间可短些，心率负荷可小些。

2）环境选择。由于"非典"以空气、飞沫传染为主，故宜选择无污染源、地势开阔、空气流通的场所。避免到人群集聚的地方去，如影剧院、超市、歌舞厅等。

3）项目选择。以参加人数不多的项目为宜，如跑步、打太极拳、爬山等。以提高心肺功能的项目为主，如长跑、游泳、吹起飘落的气球、吹动床上的小球等。

4）养成健康的呼吸习惯。无论是白天的学习或是晚上的睡眠都要养成鼻吸、鼻呼或鼻吸、口呼的正确呼吸方法，形成在不同工作状况下的"深吸长呼"或"快吸快呼"的健康呼吸习惯，提高呼吸系统机能。

（5）小结。SARS 目前虽尚未被人类完全解谜，但"非典"可防、可治、可愈，已是不争的事实。患了 SARS 即应早隔离，早治疗。一是树立必胜信念，保持良好的心理，既不恐病，也不轻病，在心理首先战胜它。二是积极参加体育锻炼和保证合理的饮食结构，增强体质，提高自身免疫力和对病毒的抵抗力。三是积极配合医护人员治疗，争取早日康复出院。

三、 精神疾病的康复保健

精神疾病是指在各种生物学、心理学以及社会环境因素的影响下，大脑机能活动发生紊乱，导致认识、情感、意志和行为等精神活动不同障碍的疾病。

21世纪的大学生学习生活的社会环境比过去复杂得多，耳闻目睹到许多不同、甚至相矛盾、冲突的东西，他们心中的困惑、疑虑较过去要大得多。特别是在社会的转型期和变革期，承受比同龄人更大的学习压力、经济压力、择业压力，面对这些复杂多变的因素，难免产生一些不良的心理障碍或精神疾病，如神经衰弱、抑郁症、疑病症、无聊症等。这些都需要认真对待解决，否则，对大学生的成长极为不利。

1. 神经衰弱

神经衰弱是以神经机能易兴奋、易疲劳，并伴有神经功能紊乱的一种神经症。

（1）神经衰弱症的成因。神经衰弱症是由心理压力过重，过度疲劳，生活不规律，自控力差，意志脆弱和性格内向或患各种躯体疾病而引起的。

（2）临床表现。发病缓慢，主观症状多，客观症状少。其神经症状为睡眠障碍，如：入睡难，多梦，易醒，醒后乏力；注意力涣散，记忆力减退，反应迟钝；情绪烦躁，焦虑，易怒。躯体症状为怕声畏光；植物神经功能紊乱表现为心慌，食饮减退，腹胀，便秘或腹泻。个别患者有尿频、遗精、月经紊乱等症状。

（3）神经衰弱的康复保健处方。体育锻炼可以改善大脑皮层兴奋抑制过程的灵活性，提高神经系统的功能，加速神经衰弱者康复。同时还能分散、转移患者对疾病的忧虑和对学习焦虑的注意力，缓解或消除患者的烦躁不安等情绪，故美国著名心脏病学家怀特说："运动是世界上最好的安定剂。"对该类患者，应做到以下几点：

1）保持乐观情绪，树立必胜信念。神经衰弱以心理治疗为主，辅以药物和体育锻炼，只要长期不懈地坚持，就能取得明显效果。

2）广交知己，改变内向性格。课余饭后，勿独行独往，应与同学、朋友多交流、多沟通。参加体育锻炼也应以集体项目为主，如体育舞蹈、健美操、球类运动等，融入大家的怀抱之中，享受运动乐趣，改善不良心理环境。

3）合理安排学习、生活、体育锻炼的时间，养成健康的生活方式。

4）必要时寻求心理教师的帮助。

2. 抑郁症

抑郁症是指以情绪抑郁，持久性心境低落为特征的神经症。

（1）抑郁症的成因。多愁善感，内向闭锁及依赖别人的个性是发病的基础诱因。

（2）临床表现。情绪低落，对周围的人或事麻木不仁，悲观失望，全身倦怠无力，有自杀意念但又积极求医。自我评价不高，但仍希望受到别人的鼓励和表扬。

（3）抑郁症患者的康复保健处方。体育锻炼可以使患者压抑的情绪得以释放，进而以愉悦的心情、充沛的精力和积极向上的精神面貌展现在众人面前。锻炼中的成就感，如：成功的投篮，巧妙的传球，以及同学们的阵阵掌声，体会到自己的存在价值，可重新扬起生活学习的风帆。对该类患症，应做到以下几点：

1）树立"天生我才必有用"的信心和积极乐观向上的精神面貌。挖掘自身聪明才智，寻找学习中的闪光点，不卑不亢，建立生活的勇气，解除精神桎梏，培养良好心理素养。

2）积极参加体育锻炼和集体活动。如体育舞蹈、跑步、各种球类活动、参加学生的社团组织和体育的单项协会等，与同学在同场互动中产生的身体的接触、语言的交流、情感的沟通都可起到陶冶情操、焕发青春、激励斗志的作用，使患者从抑郁症中解脱出来。

3. 无聊症

无聊症是指以情绪消沉，意志颓废，学习无目标，生活无方向，事事无求，内心世界空虚的一种精神症。

（1）临床表现。初期可有间歇性抑郁表现，随病情的迁延，由抑郁变为空虚感；动作行为、活动水平偏低；随波逐流，盲无目的；无法理解别人的语言和行为。

（2）无聊症的康复保健处方。无聊症主要症状为：学习无目标，生活无方向，行为无追求，感到世间缺乏乐趣而无聊。在体育锻炼前，每次的活动项目、锻炼时间的多少、跑步距离的长短、完成动作多少次等都可以为自己设定一个目标，努力完成。进而引申到文化学习中去，如每天看几门科目、记多少外语单词、何时通过四、六级外语考试等方向的确定，都可从无所适从中解脱出来，有效地克服无聊症。对该类患者，应做到以下几点：

1）树立人生目标。正确定位自己学习、生活的坐标，制订为完成自己目标所需的各种措施，确保目的和任务的完成。

2）积极参加体育锻炼和课外兴趣组活动。体育锻炼以其特有的活动空间和交流方式，消除了学生之间因专业、系别不同的影响，大家同场竞技，为达到自己的体育目标而顽强拼搏，精神焕发。兴趣是最好的老师，参加课余兴趣活动，如书法社团、摄影协会、航模队，无疑会将你从无聊症状中解救出来。

3）必要时可请求心理教师和政治教师的帮助。

4. 多疑症

多疑症是指过分关注自己的身体，总怀疑自己有病。虽经多家医院、多位医生进行了多次项目检查，仍无阳性报告，确诊无病，但本人仍认为有病而不断求医。疑病症多为医源性疾病，其暗示性特别强，看到别人患病，就联想到自己也可能得了此病。

（1）临床表现。主要症状为多疑敏感，主观固执偏见，谨小慎微，对个人过分关注等性格特征。

（2）多疑症的康复保健处方。多疑症其实就是常人说的"他人得病，自己疼痛"的"心病"所为。故应以"心病"治疗为主，辅以体育锻炼和必要的药物治疗。

1）心理治疗。医生应耐心听取患者倾诉，细心询问病史，认真查体，仔细分析，引导病人认识到自己确无他病，实为疑虑所致。

2）经常到户外参加体育活动，以转移注意力，淡漠疑虑，启迪心扉，豁达胸怀。运动项目以配有音乐的健美操、健身操为主，锻炼数周后，可在镜前展示一下锻炼效果，面对隆起的肌肉、焕发的精神，自赏自语，瞧我哪儿还像有疾病的样子呢？

3）必要时也可求助于心理医生帮助和药物的治疗。

第十章　校园体育

第一节　校园体育竞赛

一、体育竞赛的意义与特点

1. 体育竞赛的意义

体育竞赛就是在一定规程、规则的制约下进行的竞技性活动。从一定的意义上讲，没有运动竞赛就没有体育运动，它是体育运动发展和提高的一个重要因素。其意义在于：

（1）体育竞赛要求参加者在比赛时表现和发挥最大的机能潜力，在人体各种能力的极限水平上进行角逐，是体质、技术、战术、心理、智慧、文化素养和道德水准的全面较量。

（2）体育竞赛中运动员的精湛技艺和拼搏精神，给人以美和力的享受，能引起强烈的社会反响，可以有力地推动群众性体育运动的开展，有利于更快地发现和培养优秀体育人才。

（3）体育竞赛是检验体育教学和运动训练水平的客观方法。通过竞赛，可肯定成绩，找出问题，改进教学和训练工作，又可以交流经验，互相学习，共同提高。

（4）体育竞赛能丰富和活跃课余生活，促进精神文明建设。通过竞赛，有助于培养团结友爱、拼搏进取的集体主义精神，以及勇敢、果断、坚毅、沉着等优良品质，同时对培养学生的体育能力、发展个性以及提高组织、裁判等工作能力都有实际意义。

（5）体育竞赛是增进友谊的重要渠道。通过竞赛，可加强同国内外及校际之间的友好往来，对弘扬国家、地区、厂矿、学校的声誉有很大作用，可以提高自身的知名度，对促进自身各方面的工作都有积极的意义。

2. 体育竞赛的特点

（1）体育竞赛打破了不同社会制度的限制和不同语言的障碍，为全人类的团结友好提供了特殊的形式。

（2）体育竞赛是最公平的竞争，已受到全世界人们的关注，也引起了世界舆论界的极大重视，其影响大，范围广。

（3）随着体育运动的发展和科学技术的进步，在世界大赛中获得冠军或金牌的多少，已成为衡量一个国家和民族的强弱及科技水平高低的重要标志。

3. 体育文化

体育文化是关于人类体育运动物质、制度、精神文化的总和，包括体育认识、体育情感、体育价值、体育理想、体育道德、体育制度和体育的物质条件等。

体育是人类，也只有人类才能创造出来的一种社会活动。体育运动具备文化的各种特征，文化的继承性、时代性、民族性、世界性、阶级性等都能在体育运动中清晰地看到。体育运动不仅有它外在的身体活动形式以及设施、器材等物态体系，而且具有内在价值观念、意识形态、行为规范等。这些深层的意识形态方面的内容，已经成为人类共同理想的一部分，如奥林匹克精神、奥林匹克原则、体育道德等。当代体育文化将随着人类社会的发展，越来越繁荣，甚至已经成为社会文明程度的一个标志。

从体育活动的行为和方式来考察，可以认为体育运动只不过是一种自身的强健、自身潜在能力的开发过程。但从文化角度来看，体育的价值绝非仅仅如此。这也就是说，体育不仅仅是人类生物能量的开发和释放，从根本上说，体育是通过人和为了人而对人的本质真正占有的过程，是人向自身、向社会的人的复归过程。体育作为一种实践活动的文化价值就在于人自身的价值，即人全面、自由、和谐地发展，是人身心的完美展示和全面实现，是个体人格和社会人格的和谐与统一。

现代奥林匹克运动的创始人、法国教育家顾拜旦曾将体育文化的这种价值概括为"美和尊严"，这又被视为现代体育运动所追求的目标。他曾说："任何一个研究过古代奥运会的人都会发现其深远的影响在于两个基本因素：美和尊严。如果现代奥运会要产生我们期望的影响，它也是应该显示出美，激发出人们的宗教热情——一种能超越我们今日最重要的体育竞赛所表现出的任何东西的美和尊严。"现代奥林匹克运动正是在这个意义上充分体现出了它的文化价值，并与马克思主义的文化理论相契合，所以才得到像今天这样辉煌的发展。

二、校园体育竞赛与校园体育文化

1. 校园体育竞赛的意义

校园体育竞赛是体育课内、课外相结合的一种形式，对培养学生能力、发展个性以及提高组织、裁判能力都有很好的实际意义。通过校园体育竞赛，可以检查教学和训练工作质量，提高运动技术水平；可以丰富和活跃学生的课余文化生活，培养爱国、爱校、爱集体的优良品德，促进精神文明建设；通过竞赛还可以加强国内、外及校际间的友好往来，交流经验，增进友谊；承办或参加规模大、级别高、新闻媒体关注的高水平竞赛活动，能振校威、展校貌，提高学校在国内、外的知名度，对促进学校各方面的工作都有非常积极的作用。

2. 校园体育文化

校园体育文化是以校园为空间，以学生、教师参与为主体，以身体锻炼为手段，以多种多样的体育锻炼项目为主要内容，具有独特表现形式一种群体文化。

校园文化是一个多层次立体化的有机的整体，作为这个整体的重要组成部分的校园体育文化，可以说是推动校园文化发展的最有力的催化剂，有时会成为校园文化的重头戏。体育活动与文艺活动一起构成了校园文化最有活力、最富有创新意识的"两朵鲜花"。这是与校园文化自身所具有的特色相一致的。校园文化的主体是学生，这一群年轻、蓬勃、有朝气、富于幻想、富有活力的青年，参加作为校园文化重要载体的体育活动就以其特有的观赏性、挑战性、普及性而受到广大师生的欢迎。

校园体育文化是校园文化的重要组成部分，健康的校园文化，既需要有高雅的学术活动作为支持的骨架，又需要有活泼的体育活动作为丰富的血肉。这样，整个校园文化运作起来才能既生动活泼，又健康向上。

校园体育文化可以通过多种形式来体现，其形式有早操、课间操、课余群体活动、训练高水平的运动队、小型多样的运动竞赛、富有特色的体育讲座和报告会、体育技能表演、学校体育节等。其中体育节是近年来发展较快的一种校园体育文化活动，成为目前校园文化的热点。因此，它以自身独特的风格吸引着全体师生来参与体育活动，起到活跃校园生活的作用。

三、校园体育竞赛的特征

1. 内容的多样化

未来社会的学校体育为了培养学生的健身意识，使学生养成终身参加运动的习惯，在保证基本教学内容的前提下，将会在体育教学中有计划地向学生介绍更多的竞技运动项目，从而改变以田径运动项目为主要内容的体育教学。这样不仅能唤起学生的学习兴趣，还可以使学生从众多的竞技运动项目中选择自己爱好并适合自己的运动项目，以便能够使运动持之以恒。

2. 环境的自然化

未来社会中的学校体育将会使学生有更多的机会，在空气新鲜的自然环境中进行运动，例如爬山、游泳、越野跑等。学生通过接触大自然不仅能够增强体质，同时还可以陶冶情操。

3. 运动的科学化

随着科学的进步、经济的发展以及对学校体育经费投入力度的加大，先进的教学手段和仪器设备将会被大量地运用到未来学校体育的教学和训练中，因此，可以随时监测学生在运动过程中和运动后身体状况的一些生理、生化指标，为更加科学地安排教学、训练中的运动量、运动强度以及学生的健康管理提供科学依据，从而使学校竞技运动更加科学化。

4. 水平的多层次化

在未来学校体育的竞技运动中，将会出现各种不同层次并存的局面。既有通过体育教学掌握"三基"的一般水平的竞技运动，又有通过练习在某个运动项目上表现突出的较高水平的竞技运动，例如参加全国比赛的学校代表队或学校竞技运动俱乐部等。

5. 交流的社会化、国际化

未来学校体育中的竞技运动随着人们生活水平的提高和交通运输的现代化，不同地区、不同省份的学校之间的交流机会将会明显增多。同时，学校竞技运动与社会竞技运动的联系也会更加密切。随着我国改革开放的不断深入，未来社会的国际交流将会更加频繁，"友好城市"与"友好学校"之间的互访范围将进一步扩大，学校竞技运动作为学校间国际交流的主要形式之一将在21世纪发挥更大的作用。

第二节　校园体育竞赛活动的组织方法

一、建立合理的校园体育竞赛活动的组织机构

建立一套组织管理机构，由校主管领导挂帅，由体育部、各系及上级学院、学生会、团委各职能部门相互配合，纵向与横向结合，形成"条块结合"，"以块为主"的校园体育竞赛活动的管理机构。各部门相互沟通，相互配合，共同组织管理校园体育活动。

二、校园体育竞赛活动的组织方法

体育运动，只有通过竞赛才能增进运动队之间的交流，促进技术水平的提高。同时通过比赛可以吸引广大学生参加体育活动并将其推动普及。

体育竞赛可在不同体育运动水平的单位、地区组织，竞赛的目的、任务和规模也不一样，因此其组织机构的大小、筹办工作的内容也不尽相同。为了确保运动竞赛的顺利进行，赛前必须对竞赛过程中各个环节的工作进行周密的组织和安排。首先，应根据比赛的规模和特点，建立相应的办事机构，明确各类人员的分工和职责。然后制订出工作计划和竞赛规程，再根据报名情况，编排竞赛秩序。同时，还要做好组织裁判、安排场地、检查器材、落实后勤服务等方面的工作。

竞赛规程是竞赛活动得以顺利进行的法规性文件，是竞赛过程中一切活动的依据。它应对比赛目的、时间、地点、项目、参赛对象和报名办法、比赛方法和运用的规则、名次确定及奖励方法等方面，都做出明确的规定，以便有章可循。竞赛规程的核心是确定比赛方法。

体育竞赛项目很多，各个运动项目都有不同的比赛方法，这里仅就球类比赛中常用的方法做一简要介绍。

1. 校园体育竞赛的组织工作

（1）赛前的组织工作。赛前的组织工作是比赛能否顺利进行的关键，其主要内容如下：

1）成立组织机构（见图 10-1）。

2）制订竞赛规程。竞赛规程为：①竞赛名称；②目的、任务；③比赛日期与地点；④参加资格；⑤竞赛办法；⑥奖励名次；⑦报名、报到日期、地点；⑧裁判员选派。

3）赛前具体工作安排。赛前具体工作按排为：①全面工作的检查落实；②印制《秩序册》；③参赛队资格审查；④落实场地、器材；⑤裁判员业务学习与实习；⑥召开组委会联系会和裁判长联席会；⑦安排赛前运动队适应练习；⑧后勤总务及交通问题；⑨宣传报道工作。

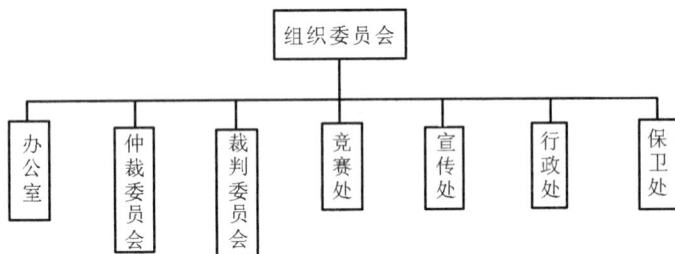

图 10-1　组织机构

（2）竞赛期间工作。竞赛期间工作主要内容：①登记和公布当天比赛成绩（打印成绩公告）；②比赛场地、时间的临时问题；③裁判工作的小结；④竞赛纠纷与纪律检查。

（3）竞赛的结束。竞赛结束后的工作内容：①计算比赛成绩、名次，交由裁判长宣布；②闭幕仪式及颁奖；③工作总结；④工作汇报。

2. 竞赛制度、编排方法

竞赛制度就是比赛的方法。通常有循环制、淘汰制和混合制，选择和确定竞赛方法，应根据比赛的任务、竞赛的时间、参加队数、场地设备情况来决定。

（1）循环制的形式。循环制的三种形式：①单循环（5～6 个队参赛）；②双循环（3～4 个队参赛）；③分组循环（8 个队以上参赛）。

（2）单循环比赛轮数计算。轮数＝队数－1。即每个队都完成 1 场比赛为 1 轮；如 6 个队参赛，每一个队均与另外 5 个队各打一场，即为 5 轮。

（3）比赛场数（单循环）。如 6 个队参加比赛，则比赛场数为

$$\frac{6 \times (6-1)}{2} = 15$$

（4）编排赛程表。赛程表编排如表 10-1 所示。

表　10-1

轮次 队数	第一轮	第二轮	第三轮	第四轮	第五轮
6个队	1—6	1—5	1—4	1—3	1—2
	2—5	6—4	5—3	4—2	3—6
	3—4	2—3	6—2	5—6	4—5
5个队	2—5	1—4	5—3	4—2	3—1
	3—4	2—3	1—2	5—1	4—5

编排时应力求各队的比赛时间、场地、场次的间隔时间等机会均等。另外组委会或东道主可根据需要有权挑选适当场次在所需要的场地和时间进行比赛，一般为1~2场的调动。

（5）双循环。双循环是各参赛队在整个比赛中相遇两次的比赛的方法，一般是在参赛队数较少时采用。其编排方法与单循环相同，一般是赛完第一循环后，再赛第二循环，最后计算总分。

（6）分组循环。参赛队较多而竞赛时间较短时，可采用分组循环比赛方法，把参赛队平均划分成若干小组（一般2~4组），在小组内进行单循环比赛，然后再把各组的优胜队或同名次队分别组织单循环决赛，排出名次。

分组方法可根据上届比赛名次，或抽签排出序号进行"蛇形"编排，如16个队参赛分成A，B两个组。

各小组名次决定之后，决赛阶段可采用以下几种方法：

各小组的第一名划为一组决出前几名，各小组的第二名决出其后几名，依此类推；或各小组一、二名划为一组决前几名，各小组三、四名划为一组决其后的名次，依此类推。

在预赛中已经相遇的队，决赛中可以不再比赛，将预赛中的成绩带入决赛。

（7）淘汰制。淘汰制分为单淘汰和双淘汰。

单淘汰是比赛中失败一方即被淘汰，获胜者继续比赛，直到得出冠、亚军的比赛方法。双淘汰指失败两次就取消比赛资格的比赛方法。一般是参赛队较多，而比赛期很短时采用。我国及世界大赛中单纯采用淘汰制的很少。

（8）混合制。混合制是循环制和淘汰制的混合，即一次竞赛中同时采用循环和淘汰两种赛制。一般将竞赛分成两个阶段进行，第一阶段采用分组循环制，后一阶段采用淘汰制进行决赛，决出名次。

例如，分组循环进行预赛，分别交叉进行复赛：A 组的第 1 名与 B 组的第 2 名、B 组的第 1 名与 A 组的第 2 名交叉比赛，然后两个胜队再决出冠、亚军，两个负队决出 3，4 名，其它队依此类推。

第三节　学校体育文化节的组织与开展

一、学校体育文化节的发动、组织与实施

搞好学校体育节必须抓好制定方案、思想发动、组织实施几个基本环节。制定总实施方案。总的实施方案应包括以下内容：

1. 制定方案

根据活动的工作环节内容等具体要求，先由学校领导层拟订一个基本框架，然后由承办部门（体育部）拟订实施方案。实施方案分 3 个层次：

（1）组织领导。建立以主管体育的校长挂帅，由宣传、体育、共青团、保卫等有关部门负责人参加的体育节领导小组。下设活动组织组（部）、新闻宣传组（部）、安全保卫组（部）等办事机构，并由领导小组副组长中的秘书长具体负责各办事机构的工作协调和落实领导管理工作。

活动组织是办事机构中的一个重要机构，也可以说是活动的主体机构。其主要的任务是：制订总的实施方案，对全校体育节的活动做总体安排，包括主要内容、时间、场地等安排。掌握基层准备工作的落实情况，活动过程中各方面的联系、沟通、检查、督促工作。

新闻宣传组的主要任务是：指定体育节活动期间的新闻宣传方案，加强新闻报道人员的组织，通过校广播电台、电视台、向全体师生进行体育节的宣传报道和各新闻媒体的公开报道。

安全保卫组的工作主要是：确保体育节安全、顺利、有序地进行。

（2）活动形式与时间。总的实施方案中，要确定体育节整个活动的具体时间，并对采取的组织形式做出具体的规定。学校体育节的形式有各种体育比赛、体育表演、体育讲座等。开展范围有全校性的、以系部为单位的、以班级为单位的等。

（3）制定活动规程。体育节活动规程的主要内容有：

1）基本事项。首先应明确本次活动的目的和任务、主办单位、活动日

期和地点、参加单位及级别等。这些内容根据组织方案决定。

2）活动内容。应根据体育节的性质、规模、参加级别、参加者的实际水平情况来设置比赛项目，对有关项目的比赛规则、器械的重量和规格做出不同的要求，不能同正式比赛一样，应体现其普通学生参加体育比赛的特点。

3）领导小组对各基层组织进行此项活动提出原则性要求。其中包括组织领导、宣传发动、安全教育与组织。在育节期间，利用校广播电台、电视台和讲座等活动，加强体育节的宣传活动，掀起全校性群众体育锻炼热潮。

4）提出学校体育活动总的效果要求。

2. 思想发动

召开领导小组会议，讲清实施方案中的各项任务、要求，统一思想，统一步调。召开各层领导小组负责人的会议，听取汇报，检查落实情况，使上下各级工作同步进行。通过各种媒体进行广泛宣传报道。对所有参加体育节活动的工作人员进行思想动员，引起足够重视，兢兢业业，严肃认真地做好体育节活动期间的准备工作。做好全校师生的思想教育和组织工作，使其充分认识到学校体育节的目的和价值。号召大家积极参加这一活动，搞好全民健身活动。

3. 组织实施

要搞好活动，制定好实施方案只是第一步，要把方案落到实处，取得理想的效果，严密细致的组织实施是十分重要的。所谓组织，是使人的活动更有效地协调一致的手段，有意识地调整人的各种活动以及各方面的力量，为实现所达到的目的和目标而规定各成员应起的作用及他们之间的相互关系，使之在整体实施过程中发挥作用。

二、学校体育节的主要形式

1. 体育比赛和表演

（1）广播操比赛。广播操是根据人体生理规律和使身体各主要部位都得到活动的原则编制的，它动作简单，易学易练。广播操每做一遍约需 5 min，做操时心率和呼吸频率比安静时增加近一倍，从而加速血液循环，促进新陈代谢，消除疲劳，提高学习和工作效率。做操时认真领会每节操的动作要领，加大动作幅度，坚持质量标准，必然会收到良好的锻炼效果，因此，广播操是学校体育节的主要内容之一，它可以全校性的开展，也可以班为单位进行。

（2）健美操。健美操是根据练习者的身体特点，发展身体各部位的要求，把体操和舞蹈中的简单动作组编成操，在音乐的伴奏下进行的一种体育锻炼手段。健美操动作简单易学，讲求实效，造型优美，动作连续，它练习密度较大，融健身、健心与健美为一体，对增强体质，塑造体型美和姿态美有着明显的效果。当前，健美操发展很快，普遍受到人们的青睐。青少年学生正处在长身体时期，都有塑造健美体型的强烈愿望，特别是女生更是如此，学校可以普遍采用。推广健美操健身法，是学校体育节的主要内容之一。

（3）田径比赛。田径运动是学校体育节开设的主要项目，在学校体育中占有较大的比重。田径比赛项目多种多样，内容丰富，既有个人项目，也有集体项目，能激发参加者的积极性。

（4）各种球类比赛。球类项目也是开展学校体育节的主要内容，球类项目竞赛不仅具有激烈的竞争性，而且具有游戏的特点，尤其是青少年学生更爱好参加这些项目，它已成为丰富学校社会文化生活的主要组成部分。

（5）体育知识讲座。体育是万古长青的事业，为了推动体育运动的深入发展，在学校开展全民健身运动，让每个学生都能意识到它的重要性，激发其参加体育锻炼的积极性，在全校范围内开展有关体育的目的和任务、体育的社会价值、体育的健身价值等方面的知识讲座是必要的。但是组织一次成功的体育知识讲座是不容易的，必须具备以下三个因素：一是所选主题是否为当前热点问题；二是讲座内容是否与本校学生的实际情况相适应，能被学生所接受；三是讲演者是否具有"名人效应"和较高的学术和演讲水平。因此，在组织体育节期间的讲座时，应争取请到校内外的知名体育专家或具有较高影响的运动员。

（6）体育知识竞赛。体育知识竞赛可以促进学生对体育知识的掌握和理解，也是加强体育知识学习的重要途径。它把体育的竞争性运用到知识竞赛之中，具有较大的吸引力。组织一次这样的知识竞赛需要以下5个条件：一套抢答器；一套围绕体育科普知识为主的、丰富多彩、生动有趣的题目（专业性太强的题目不适应于广大学生），并且每个问题应该有惟一正确的答案；一个由3～4名专家组成的仲裁委员会，他们可以处理意外情况；一个高效的工作人员班子，包括计分员、计时员等；基层单位认真、及时做好参赛选手的选拔和培训工作。有了以上条件，体育知识竞赛便可以开展得有声有色。

2. 体育节时间的选择

双休日是学生难得的自由时间，学校应根据学生特点开展一些既增加学生才干，又能够使学生得到休息与放松的课余活动，以满足学生的不同需求。学生是一个充满活力、充满朝气、富于创造性的群体，因此便于普及颇具欣赏性、挑战性的文体活动自然受到他们的欢迎，学校可以利用双休日组织全校性或以系为单位的体育比赛，让学生在紧张之余，其特长得以发挥，身心得到放松。

利用节日、纪念日组织学校体育节。节日、纪念日本身的含义体现了丰富有益的教育影响，是我们对学生进行思想品德教育的一份可以充分利用的好教材，历来受到各方面的重视，学校体育节也应充分利用这一特点，在学校体育节中常采用的时间分为以下几类：

（1）国家规定的节日、纪念日。如国庆节是我国人民的重要节日，每年这个时候也是新生入学的开始，充分利用这一节日，开展"迎新体育节"活动。学校可以根据本校具体情况，选择若干个体育比赛项目，让新生和老生同时参加体育节的比赛活动，一是培养学生的竞争意识，二是增强学生的集体主义荣誉感和责任心。从入校就开始加强体育意识的培养，养成经常锻炼身体的习惯。

（2）学校自行规定的纪念日。以校庆活动为例，只有当学生真正热爱自己的学校时，学校才能有旺盛的生命力，因此，校庆活动是开展各种活动的好机会，许多学校都充分利用校庆纪念日来组织各种形式的体育活动，如体育比赛、体育表演（武术表演、体操表演、艺术体操表演等）来增加校庆活动的气氛，丰富校庆活动的内容。

（3）民族传统节日。如中秋、元旦、春节，是我国人民的传统节日，据史料记载，我国人民充分利用这些传统节日来进行体育活动的内容是丰富的，直到今天，还有大量的传统体育项目被保留。如春节时的踩高跷、舞龙，元旦节的长跑、越野等象征性体育活动等。

体育节的组织形式要生动，不拘一格，有所创新，避免每年都是同一形式，各校应根据本校学生特点，有针对性地组织本校体育节，动员全体学生都参加，调动全校师生员工参加体育节的积极性。

第十一章　奥林匹克运动

第一节　奥林匹克运动的发展与体系

一、奥林匹克运动起源与发展

1. 古代奥林匹克运动

古代奥运会产生于古希腊。公元前 776 年首届古奥运会在奥林匹亚（见图 11-1）召开。古代奥运会自公元前 776 年的第一届至公元 394 年，历时 1170 年，共举行了 293 届。在第 1 届古代奥运会仅有一个比赛项目，距离为一个"斯泰德"（约为 192.27m）的场地跑。尽管比赛项目少，但毕竟是个良好的开端，自其起，规定 4 年举行 1 次。初期的竞赛项目不多，所以前 22 届时间仅 1 天。后来随着比赛项目的增加，又延长为 2 天。在第 13 届后，陆续增加了中长距离跑、五项竞技运动、角力、拳击、战车赛、混斗、赛马、武装赛跑。第 37 届增加少年比赛项目后，时间又延长到 5 天。其中第 1 天是开幕式，举行献祭和宣誓仪式，第 2～4 天是比赛的具体内容，第 5 天是闭幕式，进行发奖和敬神活动。这时古代奥运会达到了鼎盛时期。公元前 4 世纪，马其顿征服希腊，古代奥运会的规模及受人们关注程度开始下降。公元前 146 年，罗马人征服了希腊，古代奥运会进一步衰落。奥运会成为罗马奴隶主消遣取乐的观赏会。他们肆意增加了罗马人与兽的比赛项目，此时，古代奥运会已是面目全非了。公元 325 年，君士坦丁大帝下令毁了阿尔非斯体育场。公元 394 年罗马皇帝狄奥多西立基督教为国教，宣布古代奥运会为"异教"，至此，历时 1170 年的古代奥运会随着古奴隶制的衰亡而销声匿迹了。

2. 现代奥林匹克运动的复兴

在 19 世纪后半叶，在世界各地均有复兴奥运会的尝试。其中以 1859 年希腊本土第一届泛希腊奥运会和 1870 年、1875 年先后举办了第二、第三届泛希腊奥运会为高潮。随着 1881 年，德国柏林大学库尔金斯教授率领的开发团队成功发掘奥林匹亚。建立一个综合性的国际体育交流的大舞台，和协调各单项组织活动的国际体育组织，复兴奥林匹克运动会就更加顺理成章。

图 11-1 古代奥运会比赛场地奥林匹亚山鸟瞰图

现代奥林匹克运动的复兴与法国教育家、体育家顾拜旦密不可分。在他的努力下，1892 年，法国体育协会在巴黎索邦神学院（巴黎大学前身）的阶梯剧场召开大会，庆祝该协会成立 50 周年。顾拜旦在会上发表了"复兴奥林匹克运动"的著名演说，提出创办现代奥运会的建议。在他的坚持和说服下，并经他多方筹措，以复兴奥林匹克运动会为目的的巴黎国际体育会议得以召开。1894 年 6 月 16 日，"国际体育运动代表大会"在巴黎索邦神学院开幕，到会代表 79 人，代表着 12 个国家的 49 个体育组织，有 2000 人参加了开幕式。大会通过了《复兴奥林匹克运动》的决议，并于 6 月 23 日正式成立国际奥林匹克委员会，顾拜旦当选为国际奥委会的秘书长。历史名城雅典赢得了首届现代奥运会主办权，图 11-2 为国际奥委会成员首届会议。

图 11-2 1896 年国际奥委会成员首届会议

3. 现代奥林匹克运动的艰难发展期（1894－1948 年）

1896 年第 1 届现代奥运会沿袭古奥运会传统，未设集体项目和没有女子选手参加。1900 年法国巴黎奥运会、1904 年美国圣路易斯奥运会、1908 年英国伦敦奥运会均因为资金问题，运动会与世界博览会同时举行，受到后者严重干扰。

1912 年第 5 届奥运会于瑞典斯德哥尔摩举行，本次奥运会首次在田径场安装电子计时器和终点摄影装置。瑞典国王邀请来自欧洲各国的 1500 多名青年，发起奥林匹克青年营。本届奥运会是自奥运会诞生以来，第一次达到顾拜旦所期望的：没有事故、没有抗议、没有民族沙文主义仇恨的奥运会，成为奥运史上的一个里程碑。

1915 年，第一次世界大战开始，4 月 10 日，国际奥委会总部从巴黎迁往洛桑。1916 年，原定于德国柏林举行的第 6 届奥运会因第一次世界大战停办。1920 年，第 7 届奥运会于安特卫普举行，奥运会首次在开幕式上进行运动员宣誓和举行国际奥委会会旗升旗仪式。1924 年，第 8 届奥运会于巴黎举行。首次为运动员兴建简易木房，成为后来奥运会村的雏形。首次出现两种非正式排名方法，一种按各国所获金、银、铜牌数排列顺序，另一种按前 6 名计分方式排列顺序。1928 年，第 9 届奥运会于荷兰阿姆斯特丹举行，大会首次点燃圣火台上的圣火，火种取自奥林匹亚，并组织火炬接力传递。本届奥运会开始将女子田径项目列为比赛项目。400 米跑道被确定为奥运会的标准跑道。同时，起始于 1924 年夏梦尼冰上项目的冬奥会雏形的第二届冬季奥运会也于 1928 年在瑞士圣莫里茨举行。奥林匹克比赛项目布局日趋合理完整。

1932 年，第 10 届奥运会于美国洛杉矶举行。奥运会第一次将奥运会会期限制在 16 天以内。1936 年第 11 届奥运会于德国柏林举行，首次进行电视实况转播，用电影对奥运会进行完整的记录，并修建了设备良好的奥运村和可容纳 11 万观众的大型体育场。1940 年，芬兰赫尔辛基奥运会、1944 年定于伦敦举行的第 13 届奥运会和于科尔蒂纳丹佩佐举行的第 6 届冬季奥运会均因第二次世界大战停办。

4. 现代奥林匹克运动的振兴推广期（1948－1968 年）

第二次世界大战结束后，1948 年第 14 届奥运会于伦敦举行。标志着奥林匹克运动在国际环境相对稳定，和平处于主导地位后迅速得以振兴。1952 年第 15 届奥运会于芬兰赫尔辛基举行。中华人民共和国、苏联、联邦德国首次参加奥运会。自此，两个超级大国拉开了奥运会上争夺霸主的历程。

1952 年，埃德斯特隆主席辞职，美国 A·布伦戴奇当选为国际奥委会第五任主席。1956 年在国际政治风波陡起的不利形式下，墨尔本较成功地举办了本届奥运会。1960 年第 17 届奥运会于意大利罗马举行，电视转播进入市场，大会首次对马拉松等部分项目的运动员进行兴奋剂检查。1964 年第 18 届奥林匹克运动会于东京举行，日本向世界进行大会实况转播。本届奥运会是亚洲国家首次举办奥运会。1968 年第 19 届奥运会于墨西哥墨西哥城举行，本届奥运会首次在开幕式上增设裁判员宣誓，首次施行性别检查和兴奋剂检查。奥运会的比赛更趋于规范化、程序化。

5. 现代奥林匹克运动的奥运多难期（1969—1984 年）

1972 年，爱尔兰 M. M. 基拉宁替代布伦戴奇当选为国际奥委会第六任主席。同年 8 月第 20 届奥运会于慕尼黑举行。本届奥运会广泛使用了最先进的自动控制、信息传播和处理、电子测距技术等，因而被称为"技术奥运会"。1976 年第 21 届奥运会于加拿大蒙特利尔举行，大会首次采用卫星从希腊传送到东道国，并首次由两人点燃主体育场火炬。1979 年 10 月 25 日，国际奥委会执委会会议于日本名古屋召开，通过承认中国奥委会为全国性奥委会、恢复中国在国际奥委会合法席位的决议。1980 年第 22 届奥运会于苏联莫斯科举行，美国等国家抵制这届奥运会。中国未派队参赛。因为经历了蒙特利尔高达 10 亿美元亏损，1984 年第 23 届奥运会在无其他城市竞标的情况下在洛杉矶举行。本届奥运会是第一次由民间承办。苏联、民主德国等 17 个国家和地区未派队参加。

6. 现代奥林匹克运动的现代期（1985 年至今）

1980 年，西班牙 J. A 萨马兰奇被选为国际奥委会第七任主席。1984 年的洛杉矶奥运会首次采用大型电子信息服务系统。首次以商业性开发为主的方式筹集资金，政府没有投资，最后盈利 2 亿多美元，标志着商业手段开始占据主导地位。1988 年，国际奥委会建立"反对种族隔离和奥林匹克主义委员会"。同年第 24 届奥运会于韩国汉城举行，迎来了时隔 12 年后东、西方苏、美两个超级大国的对抗。本届奥运会最大的丑闻是加拿大本·约翰逊破 100 米世界纪录和获奥运会金牌后不久，被查出服用违禁药物。1992 年第 25 届奥运会于西班牙巴塞罗那举行，本届奥运会是苏联解体后的各国以独联体的名义最后一次参赛，而联邦德国和民主德国合并后以一个国家奥委会体育代表团参赛，加上中国体育代表团实力的加强，奥运会诸强将呈现新的格局。1996 年是现代奥运会 100 周年，亚特兰大获得举办权。国际奥委会 197 个成员国全部出席本届奥运会，首次实现奥林匹克大家庭团圆于五环旗下。2000 年，悉尼获得第 27 届奥运会主办权，但澳大利亚人仍然充分利用高科技手段，在开幕式时别出心裁，加上其"绿色奥运会"的理念，使得本届奥运会成为历史上最好的一届奥运会。2004 年现代奥运会重新回归她的发源地雅典，希腊人借助现代科技手段，充分展现了希腊的文明，举办了一届梦幻般的奥运会。

二、奥林匹克运动三大体系

1.《奥林匹克宪章》

奥林匹克运动是在奥林匹克主义指导下，以奥林匹克庆典为主要内容，促进人的生理、心理及社会道德全面发展的国际社会运动。国际奥委会在 1894 年成立之初，并无具体的规章制度，仅有一些基本的意向和原则。1908 年，顾拜旦撰写发表了《国际奥委会的地位》一文，对国际奥委会的任务、组织管理、委员产生的方式均作了明确的规定。现行的《奥林匹克宪章》于 1992 年制定，在内容上分为"基本原则"等六个部分，详细阐述了奥林匹克运动的以奥林匹克主义为核心的思想体系，以国际奥委会（IOC）、国际单项体育联合会（IF）和各国或地区奥委会（NOC）三大支柱为骨干的组织体系和以奥运会为周期性高潮的活动内容体系。

2. 奥林匹克运动的思想体系

奥林匹克运动的思想体系是奥林匹克运动的灵魂，是奥林匹克运动历经百年得以持续并日渐蓬勃兴盛坚实的思想基础。奥林匹克运动的思想体系的内容包括奥林匹克主义、奥林匹克精神、奥林匹克理想、宗旨及格言等。

奥林匹克主义是将身、心和精神方面的各种品质均衡地结合起来，并使之得到提高的一种人生哲学。其宗旨是使体育运动处处为人的和谐发展服务，以促进建立一个维护人的尊严的和平社会。奥林匹克主义对奥林匹克运动起着重要的指导作用。在其指导下奥林匹克运动成为一种超越体育和竞技运动的关于人的身心和谐发展和社会发展的思想、理论和运动。它谋求人的全面发展，对人类社会生活产生了深刻的影响。

奥林匹克精神的本质内容是：参与原则，竞争原则，公正原则，友谊原则，奋斗原则。通俗的说就是互相了解、友谊、团结和公平竞争的精神。奥林匹克精神为不同的文化间的差异提供了导向作用，奥林匹克精神所强调的友谊、团结、相互了解，为奥林匹克运动提供了一种文化氛围和精神境界，从而促进了奥林匹克运动的国际交流。奥林匹克精神符合人们对和平、真、善、美的追求，对人们有着重要的激励作用。

奥林匹克运动的宗旨是通过开展没有任何形式的歧视并按照奥林匹克精神——以互相理解、友谊、团结和公平比赛精神的体育活动来教育青年，从而为建立一个和平而更美好的世界做出贡献。当然，人类的和平的维系并不仅仅是奥林匹克运动，还有政治、经济、军事等诸多因素。奥林匹克运动的宗旨同人类社会正义事业所要达到的目标是一致的，这就为它成为维护世界和平事业的一个重要组成部分，从而确立其国际社会地位奠定了坚实的基础。

奥林匹克格言是："更快、更高、更强"（Faster，Higher，Stronger），是鼓励运动员要继续不断的参加运动、努力求进步与追求自我的突破。奥林匹克运动还一句广为流传的名言："重要的是参加，而不是取胜"。这句名言是对奥林匹克格言的补充，强调的是参与精神。顾拜旦解释说："正如在生活中最重要的事情不是胜利，而是斗争，不是征服，而是奋力拼搏。"

3. 奥林匹克运动的组织体系

作为世界上一个巨大的国际社会运动，奥林匹克运动各种活动能够付诸实施，均靠奥林匹克运动一套机构完备、功能齐全的组织体系。即奥林匹克运动的三大支柱：国际奥委会、国际单项体育联合会和各个国家或地区的奥委会。其中国际奥委会处于领导地位，其总部设在洛桑（见图 11-3）。国际奥委会执行委员会是国际奥委会全体委员会议授权行使国际奥委会的职责，处理日常事务的常设机构，计有 15 人组成，包括主席（任期 8 年），副主席 4 名（任期 4 年）和其他委员 10 名（任期 4 年）。国际奥委会委员的产生采用"逆向代表"制，即国际奥委会委员不是一个国家或地区在国际奥委会的代表，而是国际奥委会在该国或该地区的代表，其目的是避免各国政府或其他因素的干扰，以确保国际奥委会的独立性。

图 11-3 国际奥委会总部所在地——瑞士洛桑

　　国际单项体育联合会是指在世界范围内管辖一项或几项运动项目并接纳若干管辖这些项目的国家或地区级团体的非官方的国际性组织。其任务是负责其管辖的运动项目的技术和行政管理方面的工作。

　　国家或地区奥委会是按照《奥林匹克宪章》的规定建立起来，并得到国际奥委会承认的负责在一个国家或地区开展奥林匹克运动的组织。它是奥林匹克运动的基本单位。目前，得到国际奥委会承认的国家或地区奥委会共有202个，其中亚洲44个，非洲53个，欧洲48个，美洲42个，大洋洲15个。

　　三大支柱的关系为：在国际奥委会领导下的互相协调、互相配合的关系。在这种关系结构中，国际奥委会是指挥首脑，国际体育单项联合会进行技术辅导，国家奥委会是开展各种活动的基本单位，三者缺一不可。在三者关系中，领导权高度集中于国际奥委会，并在国际奥委会握有最高权力的前提下，加强协商。但严格地说，国际单项体育组织、国家或地区奥委会与国际奥委会的关系，只是相互承认的问题，不是隶属关系。根据奥林匹克宪章，一个国家或地区的奥委会，只有得到国际奥委会的承认，才有权参加奥运会的预选赛和决赛。而国家或地区奥委会应至少由五个奥林匹克项目的全国或地区协会组成，这些协会还必须是有关国际单项体育组织的会员。国家或地区奥委会名称必须经国际奥委会批准。国际单项体育组织也只有在国际奥委会承认后，它所辖的项目才有可能列入奥运会比赛。

　　4. 奥林匹克运动的内容体系

　　奥林匹克运动的活动内容体系包括以4年为周期的奥林匹克运动会为主的一系列活动，正是这些涉及教育、文化等领域丰富多彩的活动内容，辅以严密科学的组织及制度，加上现代媒体对奥林匹克主义、思想的广泛传播，使得奥林匹克运动在20世纪80年代后出现了空前的繁荣。

　　奥林匹克运动会分为夏季和冬季奥运会，自1992年开始，夏季奥运会依然按照奥林匹克周期举行，而冬季奥运会则改在奥林匹克周期的第三年举行。奥运会的活动内容以竞技运动比赛为主，竞赛项目的设立需经奥林匹克比赛项目委员会批准。

　　正式的冬季奥林匹克运动会始于1924年。当时，在法国的夏蒙尼市承办了当时被称为"冬季运动周"的运动会，两年后国际奥委会正式将其更名为第1届冬季奥林匹克运动会。冬季奥运会最初规定每4年举行一次，与夏季奥运会在同年和同一国家举行。从1928年的第2届冬奥会开始，冬季奥运会与夏季奥运会的举办地点改在不同的国家举行。1994年起，冬奥会与夏奥会以 2 年为相隔交叉举行。为将冬奥会与夏奥会时间错开，故只有 1992 年冬奥会与 1994 年冬奥会相隔 2 年。

奥林匹克运动会的主办城市遴选、项目设置、形象标识、开闭幕式等工作均具有严格的程序。奥运会主办城市的挑选根据顾拜旦的理想，奥运会应该由世界各国城市轮流主办，这样有利于奥林匹克精神的传播。国际奥委会确定奥运会举办城市目前采用的程序是：由申办城市向国际奥委会提出书面申请；国际奥委会执委会，对提出申办的城市进行初步筛选；国际奥委会评估委员会对申办城市进行实地考察；国际奥委会全会投票，确定举办城市；国际奥委会与举办城市签约。

国际奥委会规定，得到国际奥委会承认的国际单项体育联合会列入奥运会正式比赛的运动大项的批准条件是：夏季奥运会的男子项目至少需在 75 个国家 4 大洲，女子项目至少需在 40 个国家 3 大洲得到广泛的开展；冬季奥运会的项目至少在 25 个国家和 3 大洲得到广泛开展。

奥运会会徽是奥运会最有权威性的形象标志。根据《奥林匹克宪章》规定，各主办国设计的会徽，未经奥运会组委会同意，不得用于广告和商业服务。这一规定保证了奥运会会徽的严肃性和权威性。自 1896 年雅典奥运会以来，历届奥运会均有会徽设计。奥运会吉祥物意能带来吉祥、好运的人、动物或东西。为冬季奥运会设计吉祥物始于 1968 年格勒诺布尔第 10 届冬季奥运会。夏季奥运会吉祥物在 1972 年慕尼黑奥运会上首次正式出现。从此以后，吉祥物便成为每届奥运会都必不可少的形象元素。

开幕式历来都是奥运会的重头戏。在开幕式上既要反映出以和平、团结、友谊为宗旨的奥林匹克精神，也要展现出东道国的民族文化、地方风俗和组织工作的水平，同时还要表达对世界各国来宾的热情欢迎。开幕式上，除了进行一系列基本的仪式外，一般都有精彩的富有民族特色的团体操和文艺或军事体育表演。其仪式有：奥运会组委会主席宣布开幕式开始。国际奥委会主席和奥运会组委会主席在运动场入口迎接东道国国家元首，并引导他到专席就座。各代表团按主办国语言的字母顺序列队入场，但希腊和东道国代表团例外，希腊代表团最先入场，东道国最后。奥运会组委会主席讲话，国际奥委会主席讲话。东道国国家元首宣布奥运会开幕。奏《奥林匹克圣歌》，同时奥林匹克旗以水平展开形式进入运动会场，并从赛场的旗杆上升起。奥林匹克火炬接力跑，点燃奥林匹克圣火。运动员宣读誓言，裁判员宣读誓言。奏或唱主办国的国歌，各代表团退场。这些仪式结束以后，是团体操或其他文艺表演。这是历届奥运会开幕式工作量最大、准备时间最长、花费最多的项目，东道国往往提前一两年即开始准备，并挖空心思，以期能以恢弘的气势、独特的民族精神吸引来宾。开幕式的成败与否，在很大程度上取决于团体操和表演的效果。开幕式突出的是庄严、隆重。

闭幕式必不可少的程序有各代表团的旗手按开幕式的顺序一列纵队进场，在他们后面是不分国籍的运动员队伍，旗手在讲台后形成半圆形。国际奥委会主席和当届奥运会组委会主席登上讲台，希腊国旗从升冠军国旗的中央旗杆右侧的旗杆升起，主办国国旗从中央旗杆升起，下届奥运会主办国的国旗从左侧旗杆升起。主办城市市长登上讲台，并把会旗交给国际奥委会主席，国际奥委会主席再把旗交给下届奥运主办城市的市长。奥运会组委会主席讲话，国际奥委会主席致闭幕词。紧接着，奥林匹克圣火在号声中熄灭，奏《奥林匹克圣歌》的同时，奥林匹克会旗徐徐降下，并以水平展开形式送出运动场，旗手紧随其后退场。同时奏响欢送乐曲。各代表团退场。最后，进行精彩的文艺表演。闭幕式突出欢乐的气氛。

三、奥林匹克运动的发展趋势

1. 商业化的挑战

1984 年洛杉矶奥运会后，充分利用商业化手段支持大型体育比赛已成为体育运动的一个重要发展趋势。体育运动有着巨大的吸引力，能为商业创造多个机会，反过来，商业活动又极大地促进了体育运动的发展。但同时过度的商业化会干扰奥林匹克运动会竞技运动的正常进行。1988 年汉城奥运会期间，受电视转播权买主美国 ABC 的影响，组委会只好将比赛时间安排到美国的黄金时间，这大大影响了运动员运动水平的正常发挥。再者，商业化的目的是获得最大的经济利益，但奥林匹克思想弘扬的是人类通过竞技运动对真、善、美的追求。对于此，国际奥委会进行了以下规定：禁止在奥运会比赛场地及其上空进行广告宣传，以保持奥运会鲜明的人文形象。扩大奥运会的经济来源，以保证电视转播费所占总收入的比例下降。还通过奥林匹克团结基金，加强对发展中国家的援助。

2. 运动员职业化的挑战

业余原则是奥林匹克运动一贯坚持的原则。1980 年国际奥委会修改宪章，取消了业余的规定。1992 年开始，在实际上已经取消了业余原则。业余原则在一定的时期促进了奥林匹克运动的传播和发展，但在竞技运动水平日益提高的背景下已显得举步维艰。但同时，运动员也不能过度职业化。比如，职业拳击运动员，其运动性质及其不受国际单项体育联合会的控制，因此拒之于奥运会大门以外。

3. 滥用兴奋剂的挑战

20 世纪 60 年代以来，在奥运会中使用兴奋剂和反兴奋剂的斗争从没有停止过。兴奋剂是指利用非法手段增强运动功能的药物的统称，包括刺激剂、利尿剂、血液兴奋剂等 7 大类。这些药物对人的身心健康起着直接的危害，也同奥林匹克精神所宣扬的公平精神相背道而驰。1961 年成立的国际奥委会医学委员会下设兴奋剂与生化分委员会、生化药剂与生理分委员会等 4 个分委员会，目前正发挥着积极的作用。

4. 三大支柱间矛盾的挑战

国际奥林匹克委员会、国际单项体育联合会和国家奥林匹克委员会是奥林匹克运动赖以发展的基石，三者之间的团结协作至关重要。国际奥林匹克委员会曾忽视了三者的关系，在权力、利益分配是否均衡的时候，奥林匹克大家庭潜在的危机日益显露。1973 年国际奥委会恢复了 1930 年取消的奥林匹克代表大会，并在挑选奥运会主办城市的权利上，把相关的权利下放。在委员的问题上也有诸多矛盾。所有这些，均要在国际奥林匹克委员会、国际单项体育联合会和国家奥林匹克委员会三者之间协商方能解决。

5. 对国际奥委会独立性的挑战

对国际奥委会独立性的挑战主要来自于政治对奥林匹克运动的干扰。在不同的时期，政治对奥林匹克运动的干预是不同的。第二次世界大战结束后的近 40 年里，奥林匹克运动经受了诸多政治风暴的考验。其根本原因是东西方两大集团之间的各种利益的冲突。干预方式以政治抵制为主。从奥林匹克运动发展的趋势看，随着世界格局的重新形成政治抵制奥运会已大大削弱。国际奥委会为保持其独立性，充分利用各种手段策略对政治干预进行合理处理，如 1992 年，联合国安理会对南斯拉夫制裁时，国际奥委会没有简单的服从，允许南斯拉夫运动员以个人的身份参加，以表现国际奥委会的独立性。而在悉尼奥运会上，朝韩两国首次联合入场（见图 11-4）。

图 11-4　朝韩联合入场

6. 奥运会超大规模的挑战

第二次世界大战以后，参加奥运会的国家剧增，2000 年悉尼奥运会达到创纪录的 199 个，运动员 10 000 余人，记者约 15 000 人，自愿者约 50 000 人，还有数十万的游客。所有这些给主办城市带来沉重的负担，主要涉及食宿、交通、安全等方面。2002 年 8 月，国际奥委会项目委员会向执行委员会建议削减奥运会的规模，以保障全球最重要的体育盛会能够继续健康发展，"奥运减肥计划"大势所趋。

第二节　奥林匹克运动与现代社会

一、奥林匹克运动与文化

1.《奥林匹克宪章》的文化规定

奥运会组委会必须制定一项文化活动计划，并事先提交国际奥委会批准。该计划应为促进奥运会的参加者和其他与会人士的和谐关系、相互了解和友谊服务。

文化活动计划应包括：在奥运村举办象征人类文化的普遍性和多样性的文化活动；在主办城市举行具有同样目的的活动，并保留一定数量坐位，免费提供给国际奥委会认可的参加者；文化活动至少必须贯穿整个奥运村开放时期。

在奥运会期间以文艺手段宣传奥林匹克思想，增强奥运会文化气氛的活动，是奥运会不可缺少的重要组成部分。

2. 古代奥运会传统

体育竞技与文艺活动结合进行，原是古奥运会的传统。自公元前 444 年第 84 届古奥运会把文艺比赛同样列为奥运会正式项目开始，由诗人、作家、演说家、音乐家和其他艺术家参加的奥运会更加丰富和有活力，获胜者同样授予奥林匹克奖，借以促进文化艺术的繁荣。这种文化形式的记载和传播使古奥运会精神得以继承和不断发展。

复兴后的现代奥运会以艺术、文化与体育关系为主题，在 1906 年举行的奥林匹克代表大会上，倡仪在每届奥运会期间同时举行以文化为内容的艺术赛会，并设文艺大奖。根据这一精神，1912 年第 5 届奥运会开始设立文艺比赛。文艺比赛也分项设立金牌、银牌、铜牌，但常因参赛者不齐或水平不够而未全部颁奖。

1912 年第 5 届奥运会文艺比赛的文学奖为《体育颂》，作者是 G·霍罗德和 M·埃施巴赫。评奖后得知这是顾拜旦所用的笔名。

3. 奥林匹克收藏（集邮、纪念币和纪念品）

奥林匹克收藏随现代奥运会的复兴和发展而形成。在国际上，奥林匹克收藏已形成 3 大系列：奥林匹克集邮、奥林匹克纪念币收藏和奥林匹克纪念品收藏。奥林匹克集邮指收集奥林匹克邮票和其他邮政品。1896 年希腊为第 1 届奥运会发行一套 12 枚邮票（见图 11-5）。1912 年瑞典为第 5 届奥运会第一次启用奥运会邮戳。后来，不仅主办国，而且许多非主办国也发行奥运会邮票和纪念邮戳、宣传邮戳及其他邮政品。1992 年一年，世界各国仅发行奥运会邮票就达 1200 多枚。初期人们只是自发地收集。第二次世界大战后，奥林匹克集邮迅速普及，并出现了奥林匹克邮集。最初主要是传统类，20 世纪 60 年代后开始出现专题类奥林匹克邮集。

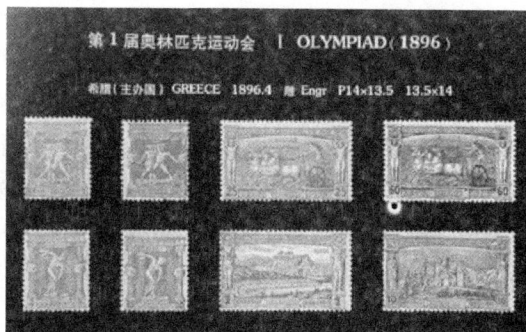

图 11-5 第 1 届奥运会纪念邮票

4. 奥林匹克绘画

奥林匹克绘画可以追溯到古希腊奥运会。现在人们所能见到的多为古瓷瓶上的人体绘画、古建筑浮雕及画像石等。古希腊强调精神与肉体的和谐，因此，古奥运会竞技的突出特点是崇尚人体健美。以奥运竞技选手为内容的绘画是人类的杰作，在古希腊绘画中占有相当比例。为此，崇尚人体健美也是古奥运会竞技的目标。古希腊绘画绝大部分均可称为"奥林匹克绘画"。古希腊时期规定只有连续 3 次获奥运会冠军的人，才有资格用雕像来纪念，因此当时的艺术活动是同奥运会的目的名实相符的。在进入现代奥林匹克运动时期之后，奥林匹克题材的绘画呈现出多元的发展趋势，这种多元特征体现在表现手法、绘画材料和工具、主题内容和艺术个性等方面。立意、构图、造型、色彩等具体的绘画元素缤纷多彩，在每届奥运会期间的主题绘画艺术展上，都可以看到各国艺术家的作品。当今，电脑绘画技术也运用于奥林匹克绘画创作，亚特兰大奥运会的吉祥物就是电脑科技的产物。

5. 奥林匹克雕塑

与奥运会有关的雕塑始见于公元前 7 世纪。在古希腊的奥林匹亚有数千座雕塑，其中大量作品是为奥运会竞技优胜者塑造的。现代奥运会继承了古希腊的传统，也激发艺术家的灵感。本世纪初饮誉世界的法国雕塑家罗丹，就是以运动员身体为模特，于 1901 年创作了著名的《美国运动员》铜塑。此外，布代勒的《箭手赫拉克勒斯》也是不多见的传世之作。汉城奥运会建立的汉城奥林匹克公园，园中有一座奥林匹克运动的纪念雕塑，由各国运动员从自己国家带来的石头建成。131 个国家及个人捐赠的共 4875 块形态各异的石头，来自天南海北，堆积一起，象征人类和平相处的大同精神，在汉城留下永久的纪念。在国际奥委会总部所在地洛桑，奥林匹克雕塑也为该市增色不少。在奥林匹克博物馆入口右侧，有一个运动员强壮的腰腹部位造型的巨大雕塑，名为《更快、更高、更强》。雕塑分为 6 块，时合时分，合则构成一个完美的整体，健美有力，分则化静为动，体现出生命的韵律。这座构思巧妙，集静态与动态美于一身的作品，出自西班牙艺术家贝罗卡尔之手。中国艺术家朱成和田金锋在奥林匹克理想的启迪下，分别创作出《千钧一箭》和《走向世界》两部雕塑杰作，获得国际奥委会颁发的奖杯，现陈列于奥林匹克博物馆和洛桑奥林匹克公园。

6. 奥林匹克艺术节

1949 年罗马奥林匹克代表大会曾提出将奥林匹克艺术比赛改为奥林匹克艺术展览的方案，但未予表决。1950 年，赫尔辛基奥运会组委会向国际奥委会提出 3 种选择方案：继续举办艺术比赛；改为艺术展览；取消这一活动。国际奥委会决定采取艺术展览的方案。这样，奥林匹克艺术展在赫尔辛基首次亮相。1954 年国际奥委会全会通过了奥林匹克艺术展的方案，并将"组委会举办艺术展览（建筑、音乐、文学、绘画、雕塑、体育邮票和摄影），也可包括芭蕾舞、戏剧、歌剧或交响乐演出"等文字写入《奥林匹克宪章》第 31 款。

二、奥林匹克运动与政治

1. 奥林匹克运动中的政治问题

顾拜旦创办现代奥林匹克运动是希望用体育来教育青年，并通过世界性的运动会来促进各国人民的友谊和世界的和平。奥运会的宗旨，是通过没有任何歧视的具有奥运会精神——以友谊、团结和公平精神相互了解的体育活动来教育青年，从而为建立一个和平的、更美好的世界做出贡献。

和平就是反对战争，而战争是政治斗争的最高形式，所以和平就是一个政治问题。奥林匹克运动本身所具有的政治功能主要表现在：维持和平，促进各国人民的相互了解，将爱国主义和国际主义融为一体。奥林匹克运动不是政治运动，其价值主要在于文化价值，其本身是有着明确、高尚的政治目的。但这种政治目的是以体育运动和运动员为核心，通过国际间自由、平等的体育文化交流为核心来实现的。

2. 政治在奥林匹克运动中的表现形式

德国体育史学家莱默尔先生说："运动和政治永远分不开，运动最有兴趣的地方，也是政治家最有兴趣的地方。谁要从事体育运动，谁就摆脱不了政治的影响，否则，就别参加运动。"奥林匹克运动作为一种全人类的文化现象，也不可避免地要受到国际政治的影响。

奥运会是一种国际性运动，它通过体育竞赛这一特殊方式进行国际间交流，在相对公平条件下的竞争结果将为社会承认。这为政治斗争，尤其是在和平时期的政治斗争提供了新的竞争舞台，各国都给予了普遍的重视。加之当今科技进步导致视听传媒手段飞速的发展，进一步扩大了奥运会的影响力，使其常常成为世界瞩目的焦点。

政治对奥林匹克的介入主要表现在：民族主义和国家主权有关的斗争；国际冲突；反对种族主义斗争，图 11 - 6 为美国黑人选手在领奖台上抗议美国的种族政策。

图 11 - 6　领奖台上举起戴着黑手套的拳头抗议美国的种族政策

三、奥林匹克运动与经济

1. 奥运会营销目的及原理

奥运会营销是指国际奥委会等奥林匹克组织为了获得用于奥林匹克运动发展的各种资源，利用奥运会及奥运会标识所进行的各种商业活动。其营销的目的在于国际奥委会获得在经济上的独立，减少奥运会商业的不可控性，使世界各地观众能免费观看奥运会比赛，维护奥林匹克理想，保证国际奥委会及奥林匹克大家庭所有成员利益的公平分配。其营销的原理在于奥运会是观赏性较强的文化产品，奥林匹克标识是高附加值的无形资产。

2. 社会对奥林匹克运动经济投入的方式

社会对奥林匹克运动经济投入的主要对象是奥运会。其方式有 2 种：非商业性的，如政府拨款、社会捐助；商业性的，即通过商业手段集资。社会对奥林匹克运动经济投入的方式经历了以非商业投资为主到商业性投入为主的变化过程。图 11－7 为国际奥林委会第六期全球赞助伙伴协议签字仪式即新闻发布会。

在奥林匹克运动商业性的经济来源的渠道有奥运会电视转播权的出售，奥运会标志的出售，奥运会门票的出售，奥运会纪念币、纪念邮票及吉祥物的出售。

图 11－7　国际奥委会第六期全球赞助伙伴协议签字仪式

3. 奥运经济

奥运经济是指举办城市在筹备和举办奥运会期间，以及奥运会后的一段时期内，利用奥运会创造的商机，借势发展本地区经济的一系列活动。另外也有学者把奥运经济定义为从奥运会举办前到奥运会后一定时期（通常是 7 到 10 年）、不同区域范围内所发生的，凡是与奥运会举办有直接或间接联系的一切经济和社会活动，当用经济效果来评价，就可以称之为奥运经济。

四、奥林匹克运动与现代高科技

1. 奥林匹克运动与体育科学的发展

现代奥林匹克运动诞生前的体育科学的发展：奥林匹克运动在 19 世纪后期兴起时，体育科学的若干主学科已经基本形成。在近代实验科学尤其是生物学和医学发展的影响下，运动人体成为科学研究的对象，促进了运动医学、运动生理学、运动生物学等学科的发展。但是实施研究的主体是教育家和医生。

奥林匹克运动从开始就重视体育运动中的科学问题。尤其在第一次世界大战前后，奥运会逐渐发展成为世界各地运动会的模式，极大地带动了以运动训练为主题的科学研究。1928 年第 2 届冬奥运期间，国际运动医学联合会（FIMS）成立，20 个国家的 281 名学者在阿姆斯特丹奥运会期间举行了第一次国际运动医学讨论会。第二次世界大战后，体育科学研究的重点，从学科理论建设和分科研究为主，转向重点为运动实践服务；从自发选题研究为主，转向为有组织、有计划的研究；单一学科研究的比重下降，多学科综合性研究的比重逐渐增加。1989 年，召开了第 1 届国际奥委会世界体育科学大会。总之，奥林匹克运动的发展在促进体育学科的成熟和学科体系的完整化、促进体育科学与运动实践紧密结合等方面，起到了积极的作用。

2. 奥林匹克运动与体育技术的发展

奥林匹克运动的发展促进了运动技术的进步。比如 20 世纪 20 年代后期的"辅助训练法"，30 年代的"螺旋式训练法"，40 年代的"超量训练法"，以及"模式化训练"、"模拟训练"、"高原训练"，直到现在的"信息化训练"，这些训练方法的改变，直接对运动成绩起到了巨大的促进作用。

奥林匹克运动的发展促进了运动训练设施和器材的巨大进步。在训练的设施上，比如塑胶全天候跑道的出现大大提高了运动员的运动成绩。现代训练体系中，计算机以及与之相匹配的技术动作分析系统软件、训练管理系统软件等的运用，使得运动训练更加科学化、精确化、定量化。体育强国美国即是高科技获益的代表。80 年代，美国建成了 3 个全国性的训练中心，莱克-普拉西德训练中心、科罗拉多-斯普林斯训练中心和圣迭戈训练中心。其应用心理学、生理学、计算机科学、工程学、运动生物力学等学科，并拥有一流的运动设施、科学测试、分析设备，正是科研与训练的密切结合，使得美国一直雄居世界体育强国之林。运动器材方面，如个性化跑鞋、玻璃纤维竿、鲨鱼皮泳衣（见图 11-8）等，正是它们的广泛运用，促成了人类向"更快、更高、更强"的奥林匹克运动名言迈进。

图 11-8　连体"鲨鱼皮"泳衣

3. 现代科技在奥林匹克运动中的广泛应用

20 世纪以来，现代科学技术取得了全面高速的发展，极大地改变了社会生活各个领域的面貌，也对几乎与它同时兴起的奥林匹克运动产生了愈来愈广泛的深刻影响。对奥林匹克运动的发展影响最大的莫过于大众传播媒介的进步。1936 年在柏林奥运会上，大约 15 万人在 25 个大厅观看了奥运会实况转播；1972 年慕尼黑奥运会的开幕式实况转播观众达到 10 亿人；1992 年法国第 16 届冬奥会的电视观众达 20 亿人次。

当代科学和技术的一体化更新了体育科学研究和训练的面貌。与此同时，社会学、系统论和控制理论、社会心理学、行为科学的最新理论，也日益普遍地被用于运动员个体或群体行为及其与社会环境相关关系的研究中。

4. 奥林匹克运动促进科学发展

奥林匹克运动并不仅仅是现代科学技术的被动受益者，它同时也对现代科技提出了许多难题，从而成为现代科技进步的动力。首先，从一定意义上说，奥林匹克运动是现代科技的一个巨大的实验室，许多理论假说和仪器设备方面的发明制造，最终都必须到这个特殊实验场所接受检验。其次，奥运赛场已成为各国展示其科技成果和实力的一个橱窗，同时也是国际科技交流的一次巨大集会。

以上趋势带来了现代科技与奥林匹克运动关系中的另一种变化，即现代科技成果应用于奥林匹克运动，现代科技成果向体育科学转化的进程大大加快。

第三节　奥林匹克运动与中国

一、历届奥运会与中国

1. 旧中国与奥林匹克运动

1896 年首届奥运会在雅典举行。组织者通过法国驻华外交机构向中国发出邀请函，但当时的清政府不知道奥运会为何物，未能参加奥运会。从 1904 年许多中国报刊曾报道过第 3 届奥运会的消息，到 1922 年，国际奥委会选举我国王正廷为国际奥委会委员，再到 1932 年中国现代竞技体育的先驱者，东北大学学生刘长春（见图 11-9），以运动员的身份代表着 4 亿 5 千万中国人，手执大旗参加第 10 届美国洛杉矶奥运会。几代中国人在书写着中国人的奥运情结。但是旧中国几十年的兵荒马乱，经济的萧条，文化教育的落后，国运的衰弱，政府的无能，使旧中国的体育水平落后到极点，以致在世界性体育大赛中，从未拿到过一块奖牌。在许多体育史书上，都记载了旧中国这一段使每个中国人刻骨铭心的历史。

图 11-9　刘长春在比赛中

2. 新中国加入奥林匹克运动大家庭的历程

1949 年 10 月 1 日，中华人民共和国正式成立。为了抗议国际奥委会制造"两个中国"阴谋，中华人民共和国于 1958 年 8 月 19 日的一封致国际奥委会的函中宣布退出了奥林匹克运动。在 1959 年于慕尼黑召开的第 56 次国际奥委会全会上，国际田联主席埃克塞特恢复中国在奥运会中合法地位的建议得到了广泛的支持。国际奥委会以 48 票对 7 票通过了一项决议：将在台湾的奥委会从被承认的奥委会名单中除去，在它改变名称之后，再考虑给予它重新承认。台湾的奥委会在其代表与布伦戴奇在洛桑谈判之后，向国际奥委会抛出一个新的名称，即"中华民国奥林匹克委员会"，来取代"中国奥林匹克委员会"的名称。台北勉强同意接受该决定。1972 年，台湾代表团第一次在"中华民国"的名牌下入场。

1971 年，"乒乓外交"为与美利坚合众国之间建立外交关系铺平了道路。同年 10 月，中华人民共和国在联合国安理会的席位得到了恢复，从而在联合国中取代了被开除的台湾。布伦戴奇主席任期结束之后，国际奥委会仍然受到中国问题的困扰。直到 1979 年，中华人民共和国的奥委会才再一次获得了国际奥委会的正式承认。

3. 第 23 届夏季奥运会首获金牌

第 23 届奥林匹克运动会于 1984 年 7 月 28 日至 8 月 12 日，在美国洛杉矶市举行。中国派出 225 名运动员参加了田径、游泳、体操、篮球、排球、射箭、射击、举重等 16 个项目的比赛和网球表演。中国台北奥委会也派出 67 名运动员参加了田径、游泳、举重等项目的比赛，这是海峡两岸中华儿女首次在夏季奥运会上相逢。1984 年 7 月 29 日，这是中国人民永远难忘的一天，是中国体育史上值得庆贺的一天。普拉多（本届奥运会射击赛场）的枪声，给本届奥运会带来了第一枚金牌。中国射击选手许海峰（见图 11-10）在男子自选手枪上以 566 环的成绩战胜各国好手获得这项冠军，在中国奥运史上写下了新的一页。他这一枪，为中国体育赢得了三个第一。为中国自 1932 年参加奥运会以来夺得第一枚金牌，改写了中国奥运史金牌榜上"零的记录"；第一个为中国人民在世界奥运大赛上，升起了鲜艳的五星红旗，奏响了中华人民共和国国歌；第一个为中国体育代表团首次出征夏季奥运会赢得荣誉，来了个"开门红"。国际奥委会主席萨马兰奇闻讯赶来，主持发奖仪式。继许海峰后中国选手表现出色，先后夺得 15 枚金牌，8 枚银牌和 9 枚铜牌。中国体育代表团首次出征奥运会，与世界体坛的竞技高手们较量，不仅实现了"零的突破"，而且共获得了按金牌数排在世界第 4 位的好成绩，充分展现了中国在世界体坛上应有的地位。

图 11 - 10　许海峰打破"零的记录"

4. 第 24 届夏季奥运会兵败汉城

与第一次参加奥运会获得 15 块金牌相比，汉城奥运会留给了中国人们太多的伤心记忆。1988 年 9 月 17 日至 10 月 2 日，第 24 届奥运会在韩国汉城举行。美国和前苏联均派出由优秀选手组成的强大军团参加，使本届奥运会的金牌含金量增高了。中国派出 540 人参加了除曲棍球、马术以外的 21 个大项比赛。中国台湾也派出 42 名男女运动员参加本届奥运会。中国代表团带着昔日夺得过 15 枚奥运金牌的荣耀和包袱，走向了汉城奥运会 21 个项目的竞技场。遗憾的是中国成绩很不理想，共获金牌 5 枚、银牌 11 枚，铜牌 12 枚，名次从上届的第 4 位下降到第 11 位。但是我国女子游泳取得了可喜的突破，共获得 3 枚银牌、1 枚铜牌。

5. 第 25 届夏季奥运会重振巴塞罗那

经过两次真正的奥运大战洗礼的新中国代表团，满怀信心地开进了巴塞罗那。1992 年 7 月，第 25 届奥运会在西班牙首都巴塞罗那开幕。中国派出了 251 名运动员（其中女子 133 人）参加了 25 个项目中除马术、足球、棒球、手球、曲棍球以外的其余 20 个项目的比赛。在与 172 个国家和地区的强手如云的体育队伍进行了激烈角逐，中国运动员一举夺得金牌 16 枚、银牌 22 枚、铜牌 16 枚的优异成绩。金牌总数名列第四。中国选手以他们辛勤的汗水，顽强的斗志和出色的表现，再一次铸造了新中国奥运史上的辉煌。

6. 第 26 届夏季奥运会扬威亚特兰大

第 26 届奥运会于 1996 年 7 月 19 日至 8 月 4 日在美国亚特兰大举行，中国代表团面对种种不利条件，团结拼搏，获得了 16 金 21 银 12 铜的可喜成绩，金牌、奖牌榜均列第四，实现了冲击第二集团首位的预定目标。此外，中国代表团还有两人 4 次打破 4 项世界记录，乒乓球囊括 4 金。值得一提的是，中国代表团的男运动员们经过不懈努力，突破性地夺得 7 金 9 银 5 铜，向世界展现了我国男子运动员的实力。更可喜的是来自马家军的小姑娘王军霞代表中国在田径场上跑出了一枚分量很重的金牌，获得了"东方神鹿"的美誉。香港和中国台北运动员在此次奥运会上分别夺得 1 金 1 银。

7. 第 27 届夏季奥运会辉煌悉尼

中国未能获得第 27 届夏季奥运会举办权，但是中国代表团首次步入夏季奥运会金牌三甲，悉尼奥运赛场刮起一股中国旋风。2000 年奥运会，中国代表团派出 311 名运动员参赛，以金牌 28 枚、奖牌总数 59 枚的优异成绩一举跃入了奖牌榜世界三强行列，这两项指标不仅都创下了中国自参加奥运会以来的单届最高纪录，而且均名列世界第三位。悉尼奥运会上，中国运动员在传统优势项目中继续保持着强盛势头，乒乓球包揽了全部 4 个单项的冠军，女子举重在所参加的 4 个级别中全部夺金而归，羽毛球金牌 5 中取 4，跳水则在出师不利的情况下连夺 5 金，与举重一样，成为中国在本届奥运会上收获金牌最多的项目。此外，射击和体操各获 3 枚金牌。

8. 第 28 届夏季奥运会惊世雅典

中国体育代表团共有 401 人参加，21 个大项，203 个小项目，比赛共获得了 32 枚金牌，17 枚银牌，14 枚铜牌。共有 3 人 5 次创 6 项世界纪录，13 人 21 次创奥运会纪录，1 人 1 次平 1 项世界纪录。中国体育代表团参加本届奥运会所取得的成绩全面实现了预定目标，出色地完成了任务。而且出现了李婷、孙甜甜在网球女双历史性地问鼎，"中国飞人"刘翔（见图 11 - 11）在男子 110 米栏角逐中夺魁等太多的惊喜，也给所有国人乃至全亚洲人民赢得了无限光荣。在所获得的奖牌中，有 15 枚金牌、9 枚银牌是过去从来没有获得过的。共有 24 枚奖牌，9 个大项、24 个小项实现了历史性的突破，金牌数首次位居第二。

图 11-11　雅典奥运会"中国飞人"刘翔 110 米栏夺冠

9. 第 29 届、第 30 届奥运会

第 29 届北京奥运会见本书 220 页。第 30 届奥运会在英国首都伦敦主办，这是伦敦第 3 次主办夏季奥运会。伦敦奥组委公布口号为"Inspire a generation"，翻译中文为"激励一代人。"伦敦奥运会在斯特拉特福德奥林匹克体育场于北京时间 7 月 28 日 4 时整开幕。8 月 13 日凌晨，第 30 届伦敦奥运会圆满闭幕。共有 205 个国家和地区参加，中国获 88 枚奖牌，其中金牌 38 枚，仅次于美国 104 枚奖牌，位居第二。

10. 中国与冬季奥运会

1980 年中国首次参加冬季奥运会，但中国夺得冬季奥运会的金牌，却是 20 年后的盐湖城冬季奥运会。在盐湖城中国获得 2 枚金牌、2 枚银牌、4 枚铜牌的历史最好成绩，在金牌榜上的排名上升到第十三位。其中在短道速滑女子 500 米决赛中，中国选手杨扬夺得金牌，实现了中国在冬奥会上金牌"零的突破"。

二、北京奥运会的申办

1. 北京申办 2000 年夏季奥运会

1991 年 2 月 22 日，北京市向中国奥委会提交了承办 2000 年第 27 届奥运会的正式申请书。同年 12 月 4 日，北京奥申委代表在瑞士洛桑向国际奥委会主席萨马兰奇递交了承办申请书。1993 年 9 月 23 日，这是举世瞩目的一天，国际奥委会的 101 次全体会议在蒙特卡洛举行，投票选出 2000 年奥运会的承办城市。当晚 18 时，举世瞩目的最后投票揭晓，中国北京在前 3 轮连续以多数票领先的情况下，最终在第 4 轮中被悉尼以 45 票比 43 票的微弱优势夺去主办权。

2. 北京申办 2008 年夏季奥运会的条件和优势

1999 年 4 月 6 日，中国奥委会主席伍绍祖和北京市市长刘淇等一行赴瑞士洛桑国际奥委会总部，向国际奥委会递交了北京市承办 2008 年奥运会的申请书。中国北京又一次提出申办夏季奥运会。

较之 8 年前，中国和北京不仅具备举办奥运会的经济实力，而且政治稳定，社会安定，加上中国是一个体育大国，体育事业蓬勃发展，北京具有举办大型运动会的经验，因此北京具备举办奥运会的诸多基本条件。同时，北京还具备申办 2008 年奥运会的优势：中国是世界上人口最多的国家；北京是世界历史文化名城；北京申办奥运会得到了中国政府和全国人民的大力支持；中国从未举办过奥运会。

3. 北京获得 2008 年奥运会主办权

2001 年 7 月 13 日，在莫斯科召开的国际奥委会第 112 届全体会议以不记名投票方式选出 2008 年奥运会主办城市。当国际奥委会主席萨马兰奇庄严宣布：2008 年奥运会的主办权属于北京！北京沸腾了，中国沸腾了，北京获得 2008 年奥运会主办权，终于圆了中国人民及海外华人华侨一个世纪的奥运梦（见图 11 - 12）。

图 11 - 12　申奥成功时刻

三、北京奥运会的筹办

1. 北京奥运会举办城市及协办城市

2001 年 7 月，北京申办 2008 年奥运会报告中确定，除北京外，青岛为

2008 年奥运会帆船比赛协办城市，上海、沈阳、秦皇岛、天津四个城市为2008 年奥运会京外足球赛区城市。2005 年 7 月，国际奥委会、北京奥组委和国际马术联合会就 2008 年奥运会马术比赛从北京易地香港达成了共识，香港成为 2008 年奥运会赛马比赛协办城市。众多城市的参与，使北京奥运会举办协办比赛城市达到历届奥运会从未涉及的 7 个，充分体现了"全民办奥运，全民参与奥运"的思想，也在一定程度给予奥运场馆资源、奥运会商业运作等奥运会相关工作极大的促进作用。

2. "北京奥运行动规划"的制定

2002 年 3 月 28 日，北京市人民政府、第 29 届奥运会组委会在广泛征集的基础上向国内外发布了《北京奥运行动规划》，全文共分总体战略构想、奥运比赛场馆及相关设施建设、生态环境和城市基础设施建设、社会环境建设和战略保障措施五大部分，涵盖体育等 9 个专门计划。自《北京奥运行动规划》发布起，北京市将进入一个以筹办奥运为特色的加速发展时期，对顺利完成"十五"计划，实现首都"新三步走"发展战略，将产生极大的推动作用。为了实现承办一届历史上最出色奥运会的承诺，指导和统筹奥运会的各项筹办工作，《北京奥运行动规划》明确规定奥运会筹办工作分为三个阶段：前期准备阶段，2001 年 12 月至 2003 年 6 月；全面建设阶段：2003 年7 月至 2006 年 6 月；完善运行阶段：2006 年 7 月至 2008 年奥运会开幕。

3. 北京奥运会的目标理念

北京奥运会的目标为：举办一届有特色、高水平的奥运会。

有特色包含中国风格、人文风采、时代风貌、大众参与四个方面。中国风格，要充分展示中华民族 5000 年悠久历史和灿烂文化，体现浓郁的中国韵味，让 2008 年奥运会成为世界人民更充分地了解和体验中国的历史、文化、人民和自然风光的最佳窗口。人文风采，要突出人文奥运的理念，表现奥林匹克的精神，倡导人们陶冶情操，实现人的身心和谐发展，展示精彩纷呈的多元文化，展现中华儿女和谐致美的优良传统。时代风貌，要表达当代中国人民自强不息、奋发有为的精神风貌，中华儿女积极进取、昂扬向上的朝气和活力，与世界人民共同追求和平、友谊、进步的强烈愿望。大众参与，要展现占世界人口五分之一的 13 亿中国人民和广大港、澳、台同胞和海外侨胞积极参与奥林匹克运动的风采。北京奥运会既是在世界人口最多的国家举办的一届奥运会，也会成为人民群众参与程度最广泛的一届奥运会。

高水平表现在八个方面：一是要有高水平的体育场馆设施和竞赛组织工作。二是要有高水平的开幕式及文化活动。三是要有高水平的媒体服务和良好的舆论评价。四是要有高水平的安全保卫工作。五是要有高水平的志愿者队伍和服务。六是要有高水平的交通组织和生活服务。七是要有高水平的城市文明形象。八是各国运动员创造优异成绩。

在筹办的过程坚持五大方针：开放办奥运、创新办奥运、节俭办奥运、廉洁办奥运、全民办奥运。并充分体现三大理念：绿色奥运、科技奥运、人文奥运。

4. 绿色奥运与人文奥运

北京奥运会的绿色奥运涵义为：把环境保护作为奥运设施规划和建设的首要条件，制定严格的生态环境标准和系统的保障制度；广泛采用环保技术和手段，大规模多方位地推进环境治理、城乡绿化美化和环保产业发展；增强全社会的环保意识，鼓励公众自觉选择绿色消费，积极参与各项改善生态环境的活动，大幅度提高首都环境质量，建设宜居城市。

人文奥运的内涵：普及奥林匹克精神，弘扬中华民族优秀文化，展现北京历史文化名城风貌和市民的良好精神风貌，推动中外文化的交流与融合，加深各国人民之间的了解、信任与友谊；突出"以人为本"，以运动员为中心，提供优质服务，努力建设使奥运会参与者满意的自然、人文环境；遵循奥林匹克运动的宗旨，以举办奥运会为主线，开展丰富多彩的文化教育活动，丰富全体人民的精神文化生活，促进青少年的全面发展；以全国人民的广泛参与为基础，推进文化体育事业的繁荣发展，增强中华民族的凝聚力和自豪感。

5. 北京奥运会的交通问题

北京在申办奥运会时承诺"53％的场馆在 20 分钟内可以到达，所有的场馆在 30 分钟内可以到达"。然而，专家预计，奥运会比赛期间北京全市各场馆高峰日人流聚集量 115 万人次，奥林匹克公园最高观众人数 41.4 万人次，奥林匹克公园高峰日全日人流聚集量 54 万人次，其中高峰日高峰时段最大人流聚集量 23.6 万人。要解决届时 1000 多万人的交通出行问题对于交通基础建设较为薄弱的北京来说是一项任务巨大的课题。

6. 北京奥运会志愿者

志愿者是现代奥林匹克运动的基石，是奥运会形象大使。高素质的志愿者队伍和高水平的志愿服务，将展示中国和北京人民的风貌，为举办一届"有特色、高水平"奥运会贡献力量。

北京奥运会、残奥会赛会志愿者是指由北京奥组委组织招募，接受北京奥组委管理，需要制发奥运会、残奥会身份注册卡，赛会期间承担相应岗位职责，在北京奥组委指定的时间和岗位工作，义务为北京奥运会、残奥会服务的人员。成为北京奥运会的志愿者的基本条件为：自愿参加北京奥运会、残奥会志愿服务；1990 年 6 月 30 日前出生，身体健康；遵守中国法律法规；能够参加赛前的培训及相关活动；能够在北京奥运会、残奥会期间连续服务 7 天以上；母语为汉语的申请人应具备基本的外语交流能力，母语不是汉语的申请人应具备基本的汉语交流能力；具备志愿服务岗位必需的专业知识和技能。

北京奥运会、残奥会赛会志愿者主要在北京地区招募，以北京高校学生为主要来源，同时面向全国各省市自治区居民、港澳同胞、台湾同胞、海外华人华侨和外国人招募一定数量的赛会志愿者。赛会志愿者的招募流程主要包括申请人报名、材料审核、面试、测试、岗位分配、背景审核、发出录用通知等。北京奥组委按照招募流程分批次在申请人中录用赛会志愿者，2007年 8 月发出第一批赛会志愿者录用通知。赛会志愿者录用工作于 2008 年 5月完成。对志愿者进行培训的内容包括奥林匹克基本知识、北京奥运会和残奥会概况、中国历史及传统文化、北京历史及文化生活、残疾人服务知识和技能、礼仪规范、医学常识及急救技能等。通用培训将针对赛会志愿者申请人广泛开展。再者还进行专业培训、场馆培训、岗位培训等方面的培训。赛会志愿者主要在场馆（含竞赛场馆、训练场馆和非竞赛场馆）进行志愿服务。服务领域主要涉及礼宾接待、语言翻译、交通服务、安全保卫、医疗卫生、观众服务、沟通联络、竞赛组织支持、场馆运行支持、新闻运行支持和文化活动组织支持，及其他北京奥组委指定的领域。

7. 北京奥运会场馆建设

北京奥运会共需要使用 37 个比赛场馆、5 个相关设施和 60 多个训练场馆。其中 28 个比赛项目中的 26 个项目在北京举办，共需建设 31 个比赛场馆，其中新建 12 个，改扩建 11 个，临建 8 个。另外 6 个分别位于秦皇岛、青岛、香港、沈阳、天津、上海 6 个城市。至 2006 年 6 月，12 个新建场馆已全部开工建设，11 个改扩建项目已有 9 个开工建设。其中，"鸟巢"（国家体育场）和"水立方"（国家游泳中心）是科技含量最高的两个奥运工程项目（见图 11 - 13）。"鸟巢"拥有 91 000 座席数，奥运会时用于田径、足球比赛。它是世界上跨度最大的钢结构建筑，最大跨度达到 343 m，如果使用普通钢材，厚度至少要达到 220 mm。整个建筑的钢结构的总重量将超过8 万吨，非常不便于加工和运输，况且钢板越厚，焊接工艺将越复杂，操作越困难。

　　"水立方"拥有永久座席为 6 000 个，临时性座席 11 000 个，奥运会期间进行游泳、跳水、花样游泳、水球比赛。它是世界上首个基于"肥皂泡理论"建造的多面体钢架结构建筑。"水立方"的建筑外围护采用新型的环保节能 ETFE（四氟乙烯）膜材料，由 3 000 多个气枕组成，覆盖面积达到 10 万平方米。这些气枕大小不一，形状各异，最大一个约 9 m^2，最小一个不足 1 m^2。墙面和屋顶都分为内外 3 层，9 803 个球型节点、20 870 根钢质杆件中，没有一个零件在空间定位上是完全平行的，传统的二维图纸无法标出工件的坐标。

图 11-13　鸟巢与水立方

　　这两个堪称"世界之最"的场馆建筑设计理念虽然都来自于外国设计单位的方案，建设水平要求高，难度大，但在结构计算、施工工艺、质量检验标准等方面都完全是中国人自主制定完成的，填补了多项国内技术空白。这无疑将为世界留下崭新的"奥运建筑遗产"。

　　8. 北京奥运会会徽

　　北京奥运会会徽名为"中国印·舞动的北京"，是北京奥运会组委会从 1 985 份参赛作品中甄选出来的。它将肖形印、中国字和奥运五环有机地结合起来，巧妙地幻化成一个向前奔跑，舞动着迎接胜利的运动人形，表达了北京热情地张开双臂欢迎世界各国朋友的到来，充满了青春的活力。她的图案似印非印，似"京"非"京"，潇洒飘逸，充满张力，寓意舞动的北京；她是有中国精神、中国气派、中国神韵的中国汉文化的符号，象征着开放、充满活力

图 11-14　中国印·舞动的北京

具有美好前景的中国形象；她体现了新北京、新奥运的理念和绿色奥运、科技奥运、人文奥运的内涵，再现了奥林匹克友谊和平进步、更快更高更强的精神。它是奥林匹克精神与中国优秀传统文化的完美结合，是中国人民奉献给奥林匹克运动的财富。概括起来："中国印——舞动的北京"（见图 11 - 14）有四项含义：其一是中国特点、北京特点与奥林匹克运动元素的巧妙结合；其二是城市加年份的标准字体设计别出心裁、独树一帜；其三是总体结构与独立结构比例协调；其四是有利于形象景观应用和市场开发。

9. 北京奥运会吉祥物

福娃（Fuwa，见图 11 - 15）是北京 2008 年第 29 届奥运会吉祥物，其色彩与灵感来源于奥林匹克五环，来源于中国辽阔的山川大地、江河湖海和人们喜爱的动物形象。福娃是五个可爱的亲密小伙伴，他们的造型融入了鱼、大熊猫、藏羚羊、燕子以及奥林匹克圣火的形象。每个娃娃都有一个琅琅上口的名字："贝贝"、"晶晶"、"欢欢"、"迎迎"和"妮妮"，在中国，叠音名字是对孩子表达喜爱的一种传统方式。红色的福娃"欢欢"，以奥运圣火为原型；黑白相间的福娃"晶晶"，原型为国宝大熊猫；此外还有原型为鱼儿，象征江河湖海的福娃"贝贝"，原型为藏羚羊的福娃"莹莹"和原型为燕子的福娃"妮妮"。这五个福娃从色彩上正好呼应了奥运五环的红橙蓝绿黑，当把五个娃娃的名字连在一起，你会读出北京对世界的盛情邀请"北京欢迎您"。福娃向世界各地的孩子们传递友谊、和平、积极进取的精神和人与自然和谐相处的美好愿望。

图 11 - 15　北京奥运会吉祥物

10. 北京奥运会口号

北京 2008 年奥运会的口号是："同一个世界同一个梦想（One World One Dream）"。这一主题口号凝聚着成千上万人的智慧，集中体现了奥林匹克精神的实质和普遍价值观——团结、友谊、进步、和谐、参与和梦想，表达了全世界在奥林匹克精神的感召下，追求人类美好未来的共同愿望。尽管人类肤色不同、语言不同、种族不同，但我们共同分享奥林匹克的魅力与欢乐，共同追求着人类和平的理想，我们同属一个世界，我们拥有同样的希望和梦想。

"同一个世界 同一个梦想"，深刻反映了北京奥运会的核心理念，体现了作为"绿色奥运、科技奥运、人文奥运"三大理念的核心和灵魂的人文奥运所蕴含的和谐价值观。

"同一个世界 同一个梦想"，文简意深，既是中国的，也是世界的。该口号表达了北京人民和中国人民与世界各国人民共有美好家园，同享文明成果，携手共创未来的崇高理想；表达了一个拥有五千年文明，正在大步走向现代化的伟大民族致力于和平发展，社会和谐，人民幸福的坚定信念；表达了 13 亿中国人民为建立一个和平而更美好的世界做出贡献的心声。

英文口号"One World One Dream"句法结构具有鲜明特色。两个"One"形成优美的排比，"World"和"Dream"前后呼应，整句口号简洁、响亮，寓意深远，既易记上口，又便于传播。中文口号"同一个世界 同一个梦想"中将"One"用"同一"表达，使"全人类同属一个世界，全人类共同追求美好梦想"的主题更加突出。

11. 北京 2008 年奥运会火炬

奥林匹克火炬是经国际奥委会批准的、用于奥林匹克圣火燃烧的、可手持的火炬。北京奥运会火炬长 72 cm，重 985 g，燃烧时间 15 min，在零风速下火焰高度 25～30 cm，在强光和日光情况下均可识别和拍摄。在工艺方面使用锥体曲面异型一次成型技术和铝材腐蚀、着色技术。燃料为丙烷，符合环保要求。火炬外形制作材料为可回收的环保材料。北京奥运会火炬创意灵感来自"渊源共生，和谐共融"的"祥云"图案（见图 11 - 16）。祥云的文化概念在中国具有上千年的时间跨度，是具有代表性的中国文化符号。火炬造型的设计灵感来自中国传统的纸卷轴。纸是中国四大发明之一，通过丝绸之路传到西方。人类文明随着纸的出现得以传播。源于汉代的漆红色在火炬上的运用使之明显区别于往届奥运会火炬设计，红银对比的色彩产生醒目的视觉效果，有利于各种形式的媒体传播。火炬上下比例均匀分割，祥云图案和立体浮雕式的工艺设计使整个火炬高雅华丽、内涵厚重。

12.北京奥运会奖牌

北京 2008 年奥运会奖牌直径为 70mm，厚 6mm。奖牌正面为国际奥委会统一规定的图案——插上翅膀站立的希腊胜利女神和希腊潘纳辛纳科竞技场。奖牌背面镶嵌着取自中国古代龙纹玉璧造型的玉璧，背面正中的金属图形上镂刻着北京奥运会会徽。奖牌挂钩由中国传统玉双龙蒲纹璜演变而成。整个奖牌尊贵典雅，中国特色浓郁，既体现了对获胜者的礼赞，也形象诠释了中华民族自古以来以"玉"比"德"的价值观，是中华文明与奥林匹克精神在北京奥运会形象景观工程中的又一次"中西合璧"。

图 11-16　北京奥运会火炬

13.中国军团备战北京奥运会

北京获得奥运会的举办权，筹办过程出色的同时，世界人民尤其是中国人民期待在本土上欣赏到中国军团在奥运会竞技舞台上的出色表演。根据历届奥运会举办东道主竞赛成绩均有大幅提高经验，雅典奥运会中国又一举获得 32 块金牌，跃居金牌榜第二位的现实，中国人民给予北京奥运会中国军团更高的期待。放眼 2008 年奥运会，中国军团挑战与希望同在。

根据 2005 年各项目世界三大赛中金牌统计，美国获得了奥运会小项的 42 枚金牌，俄罗斯和中国的金牌分别为 34 枚、28 枚。中国的 28 枚金牌，主要集中在传统的优势项目上，包括举重、跳水、射击、乒乓球、羽毛球、体操等中国竞技体育强项。从总量上看，由于所设小项数有限，中国获得的金牌数已近乎于饱和，因此金牌增长空间较小。而其他项目水平还比较落后，难以在奥运会上争金夺银。而在奥运会金牌大项田径、游泳、水上的122个小项中（北京奥运会共计302个小项），2005年中国一块金牌未得。在雅典奥运会上中国获得4块金牌。三大球项目，除了女排外，其他项目中国尚未具有获得奥运奖牌实力。加上中国在雅典时网球女子双打等项目的偶然性，中国军团北京奥运会面临着巨大的挑战。

但同时中国又有着东道主的优势，有着竞技体育诸多方面的有利因素，因此金牌数保持上届奥运会水平甚至有所突破均是充满希望。2006年，刘翔勇破110米栏世界纪录，中国体操队在世界体操锦标赛中更是获取8枚金牌，创历史之最。加上男子48公斤级拳击、现代五项、帆船等项目又有所突破。中国军团如能延续在雅典奥运会的表现，相信他们会交给全国人民一份满意的答卷。

14．第29届北京奥运会

2008年北京奥运会，也就是第29届夏季奥林匹克运动会，于2008年8月8日20时在中华人民共和国首都北京国家体育场鸟巢开幕，并于2008年8月24日闭幕。

主办城市是中国首都北京，参赛国家及地区204个，参赛运动员11438人，设302项（28种）运动，共有60000多名运动员、教练员和官员参加北京奥运会。本届北京奥运会共创造43项新世界纪录及132项新奥运纪录，共有87个国家在赛事中取得奖牌，中国以51枚金牌居金牌榜首名，是奥运历史上首个登上金牌榜首的亚洲国家。

第十二章　安全与自卫防身

世界是精彩的，社会是复杂的，危险是存在的。随着社会、经济和科技的发展，人们不但要健康地生活，而且还要在提高身体素质的同时，提高个人安全生活的能力以及处理突发事件的应急应变能力。大学生作为成年人，对人身意外事故包括暴力性意外伤害的预防主要是由自己负责。由于暴力犯罪是社会生活的一个部分，而犯罪分子也是人类的一个部分，无论你是否认同，他们都存在，我们也必须同他们一起生活在同一个社会里，遭到他们的攻击也将成为我们日常生活中的一个组成部分，暴力犯罪无所不在，形式多样，每个人都可能在其一生中成为不幸的受害者。因此，防范暴力犯罪要未雨绸缪，防范在先是安全与自卫防身教育的第一步，也是最有效的自卫防身战略，预防犯罪的发生远比临场脱逃或格斗防身要容易和安全得多。从这个意义上说，在大学开设以预防意外伤害和暴力性犯罪为目的的安全与自卫防身方面的教育是非常必要的。

第一节　安全与自卫防身教育的必要性

一、未雨绸缪，预防在先，强化安全意识

安全与自卫防身教育，目的就是未雨绸缪、预防在先。预防在先是防范于未然、御敌于国门之外的一种安全教育方式。"安全"对于我们是重要的，它的意义，在于千家万户的幸福与欢乐；不懂安全，哪怕是小小的疏忽都可能让我们的生命处于危险之中。正是"安全"保持着各个行业高速、迅猛的发展态势，也正是"安全"让我们不断的走向美好生活的明天。安全意识的淡薄，安全知识的贫乏，总是让我们看到、听到一幕幕血的教训，安全的现代意义在于它伴随着人类的稳定、繁荣、发展和进步，一撇一捺的"人"字，其实就代表了支撑天地的脊梁，寓意是做一个人就必须担负起使他人幸

福、使自己也幸福的事业。只有安全才能有收获、有幸福，否则"皮之不存，毛将焉附"？在这人海如潮滚滚红尘的现实社会中，请问您最需要什么？是金钱美女、功名利禄、还是安全呢？

当然，人们需要学习多种技能以创造自己的宏图大业和幸福生活，但请别忘了，生命才是你最重要的东西。你的事业再成功，生活再美满，若不学会保护自己，一旦遭遇歹徒攻击，你的一切成果都会付之东流，竹篮子打水一场空。很多人已经以身试过了，如果他们还活着，他们会告诉你不要走他们的路！他们的惨痛教训，你重视了吗？

二、安全与自卫防身教育的理论基础

1. 生命价值无限论

$$\$3,000,000$$

生命健康　　学位　工作　车　　　房　　钱　家庭好友

图 12 - 1　生命价值链接

生命价值无限，人一生最重要的财富是其生命。如图 12 - 1 所示，人的一生有各种追求，如同用阿拉伯数字写出 300 万，所有的零代表了人生所需要的家庭、财富、学业、事业、快乐、自我实现等等，如果没有生命这个"3"放在前面，则所有的零都毫无意义。没有健康的生命这一载体，上述所有的追求都不复存在。据美国的研究表明，如果一个大学生在 20 岁左右被谋杀，那么按钱财来算他这一生的损失约为三百万美元。自卫防身教育的作用就是保卫最重要的生命。

2. 气球理论

人生有时就像一只气球，表面上看具有强大的生命力，如果不出意外事故的话，一般人都能活到 70～80 岁。而现实却不是像人们所期望的那样美好，有些人如愿地活到长寿的年龄，而另一些人却因为各种内外界因素而过早地夭折了，生命就像气球一样脆弱易碎。这其中包括一些大、中、小学生，他们的生命之花未来得及开放便凋零了，留给家人永远的伤痛。这些毁灭生命与健康的因素有成千上万，但归纳起来却只有 3 种，如图 12 - 2 所示。

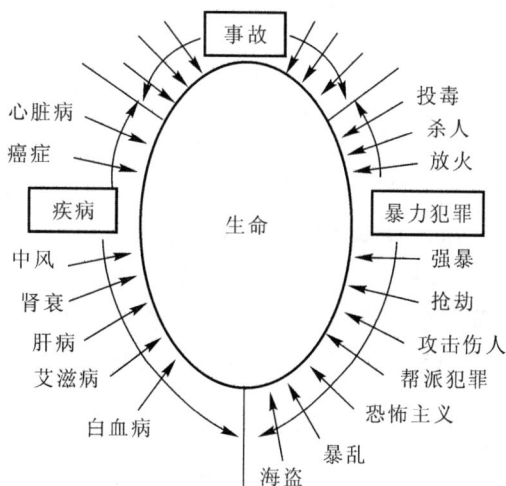

图 12-2

（1）各种事故和自然灾害——其中包括交通（车祸、空难、沉船），运动，儿童游乐场，自然灾害（地震、火灾、洪水、龙卷风），中毒，医疗事故，建筑事故。这些事故任何人都可能碰上，任何一个事故都可以轻而易举地毁灭一个人的生命或健康。

（2）各种疾病——常见的有心脏病、癌症、中风、艾滋病及各种内脏系统疾病。这类疾病的任何一种都可能夺去一个人的生命或健康。

（3）暴力犯罪——其中包括杀人，放火，投毒，强暴，抢劫，攻击伤人，黑社会犯罪，恐怖主义犯罪，暴乱，海盗及战争等等。一旦成为这些暴力犯罪的受害者轻则受伤残疾，重则送命。

3. 人类需求金字塔理论

美国著名心理学家马斯洛于 20 世纪 70 年代提出了令世人瞩目的人类需求金字塔理论（图 12-3）。

图 12-3 马斯洛的人类需求金字塔

马斯洛认为人类有各种不同需求，在满足了低层次的需求，如吃、喝、睡后，才能追求高层次的需求，如事业及自我实现等，马斯洛的理论为世界所公认。对安全的需求出现在马斯洛模式的第二层次上。说明学习如何保护自己的安全是人生最重要的一部分。马斯洛的人类需求模式为安全与自卫防身教育打下了最坚实的理论基础，没有生命安全就没有一切。可惜数十年来这一重要的理论对自卫防身及其教育的重大意义并未被人类所认识，人们固然需要数学、语言、计算机、外语等知识与技能以谋生存，但同时亦应有安全与自卫防身的知识与能力来保护自己，不可将其视作一种可有可无的雕虫小技。安全与自卫防身教育课程是对人类生命安全最有用的一门实用科学。

三、 安全与自卫防身教育的现实基础

马斯洛金字塔中的安全需要理论被强有力的社会现实所支持。如，美国联邦调查局的统计表明，在 2001 年，美国有 15980 人被歹徒杀害，90491 人被强暴（美国专家认为，这个数字只是实际数字的 1/10 而已），422921 人被抢劫，907219 人受到伤害性攻击，这些只是暴力犯罪。在财产犯罪方面，2001 年有 1000 万人成为受害者，210 万住宅遭入室行窃，700 万人被偷，120 万辆车辆被盗。研究表明 83% 的 12 岁以下的美国儿童在他们的一生中会成为暴力犯罪的受害者。专家们警告，80% 的美国人在其一生中会成为暴力犯罪的受害者，有的会不止一次。各种统计数据表明，暴力犯罪是威胁青少年学生的最主要因素，是危害女性上班族生命安全的头号因素和男性上班族的第二号因素。不管你是学生、工程师或政府官员，不管什么地方、什么时间，犯罪都可能落到你的头上。暴力犯罪给人们心理上带来极大的恐惧。特别是"9•11"事件后，美国政府经常性的提防恐怖攻击的警告，已使美国人民严重失去了安全感。

中国公安大学教授、犯罪研究会常务理事王大伟教授说，多年来，中国打击犯罪的力度不可谓不大，但形势依然越来越严峻，其根本原因是中国社会从计划经济向市场经济过渡时，深层次矛盾突出；与此同时，新的预防和控制犯罪机制还有待完善。种种迹象表明，中国正面临 1983 年第一个犯罪高峰以来的第四个犯罪高峰。犯罪的同步化，犯罪的暴力化，犯罪的智能化将是中国警方与未来刑事犯罪做斗争所要面临的严峻考验。

犯罪形式趋向国际化，同步性越来越强；犯罪手段趋向暴力化，恶性度越来越高；犯罪领域趋向高科技，智能化越来越强。有统计资料显示，当一个国家的 GDP（国民生产总值）达到人均 3 000～6 000 元/年，犯罪率会有

明显的上升。就中国现阶段来说，现行的刑法有 68 种死刑的罪名，并且执行着世界上最多的死刑判决，却也未能有效地遏制犯罪数量和级别的上升。以往的刑事暴力犯罪，其目标指向往往都是具体的个人，但今天善良的人们却不得不面对这样的事实：残暴的犯罪分子将黑手伸向了无辜的平民百姓，肆无忌惮地对社会和公众进行各种恐怖活动。这种疯狂的心理令人惊愕，从某种程度上来说，这也标志着暴力犯罪的一种升级，向我们的社会和公众提出了一个新的、严峻的问题，即如何面对这种以反对社会为宗旨的新类型犯罪？

这些客观因素和现实状况奠定了实施安全与自卫防身教育的社会学基础。当罪犯已虎视眈眈、磨刀霍霍的时候，我们也必须早作准备，学习和掌握一些安全知识和自卫防身的方法与策略，以防自己成为受害者。

第二节　安全与自卫防身教育的发展及现状

一、安全与自卫防身教育的发展

安全与自卫防身的行为始于动物世界。动物界的残杀使得所有的动物都发展出自己独特的自卫机制以求在自然界中生存。例如章鱼在遇到攻击时放出墨汁以掩护自己逃跑；兔子的三窟与奔跑能力使其免于或逃脱攻击；变色龙把自己隐藏起来使对手找不到目标；河狸在河中心筑窝以避开凶兽；黄鼠狼放臭以逐退对手；刺猬用利刺使攻击者无处下口。动物界的这些本能对人类的自卫防身有很大的启迪。人类的安全自卫本能与生俱来，但有意识地利用各种手段保护自己的生命安全这一观念，大约在几百年前才开始。如，中国明清时代的习武防身的流行。而西方国家在这方面的研究大约是在三百多年前开始的，初期只是提出一些如何保护生命财产的简单作法，虽然比较简单，但这也正是安全与自卫防身教育的开端。1880 年左右，美国出现了有关自卫与法律的讨论（Chen，G. 1998）。

1905 年美国出版了第一本有关安全自卫防身的专著，但只是教人们如何通过拳击自卫。在 20 世纪 80 年代，安全自卫就不再局限于格斗技术了，而是加上如何防范及脱逃，安全与自卫防身教育也在美国各大学逐渐推广开来，其内容基本上是简单防范方法及格斗方法。从 90 年代开始，安全自卫的书开始多样化，有的教妇女、儿童或老人等群体，而有的教防范强暴，有的教技术，有的教策略。这在不同程度上推动了安全与自卫防身教育体系的形成。

二、安全与自卫防身教育的现状

安全与自卫防身教育的概念在 20 世纪 90 年代的美国开始普及。这主要源于几个因素：犯罪的普及与多样化；媒体对犯罪的大量报导；人们对自己或家人有朝一日成为受害者的恐惧以及对美国司法机关的信任度降低。而在中国安全与自卫防身方面的教育刚刚开始起步，具体表现为：

1. 起步阶段，缺乏认证

目前，安全与自卫防身教育作为新兴的、多元化的理论与实践相结合的课程体系，在我国仅仅处于起步阶段，需要投入更多人力、物力去开发，研究和推广。目前在中国和美国都没有正式的安全与自卫防身专业教师培训与认证制度。

2. 基础薄弱，缺乏研究

虽然安全与自卫防身教育的实践技术在发展，但理论研究却明显落后。对安全教育与自卫防身课程的研究十分薄弱，研究文章及成果匮乏，很多正被采用的自卫策略和技术没有经过严格的实践与认证，统计数据不足。开设自卫防身课程的高校及培训机构，基本上也只是教授一种或多种技击技术，如：散打、跆拳道、中国跤、女子防身术等。缺乏系统的、完善的教学体系及教学大纲，严格地讲还不是安全与自卫防身教育的系统课程。

3. 交叉学科，缺乏沟通

安全与自卫防身教育与犯罪学领域及警方缺乏联系。安全与自卫防身教育本身应是自卫格斗与防范犯罪研究紧密结合形成的一门学科，但大多数自卫防身教师不懂犯罪学，而大多数犯罪学专家却从未想到把他们的研究成果应用到安全教育与自卫防身的教学课程实践中去。

4. 推广不力，缺乏普及

尽管安全与自卫防身的观念在欧美等发达国家已经比较流行，但真正去学习正规的安全自卫防身训练的人数比例却很低。中国在该领域的认识则更为滞后，调查显示，目前开设此类课程的高校在调查的高校中仅占 0.2%，且学生参与少，教学场馆等硬件条件无法保证，部分教学内容较难实施，多媒体教学有难度，普及率亟待提高。

三、大学的安全与自卫防身教育现状

在一些发达国家，传统上的宁静和平的大学校园现在已不存在，杀人、攻击、强奸及仇恨犯罪比比皆是。再往长远看，大学生毕业后所进入的职业场所的犯罪率急剧上升，15％的暴力犯罪发生在他们要工作 30～40 年的工作场所里面，暴力犯罪已成为职场威胁生命安全与健康的不可忽略的因素。中国的校园虽然有自己的围墙，但校园生活并不平静。随着改革开放的不断深入，高校教学体制和办学方式也发生很大变化，在引进新思潮的同时，也受到了享乐主义、拜金主义和极端个人主义思想的侵袭，使大学校园这块曾经的净土不再那么纯洁，流氓犯罪、仇恨犯罪、盗窃谋杀等事件时有发生。

同时，自 1999 年开始扩大高校招生规模以来，到 2011 年普通本专科招生计划已经达到 681 万人。这在推动我国教育发展的同时，也给教育管理提出了相当尖锐的问题。主要因素有 3 个方面：

（1）高校的教育硬件资源不足，例如，教室、实验室、图书馆、宿舍等经常人满为患，有的学生在外租住，使其自身安全散落于学校管理之外。

（2）网络及网络游戏的普及，在国家没有完善的网络管理的现状下，凶杀、暴力的内容比比皆是，在一定程度上，起着诱使和指导学生实施暴力侵犯的作用。

（3）在物质条件相对丰富的条件下成长起来的独生子女大军，几乎没有挫折教育的经历，心理承受能力、自我防范能力相对较弱，使其成为暴力犯罪的诱发者和受害者。

有关资料显示，高校盗窃犯罪逐年增加，每年有千余名学生因盗窃受到相应的处罚，暴力伤害及性犯罪也呈上升趋势。

另外，高校的社会化，也使社会上的不法分子看重高校这块"风水宝地"，伺机作案，流氓滋扰、坑蒙拐骗、暴力攻击等案件有增无减，严重扰乱高校稳定工作，更令人担忧的是至少 80％的大学生因为缺乏安全知识以及对社会复杂性的深刻了解，还单纯地认为校园、图书馆、食堂、宿舍是安全无忧的。对大部分人来说，自卫防身与安全教育还只是个模糊的概念，知之甚少。也许看到过、听说过，甚至有机会的时候偶尔参加相应的活动，但并不清楚自卫防身的具体内容，缺乏明确的安全意识，更没有行之有效的防卫方法和技能。

从长远看，大学生毕业后所进入的职业场所的犯罪率也在急剧上升，15％的暴力犯罪发生在大学毕业生们将要花几十年时间奋斗的工作场所，暴力犯罪已成为职场威胁生命安全的重要因素。为了保障大学生一生的生命安全与健康，并让天下的父母们不再为子女的安全问题提心吊胆，大学生们应把学习安全与自卫知识作为最优先、最重要的课程部分来对待。

四、安全与自卫防身教育的性质与目的

1. 安全与自卫防身教育内容的特殊性质

（1）防御性与被动性。由于在各种暴力犯罪中都是罪犯主动攻击受害者，因而受害者（即自卫者）只能被动地反应后去对付歹徒，而不会有先去攻击罪犯的事情发生。即使是自卫者在歹徒尚未攻击之前采取一些措施使自己的家变得更安全，那也是一种被动性、防御性的反应。这就决定了自卫防身者在与罪犯的较量中，歹徒永远都占有先机，自卫者始终是被动防御，而一般情况下被动防御者总是处于劣势。

（2）不可预知性。自卫者与罪犯之间的较量是一场不对等、不公平的战争，受害者都在明处，而歹徒却是在暗处。人们不知道谁是罪犯、他们的攻击目标是谁、他们想干什么、处在何时何地，如何作案，因而防范起来也是困难重重，这是自卫防身者的最大弱点。

（3）残酷性。当自卫者遭遇罪犯攻击时，其格斗往往残酷而惨烈。大部分罪犯都是阴险狡猾、心狠手辣、无法无天的冷血亡命之徒。他们什么都敢做、什么都敢用，刀枪棍棒、膝肘拳脚、砖头酒瓶，无所不用，以达到其攻击目的，而自卫者则是拼死反抗以保护自己的生命安全。双方在手段的应用上和格斗程度上都没有任何限制，这种战斗的残酷程度可想而知。

（4）复杂性。自卫者要防范和对付各种各样的犯罪，不同特征的罪犯，千奇百怪的犯罪手法，以及不可预测的时间地点。这好比一场战争，又好比一场体育比赛，双方的准备程度、智力水平、技术水平和身体条件以及特定的场合与具体情况，都将对胜负结果产生重大影响。

2. 安全与自卫防身教育的目的

安全与自卫防身教育的目的就是通过培养学生的自我防范意识和动机，掌握与应用智力与心理技巧及策略，同时学习与应用格斗技战术的经验来提高学生安全自卫防身的实际能力，以使他们能够成功地预防暴力犯罪的攻击并能在遭遇徒手或武装的罪犯时能够有效地摆脱或击败他们。虽然安全与自卫防身教育不能保证学生在学完课程之后百分之百的生命安全，但这种教育可以减少他们成为受害者的机率，以及降低临场应对时的受伤害程度。

安全与自卫防身教育的两大主要目标：一是使学生的头脑变得更加聪明与机敏；二是使学生的基础格斗防御能力有所改善和增强。

第三节　安全与自卫防身教育理论体系

安全与自卫防身教育课程的理论体系借鉴美国大学自卫防身教育的先进经验，首先对学生进行情商教育；其次是通过智力防范罪犯、急智脱身，其中包括安全常识、犯罪规律、分析案例、预防在先、临场应变摆脱，尽快逃离等。旨在通过理论知识学习和各种案例分析，使学生形成安全与自卫防身意识、提高预防能力及临场应变能力。

一、犯罪成因及过程研究与分析

在经济全球化背景下，随着社会开放程度的提高和国际交往的日益密切，尽管各国国情、犯罪控制策略和方式各不相同，但各国的犯罪率不断上升是一个不争的事实，犯罪总量并未因社会生产力发展而出现减少趋势。目前，我国处在从传统的计划经济模式转变为市场经济模式的急剧社会变革中，带来了一系列政治、经济、文化，包括人的思想、信仰的变迁，而新的法律制度还没有跟上，出现很多管理上的漏洞、制度上的漏洞。

（一）犯罪成因的研究与分析

造成犯罪的主要原因是社会因素和个人因素的交互作用的结果。

1. 有国外研究表明，犯罪的主要社会因素

（1）社会的分配不公、失业、贫富差别、贫穷所迫及社会福利的欠缺。

（2）教育不良、缺乏管教、家庭破碎、道德沦丧、信仰危机及宗教影响力的下降。

（3）毒品、枪支、酒精及帮派的泛滥。

（4）网络及媒体等对暴力的渲染及影响。

2. 犯罪的个人因素

（1）对金钱的贪婪、为生活所迫、被毒品或赌博等拖累、没有工作、没有收入等物质方面的因素。

（2）仇恨、嫉妒、报复、歧视、失望、无助的心理作用及自控能力的缺乏等心理方面的因素。

（二）犯罪过程的研究与分析

1. 对基本犯罪过程的分析

从预防原则出发，自卫者应对犯罪的基本过程和环节有所了解，以便在预防的过程中更具有主动性和明确性。歹徒犯罪一般都有规律，如，罪犯——受害者——犯罪时间——犯罪地点，这四个环节像一条链，抽出任何一个环节，犯罪都不可能成立，当我们了解这些内容的时候，就掌握了主动，罪犯对有准备和有防范能力的人实施犯罪是风险很高的。

（1）罪犯。罪犯是每一桩犯罪的始作俑者，整个犯罪的环节都由此开始。如果能够辨别出谁是罪犯，则预防犯罪就容易得多。但事实恰恰相反，罪犯的头上都不贴标签，他们就和我们平常人一样，谁也认不出他们。可能唯一例外的是小偷，我国比较有经验的警察在识别小偷方面胜出世界各国。犯罪的歹徒什么样的都有，年龄从 10 岁～80 岁，有男有女，有穷有富，生人和熟人，因此极难给每个罪犯画出一张相来。但总体特征有一定规律可循，如大多数暴力犯罪歹徒都是男性，经济地位较低，在西方国家尤其黑人男性犯罪率较高；罪犯多数为 16 岁～34 岁；有犯罪记录者、失学和长期失业，脾气暴戾者较易变成罪犯。

（2）罪犯的动机及触发因素。犯罪过程的第二环节是罪犯的行为和动机以及触发因素。罪犯的行为包括杀人、抢劫、强奸、攻击伤害、入室行窃及各种不同的犯罪组合。歹徒犯罪的动机包括，钱财、色相、仇恨、缺乏安全感或受到威胁时（女士杀人多源于此）、除去障碍、满足自己的支配欲及权利欲。触发歹徒犯罪动机，进而采取犯罪行动的因素包罗万象，综合案例来看，有常见的触发因素，也有令人想象不到的触发因素。

常见的触发因素：

1）受害者露财而招致歹徒袭击。

2）受害者疏于戒备而被歹徒钻了空子。

3）歹徒见到机会，如在夜晚、僻静处撞见单个女士。

4）日常生活中的纠纷与冲突引起。

5）与帮派、黑社会、毒品等犯罪组织有瓜葛或有冲突。

6）欺负人引起报复。

（3）作案目标——受害者。人们一般以为暴力犯罪的受害者多是女人、小孩或老人，其实并非如此，绝大部分被抢包的和被强暴的受害者确实是女性，但多数凶杀、攻击伤害和有组织犯罪的受害者却是男人。儿童和老人受害的比例远低于 16 岁～44 岁的人。富人被抢被盗的机会比较多，但穷人被杀被打的机率则更高。

那么受害者是怎样被罪犯选中的呢？罪犯选择作案目标的几个标准：

1）受害者有罪犯所需要的东西，如钱、财、色、权等。案例证明大部分抢劫、抢包、入室行窃、抢车、偷东西等案件及大部分强暴案件均始于此。

2）罪犯对受害者心怀仇恨，非欲除之或报复以图解恨。大部分的凶杀、攻击伤害、放火、部分强暴案件都始于仇恨。而有些则是由受害者引起的，有研究表明：25％的凶杀由受害者自己引起，还有38％的凶杀受害者负有一定责任。

3）受害者的软弱性。攻击一个软弱无力的受害者很少会遇到反抗，因而"得手快、溜得快"为罪犯最爱。从这个角度上讲，女性、体形矮小、体弱的人更容易上罪犯的"榜单"。

4）受害者成为罪犯发展、尤其是帮派组织发财的绊脚石，如你的位置挡了他们的财路或升迁之路，或你的生意抢了他们的财路。

5）运气不佳，如，路过某处而被帮派分子的成员试验胆量时当成了靶子。

6）受害者的生活方式不安全，如常走夜路或常路过危险地段、上班天天早出晚归、爱与人争执、卖淫等。

（4）作案地点。在一般的犯罪中，绝大多数罪犯都会精心挑选作案地点，一般是好隐藏，容易接近受害者，没有人能看见或帮助受害者，并且容易脱身之处。恐怖犯罪则恰恰相反，专挑人多的地方下手，因为罪犯的目的就是造成较大的社会影响，而且恐怖分子多是亡命之徒，不在乎自己的退路。

从理论上讲，每个地方都有可能发生犯罪，如受害者的家中、路上、工作场所等，但实际上要视情况而定，如在国外住在富人区就比住在穷人区的危险小得多，在没有帮派的地区走路比在有帮派地区走路更安全。有时对罪犯来说，在受害者家中犯罪反而更安全，因为没人看见和打扰。但罪犯作案地点这一因素常常与作案时间因素相辅相成，有时即使地点安全，但时间不好也可能会遇上歹徒。

（5）作案时间。从全年角度来讲，夏天犯罪率略高于冬天，可能是因为夏天人们常常打开门窗，而又常常在外的原因。近年来我国在春节前后犯罪率也比较高。在一天之中，罪犯在白天作案要大大少于晚间作案，罪犯偏爱晚间，因为黑暗使其容易藏身，又不会被别人看见或认出，容易接近受害者而不被发觉，因而易下手易脱身。但是，在光天化日之下行凶的罪犯也不是没有，如恐怖主义攻击就是如此。

（6）作案的方式及手段。罪犯作案时有时是徒手，有时则会使用各种武器，如刀、枪、棍、棒等。有的单独作案，有的团伙作案。一般来讲，罪犯在使用武器和团伙作案时较难对付。别看大多数罪犯没多少文化，但他们在运用军事原则及军事策略对付受害者时所显示出的智慧实在是不可低估。下面所列的是从上千例案件中总结出来的罪犯常用的手段与伎俩。

1）突然袭击。罪犯常常在受害者毫无戒备的情况下采用突然袭击得手，这在抢劫、抢包及强暴中常常见到。目前这种袭击方式在治安薄弱的地区较为多见。

2）以强对弱。罪犯为了减少受害者反抗的可能性及所遇风险，常常会以绝对的优势来对付受害者，如强壮歹徒对付弱小受害者，以刀枪对付手无寸铁的受害者，当今国内外使用武器的犯罪是屡见不鲜。

3）以多打少。以多打少是罪犯作案时常用的手法之一。以多对少把受害者置于绝对的劣势之下，使受害者不敢反抗或反抗无用。同时也震慑周围的人以使其不敢伸出援手。此种手法在抢包案及偷盗案中运用较多。

4）兵不厌诈——欺骗。罪犯常常会用一些欺骗手段来使受害者上当，进而作案得手。如，装成病人，请求帮忙，然后突然袭击；装成警察以使受害人不敢反抗；打电话称你家人遇到车祸，骗你出去，以洗劫你家或直接骗取钱财；一个人向你问路以转移注意力，另一人偷包或袭击等。

5）制造事端。罪犯先制造一些事端以迫使受害者牵连进去，从而展开袭击。如在受害者前面开车突然停下并倒退撞上受害者的车，或直接从后面撞上以迫使受害者下来交涉，进而袭击。

6）解除武装。罪犯常常先在受害者水中或食物中放上迷药而使受害者丧失反抗能力，再行犯罪，这在强暴及抢劫中尤其普遍。

7）威胁利诱。罪犯常常会以威胁或利诱的方式来解除受害者的反抗能力与意识，这在黑社会团伙敲诈商家索取保护费时，以及实施强暴时使用较多。

二、知己知彼，防范在先

防范在先是安全自卫防身行动的第一步，也是最有效的自卫防身战略。预防犯罪的发生远比临场脱逃或格斗防身要容易和安全得多，应创立多种具体防范措施与方法，提供给学生，使其对现代暴力犯罪的特点有所认识，知己知彼，更有针对性地作好预防和准备。

更重要的是，应该树立这样一个观念，每个人都可能是潜在的暴力犯罪的受害者。无论你是学生、工程师或政府官员，无论在什么地方、什么时间，犯罪都可能落到你的头上。因此，每一个人都要注意暴力伤害预防，不仅要预防罪犯，还要加强对自己可能成为被害人的预防，才能达到真正的预防。

第四节　预防各种不同的犯罪

本节主要从分析具体暴力犯罪的角度来提供预防措施，而预防每项犯罪需从两个方面着手，第一步，针对所列出的危险信号或危险行为进行自我对照，查看是否出现所列危险信号。如果有一条或几条对上，则说明遭到这种犯罪攻击的可能性增高。在察觉自己的危险行为后，应立即采取措施，消除隐患。第二步，如果自己的行为与危险清单都对不上号，则可采用一般防范原则与措施进行预防。

一、防范凶杀

（一）危险行为：检查与消除

（1）家中或朋友中有人参加帮派。

（2）住在或经常路过帮派地盘或低收入地带。

（3）自己或家中朋友中有人参与毒品交易或吸毒。

（4）经常去酒吧酗酒。

（5）喜欢与人争执并从不退让。

（6）经常惹麻烦激怒别人，喜欢欺压别人。

（7）与别人有重大利益冲突。

（8）参与三角恋情。

（9）工作时涉及到过手钱财、处置罪犯或进行卖淫。

（10）有钱并喜欢露财。

（二）防范凶杀一般原则

1. 远离帮派

（1）自己不要参加，并劝告亲友远离帮派分子。

（2）不要住在或路过帮派地盘，别与帮派结仇作对。

（3）向当地警察了解当地帮派情况。

2．远离毒品

（1）不要吸毒或贩毒，并劝告亲友远离毒品。

（2）别与毒贩子或吸毒人员交往。

（3）不要住在或路过毒品地带。

3．不要经常卷入争执与冲突

（1）改变自己的坏脾气。

（2）少因小事与别人争吵结怨。

（3）凡事和为贵，以和平方式解决问题。

4．与人为善

（1）不要欺压别人，不管对方多么弱小。

（2）不要惹麻烦去激怒别人。

（3）不要树敌。

5．防范其他犯罪

（1）预防抢劫引起的凶杀。

（2）预防强暴引起的凶杀。

（3）预防仇恨引起的凶杀。

二、防范抢劫

（一）危险行为：检查与消除

（1）独自一人在僻静街上行走。

（2）夜间独自出门。

（3）经过帮派或毒贩地盘。

（4）使用提款机。

（5）喜欢露财，如穿戴华贵。

（6）随身携带大量现金，或取送、经手大量现金。

（7）在夜间零售店工作。

（8）家中被生人进入。

（二）防范抢劫一般原则

（1）尽量减少经手大量现金的机会。

（2）不要露财，不要显示富有，行事低调，藏好自己的钱财，留心周围环境。

（3）不要在夜间，或在僻静无人处，或在帮派及毒品地区行走、工作或娱乐。

三、防范强暴

（一）危险行为：检查与消除

（1）年轻美貌、青春靓丽，但疏于防范。

（2）常独自走夜路或去不安全地方。

（3）独自夜间工作或在家而被人盯上。

（4）从事性服务工作。

（5）穿着挑逗、暴露。

（6）喜欢与陌生人交往、喝酒、约会。

（7）独自开出租车和坐出租车。

（8）没有防范意识或准备。

（9）过于相信别人。

（10）在约会时酗酒或吸毒。

（二）防范强暴一般原则

（1）建立防范强暴的意识，牢记所有的男人都是潜在的强暴者，因而在与之交往时，首重防范。

（2）不要轻信陌生人，如，不要搭他们的车，不要其接受邀请去不熟悉的地方，不要告诉自己的地址和电话。

（3）不要常常单独在黑暗中，或在僻静地区走路或做事。如果不得不去有危险的地方，找信任的男士陪同在白天去，而且待的时间越短越好。

（4）告诉家人你都与谁交往，而且要让他们知道你的家人什么都知道。

（5）单独在家要格外小心，不要让别人看到屋里的情况，不要给陌生人开门。

（6）如果是约会，首先要了解其人，并坦白交流，必须设定规矩底线。不要喝酒并留心自己的饮料，也不要挑逗刺激对方。

四、防范攻击伤害

（一）危险行为：检查与消除

（1）与帮派有联系或离帮派地盘较近。

（2）与毒品有联系或离毒品地区较近。

（3）脾气火爆常与人争执并不计后果。

（4）欺压他人、挑衅、损人利己、树敌。

（5）常酗酒与吸毒。

（6）与别人有利益或其它冲突。

（二）防范攻击伤害的一般原则

（1）与人为善，不要为小事与别人争执或起冲突，减少树敌。

（2）远离帮派与毒品。

（3）少惹事，少挑衅，不要仗势欺人，己所不欲、勿施于人，以免别人报复。

五、防抢包、抢首饰及掏包

罪犯抢包、抢首饰及掏包，目标在钱，如得手一般不会再伤害受害者。但在抢劫过程中，受害者很可能也会受伤，或与歹徒发生冲突而遭到歹徒群起攻击。

（一）危险行为：检查与消除

（1）携带较多现金或露财。

（2）佩带贵重首饰。

（3）钱包未得到妥善保护。

（4）为其他事而走神，忘了保护钱包。

（5）缺乏警觉。

（6）单独行动。

（二）防范抢包、抢首饰及掏包的一般原则

（1）不要佩带贵重而引人注目的首饰。虽然你有权利，但罪犯也会把你当成目标。

（2）少带现金，而且不要露财。尤其不要在别人注目之下打开钱包掏钱。

（3）在买东西时先在人少处把钱准备好，并抓牢自己的包，把包夹在腋下比较保险，尤其不要因为拎东西把两手都占上，而忘了护包。

（4）留心环境，走路警觉，提防罪犯的突然袭击，尤其是驾驶摩托车的歹徒。

第五节　急智脱身

本节将介绍如何识别危险环境，如何在遭到罪犯攻击前或攻击时使用急智不战而脱身，以及这些急智脱身措施的优缺点及运用时机。另外，还将介绍在犯罪现场如何应对各种不同的犯罪。

一、识别危险环境

识别危险环境主要是看自己所在场所，如身处僻静无人之地、或处于黑暗之中、或贫穷地区、或帮派及贩毒地区、或周围有不三不四的人在闲逛或盯着你。一旦发现自己处于这些环境之中，应当机立断，立即撤出，不要有侥幸心理。当然在前面内容中，我们已强调过，最好不要去这些地方以免自己送进虎口。

除识别危险环境外，还要留心危险信号，那就是当罪犯已经盯住或面对自己，你就已经身处危险之中了。罪犯在作案前或作案时可能会表现出下面的各种言行，轻则如盯住、尾随、及接近受害者，重则会碰撞、抓住、或拖走受害者、甚至将受害者摔倒在地、卡喉捆绑或用刀枪逼住受害者。罪犯亦有可能使用一些简短字词来表示目的。如"不要动、动就捅了你"，或"把钱拿来"，或"脱掉衣服"，或"进去"，或"别出声"等等。

从罪犯的言行中，人们有时可以猜出歹徒的行凶动机及意图，因而有针对性地应付：谈判、或跑、或打。如歹徒只想要钱，则在拿到钱后很可能不再去伤害受害者，花钱消灾是受害者最理想的结局。但也不排除罪犯会杀人灭口。如歹徒强扒受害者衣服，其目的最有可能是强奸。那么受害者就得决定是放弃抵抗以满足其要求去保命呢？还是反抗？因为受害者不知道罪犯是否有艾滋病或在强暴后是否杀人灭口？如，罪犯强迫或拖受害者进车、进屋或去僻静之处时，则受害者更应该小心。因为在僻静无人之处，罪犯可以随心所欲地处理受害者而又不为人知。大多数专家都认为不能随罪犯去别处，而宁可在大街上逃命或反抗。

二、决定如何应对罪犯和攻击

面对罪犯及其攻击，可怕而又危险，很多人到了这个地步才知道自己也会成为暴力犯罪的受害者，进而埋怨自己为什么没作好预防而处在这样一种危险而生死未知的处境中。但一切都晚了，现在只能是孤注一掷了。

在遭到罪犯攻击中，想要做出一个正确决定以全身而退绝非易事。一是对罪犯的底细、动机、目的都不了解，二是没有思考时间，有时一两秒钟之内就得做出决定，这实在是太难了。细想大公司的经营模式，在信息都齐全，又有专家和计算机的辅助，作一项决策也要有一定时间，而且决策也不一定正确。反过来想想在既无信息又无时间的情况下，自卫者如何能想出万全之策呢？因而在遭到攻击时，自卫者安全脱身的机率很难预测，常常是在碰运气。

美国专家伯汝沃于 1994 年提出了一套在遭受攻击时的决策模式：

（1）避开强于现场退让。

（2）现场退让强于受伤。

（3）受伤强于变成残废。

（4）变成残废强于杀人。

（5）杀人强于被人杀害。

伯汝沃模式列出了决策的轻重缓急，建议人们选伤害轻者而为之，对人们在遭受攻击时快速做出决策很有启迪。

三、临场应对歹徒的急智措施与技巧

下面介绍的一些智能型措施（与格斗相对应），旨在帮助学生在遭到罪犯攻击时不战而保全生命安全。同学们可从其中选择一二以形成自己的独特风格。这些措施来自于真实案例，被一些自卫者成功地使用过，但这些措施亦有不少失败的案例，而且没有研究证明这些措施的成功率是多少，仅供大家借鉴参考。如同格斗技术一样，没有一项措施能百分之百地保证自卫者能安全脱身，因为每个自卫者所遇到的情况都不相同。自卫者应根据自己的实际情况灵活运用。

急智脱身措施的最大好处是不用格斗，因此受伤的机率较低。另外，由于自卫者不用武力抵抗，罪犯也可能因此而降低其攻击的暴力程度。然而，这些措施亦有其共同的，也是最大的缺点，即不管自卫者采取何种智能措施，如妥协、舌战等，最后都是由歹徒来做决定，是放过你还是攻击你，自卫者对现场没有一点的控制权。因此，在采用这些措施的同时，自卫者必须作好随时格斗的准备。

在下面的介绍中，不同的急智措施用不同的模式来代表以帮助理解和运用：

1. 走为上策——兔子模式

三十六计，走为上策，这一军事原则也适用于安全自卫。遭遇罪犯攻击时转身逃走有很多好处。一是做起来容易，不需要任何技术。二是安全，逃走避免了采用格斗而可能造成的伤害，也避免留在现场而受罪犯摆布的危险局面。三是逃走时马上就把危险甩掉，因为歹徒一般不愿在容易被人看到的情况下追杀自卫者。因为这一模式的安全性、实用性较高，所以被广为推荐。但兔子模式亦有其局限性，一是在很多情况下自卫者被堵在屋内、或被

抓住而无路可逃。二是穿戴不当、或跑得不快、或缺乏耐力也不易脱逃。三是有时受害者被吓得双腿发软，失去反抗能力。

自卫者在遇到下面的一些情况时，可考虑采用兔子模式。首先是当罪犯身材力量占明显优势、或持刀枪、或团伙攻击时，自卫者应毫不犹豫地跑掉。第二是当罪犯威逼自卫者去僻静之处时，自卫者应以走为上或格斗。第三是在罪犯还未下手之际，或在格斗中，或采用急智措施创造逃跑机会时。第四是自卫者对其它急智措施或格斗没有信心和把握，而奔跑能力较强时。

2．妥协服从——病人模式

这一策略是指自卫者完全听命于罪犯而不作任何反抗，以求罪犯不会用更严重的暴力，进而在达到其目的后放过自卫者，或希望罪犯因此而松懈下来，从而造成自卫者使用其它策略的良机。由病人在医生面前从来都是服服帖帖而来，因此命名"病人模式"。

妥协服从的优点是：第一，不会激怒罪犯，并使罪犯感到受害者不会反抗，因而无需增加其使用暴力的程度。第二，罪犯会感到自己已经控制了局势因而放松警惕，从而使自卫者有机可乘。第三，自卫者可利用妥协服从而推迟罪犯下手的时间，以寻找其他机会。但这一方法也有其局限性。第一是受害者使用此计时自卫者对局势没有任何主动权，只能受罪犯摆布。而一旦罪犯决定不放过受害者时，还得另做打算，但时间可能也来不及了。第二是罪犯可能会利用大多数受害者"听话就能保命"这种心理，把受害者一步一步地引入圈套。当受害者发现自己被捆绑住而失去了最后反抗的机会时，罪犯又欲行凶时，则受害人只能任人宰割。由于罪犯的动机及案件的具体情况不同，受害者使用此计安全脱身的机率是无法预料的。

使用此计的最重要原则是建立妥协服从的底线。即在什么程度上可以妥协服从，而在什么情况下不能继续再妥协服从下去，必须逃走或反抗。如果受害者认为继续妥协听命会使他们丧失最后的反抗机会时，如被捆绑起来或带到僻静无人之处时，则应当机立断、改变策略，即便是有生命危险也必须奋力反抗或逃走。

3．舌战——推销员模式

推销员一般都会花言巧语引顾客上钩，人们在面对强壮歹徒、或面对枪口刀尖而不能逃跑时、或身体较弱而又无技术、无信心去格斗反抗时，往往会试图采用这一办法。其目的是使罪犯改变初衷、或"立地成佛"心软下来而不加害受害者、或拖延时间寻找其他机会。

这一办法的好处是：第一，不会像格斗或逃跑那样容易激怒罪犯，因此可减少罪犯下更大毒手的可能性。第二是在一些情况下，如罪犯不是穷凶极恶、丧心病狂、或歹徒良心未泯时，能使罪犯产生同情心理而不使用暴力。第三是在与罪犯交谈时发现可以利用的信息以想出对策，或寻找机会脱身。但这一办法也有局限性。一是受害者根本就没有机会开口，二是由于惊吓，受害者脑子一片空白，原先想好的词一句也想不起来、说不出来。第三，受害者不论如何花言巧语，听不听还是要由罪犯决定，受害者没有一点主动权，因而此计效果难料。不过多数罪犯都没有同情心，他们常常对受害者的乞求不屑一顾。

这一办法的具体运用方式可有多种。谈判式是一种，如受害者以同意交出更多藏匿的钱财以换取生命安全，或以不认识或不记得罪犯或不报警以免罪犯杀人灭口、把事作绝。规劝式是另一种变化，自卫者试图以规劝来唤起罪犯的良知、或停止因一时冲动而引起的犯罪行动。中国有一位教授就是用这种办法逃脱攻击，并改变歹徒攻击的思想行为的。欺骗式则是另一种变化，受害者利用各种籍口欺骗罪犯以求新的脱身机会。如欺骗罪犯去取钱而路上逃跑，或以感染性病为由，吓退欲行强暴的罪犯。这办法的运用时机包括当受害者没机会逃走或格斗时，或罪犯不那么凶恶蛮横时，或自卫者需要拖延时间，或改变环境时。

4. 吓唬——吠犬模式

此计是用来警告和威胁罪犯，他们所选择的受害者并不像他们想象的那样是个软柿子。相反，如果罪犯硬要攻击的话，不会轻易得手，甚至可能自己吃亏。罪犯一般都愿意选择软弱、无备及容易得手的目标，这样得手容易，又无对方反抗危险，并容易溜之大吉。而当自卫者摆出一副正规格斗的姿势及拼命的神情时，罪犯很有可能望而生畏、知难而退，而转身去找更容易得手的受害者。此计模仿呲牙裂嘴的狗、虽不见得咬人，但却十分吓人而得名。当罪犯不了解底细时，这一招很有效，罪犯看到碰上高手了，便可能溜之大吉。

此计效果，一是在吓唬罪犯时，自卫者自己也会增加勇气以抗敌。二是吓唬会出乎罪犯意料之外，使歹徒在心理上缺乏攻击一个强硬的自卫者的自信。三是吓唬可能使罪犯先退缩，因为他不知道自卫者有多么厉害。四是罪犯会担心，在短时间内无法得手，而会被人发现。此计也有其局限性，当罪犯了解自卫者底细时、或罪犯明显占有优势时、或罪犯志在必得时，此计很难奏效。另外，吓唬会激怒罪犯而促使他们使用更危险的暴力来制服一个厉害的受害者。

5. 弄脏自己——黄鼠狼模式

此计用来使受害者变得污秽不堪，从而使歹徒失去兴趣甚至感到厌恶而罢手，来源于黄鼠狼的御敌模式，主要用来对付强奸和性骚扰。当受到熟人攻击时效果更好，因为熟人一般不会被激怒而引发使用更严重的暴力。在受到陌生人攻击时，此计也可以拖延歹徒进攻，从而寻找脱身机会。

把自己搞脏方法很多，呕吐、故意尿裤子、把各种酱类洒得满身皆是、在泥里打个滚，都可以达到上述目的。把自己搞脏的作用是改变了受害者的形象，由一位漂亮姑娘变成肮脏的流浪者，从而引发罪犯的厌恶感并降低其欲望。罪犯一般会因为缺乏心理准备及经验对付这样的自卫者，因而放弃或犹豫不决。

此计也有一些局限性。一是不管自卫者把自己搞得多么肮脏不堪，最后还要看罪犯怎么作，自卫者没有控制局势的能力。二是受害者不一定有机会有条件实施此计。三是罪犯可能会为达到目的而引发使用更严重的暴力行为。另外，此计只对强奸罪犯有效，对其他罪犯则作用很小。

6. 装疯卖傻——小丑模式

此计使自卫者表现出罪犯所预料不到的怪异行为，从而造成罪犯心理上的迷惑，及因缺乏对付这类受害者的经验与信心以迫使歹徒回避退让。这种办法的使用形式多种多样，实例1，一位女教师在遭遇一伙晚间游荡的流氓团伙时，装精神病患者而逃过一劫。罪犯当时全部愣住，呆呆地看她离去，谁也不知道怎么办才好。实例2，一位女士在遭遇性攻击时，主动装作脱衣服同时抱怨自己感染艾滋病而不在乎，结果罪犯先害怕了。

此计会给罪犯造成心理上的迷惑，并因此犹豫不决而必须重新调整心态与目标，结果丧失进攻机会，或因没有对付这类受害者的经验与信心而罢手。但此计有其局限性。自卫者在遭受攻击时可能没有机会去实施此计，用此计亦需要一定的胆量在罪犯的威胁下能机智表演，但是最后还是歹徒占有主动权。

综观以上各种急智脱身措施，并非都能达到避险效果，我们推荐最多的是兔子、病人及吠犬模式，并且也因人而异。

四、临场应对各种犯罪的措施与方法

临场应对犯罪的最大困难是不知道罪犯想干什么。因而人们常常使用妥协、逃跑、格斗等方法来本能地保护自己。因为这几种措施对付什么样的攻击都有用。但如果知道了罪犯想干什么，也就是说了解了罪犯正在实施的犯罪活动，人们可以更有针对性地选择应用一些具体措施。

1. 应对抢劫

应对抢劫虽然危险但作决定却不难，因为罪犯一般是要钱不要人，但有时也会在抢劫后杀人灭口或强奸，专家们提出下面几种应对抢劫的办法：

（1）马上交钱，决不为保钱财而冒险，尤其是在没有跑时。

（2）扔了钱就跑，以免罪犯得了钱后继续施暴。

（3）不要试图去记住罪犯的面貌，以免招致杀身之祸。

（4）如果罪犯得手后还想带走或伤害受害者，则受害者应立即逃出或拼命格斗。

2. 应对入室行窃

（1）如发现家门被撬，不要急于进去检查损失状况，应马上去邻居家报警。

（2）如人在家时罪犯撬门破窗，可扭大电视音量、或高喊男士名、或高喊"拿枪来"以吓退罪犯。

（3）持刀持棍先向罪犯发起攻击，趁其立足未稳将其打退。

（4）如与入室行窃罪犯打上照面，可假意打声招呼、请坐喝茶、并说去邻居家叫罪犯要找的人回来，趁机溜走。

（5）如已面对刀枪，则交出钱物，但如果罪犯进而灭口杀人，应尽全力反抗。

3. 应对强奸

（1）应对熟人强暴：

1）态度坚决、冷酷无情、严辞拒绝。

2）警告对方法律责任。

3）威胁对方要以牙还牙、拼死反抗，如对方坚持攻击则后果自负，至少两败俱伤。

4）给对方一个台阶下，不失面子地收场。

5）找个借口，如例假期等。

（2）应对陌生人强暴

1）如无生命危险，喊叫求援以吓退罪犯。

2）跑向有人的地方。

3）警告威胁对方你不是好惹的。

4）拉开格斗架式，准备一拼。

5）使用各种正规与非正规格斗技术反击。

6）如不服从便有生命危险时，只好妥协，退步让对方得逞而求保命。

7）不得已时也可表示合作，并让对方找个舒适的地方，同时寻找机会。

（3）应对性骚扰

1）日常生活中避免穿袒胸露怀或超短裙之类的过于性感的衣服去人群拥挤或偏僻的地方。

2）外出时，到陌生环境要提高警惕，注意那些不怀好意的尾随者，必要时采取躲避措施。

3）不贪图小便宜，不但要警惕陌生人送钱财，也要对熟人的过于殷勤和热情有所防范。

4）不去歌舞厅、酒吧等公共场所，深夜不独自外出。

5）一旦遭到骚扰，要沉着冷静，在适当的时机大声呼喊、抗争。

4．应对攻击伤人

（1）一旦形成冲突并有暴力倾向，应马上退出以避免武斗，一走了之。

（2）如罪犯还继续攻击，可跑向有人的地方求助。

（3）如没有生命危险，可警告威胁罪犯再敢挑衅后果自负，至少两败俱伤，谁也占不到便宜。

（4）如对方不肯罢手，且自己又无退路，只好全力反击，以击退击伤歹徒。

5．应对凶杀

（1）如果对方执意要杀害受害者，则受伤者的选择就已经很少了。唯一的选择是逃命，什么都不要，只要逃走就是胜利。

（2）当发现罪犯不会放过自己时，自卫者应抓住时机全力格斗反抗。尽管危险性比较大，但总比任人宰割强。

6．应对绑架

（1）如有生命危险，切不可妄动，应妥协服从并同时寻找机会。

（2）留心环境，丢下点证物以利警察寻找。

（3）不要把全部底细都透露给罪犯，因为罪犯会感到你无用了而起杀心。

（4）若发现罪犯有松懈之机、或打算杀死受害者时，应努力逃走或杀出血路。

（5）避免多嘴多舌引起罪犯厌恶，以至于先拿你开杀戒。

（6）如遇警察围捕，远离门窗等地，并隐藏好自己。

第六节 增强安全与自卫防身意识，
提高格斗水平

人们常常认为学过一门安全与自卫防身课程，自己就有了一道护身符，从此便可以远避暴力犯罪，高枕无忧，这是不现实的。学会这门知识固然可以减少成为犯罪受害者的机率，但并不能百分之百地保证自卫者的终生安全，而且课程的结束并不意味着安全自卫防身知识学习的结束，恰恰相反，这正是每位学生在未来漫长的人生道路上保护自己生命安全的开始。另外，学习如逆水行舟，不进则退，不用则废，格斗技术亦如拳术，三天不练手生，所学知识如果不用，则毫无价值并且容易遗忘，若想长期保持自己的格斗能力，并在日常生活中把成为受害者的机率降至最低程度，最好的方法是做好两件事。第一是警钟长鸣，始终保持自卫防身的安全意识与警觉性，并把所学过的策略方法应用于日常生活之中，以预防犯罪。第二是继续学习，不断拓展自己的知识，并巩固提高格斗技术与经验，同时坚持关注与了解犯罪的变化与趋势，未雨绸缪，有针对性进行犯罪防范。

一、增强安全与自卫防身意识

（1）预防犯罪是一项长期而艰巨的任务，而不是临时抱佛脚的一种权宜之计。把预防措施落实到每个行动上，预防犯罪的基本原则与措施已在前面章节里详细介绍过，可以创造性地将其结合起来，尽快尽早地将适合于自己的措施与方法付诸实施。有些措施是临时性的，如外出旅游的防范，而有些则是长期的、终身性的，需要更长时间来建立起来，如改掉坏脾气、学会与人为善、减少树敌等。

（2）关注暴力犯罪的发展趋势与特点。暴力犯罪的趋势与特点随时间推移及社会环境变化而变化，犯罪分子的组成结构与犯罪手法也常常改变。人们需要留心这些变化，以便调整自己的防范措施。关注犯罪趋势与特点并不难，很多消息可以从电视、报纸上得到，而留心这些情况会帮助自卫者提高警觉，有备无患。

（3）带动家庭成员参与。学会自卫策略与技能后，别忘了带动你的家庭，亲属及朋友同事也来学习如何自卫防身。这是你能为亲朋好友们所作的最大、最有用的贡献，你有责任和义务带动他们参与学习，他们的安危是与你息息相关的。如果因为你能作而没有去作，他们当中的人不幸成为暴力犯罪的受害者，你能感到安宁吗？

当然，带动亲友们参与安全自卫防身活动的方式很多。第一，把所学知识与他们分享，使其意识到学习安全自卫防身的重要性，并建立安全自卫的警觉性及意识。第二，把所学知识尤其是预防原则与措施教给他们，并帮助其根据自己的情况判定，并实施一些相应措施。如，帮助在高中就学的弟弟学会如何避开抢劫，教会妹妹如何预防强暴等。第三，教会他们简单的急智和格斗技巧，以增强其兴趣与信心，同时也有助于自己复习这些技术，强化练习。第四，鼓励他们参加正规的自卫防身课程，以接受系统训练。第五，在他们生日时，或节日时送些特殊礼物，如随身用警报器或喷雾器，安全与自卫防身著作等，这些礼物要比蛋糕、衣服实用得多。

二、理论学习与实战相统一

1. 多读多看

在国外每年都有安全与自卫防身教育方面的新书，在中国也将会大量出现，人们可以根据自己的需要去选读有关书籍，或根据专家建议选读。如预防工作场所的犯罪、预防强暴、及针对老人、儿童、妇女、或残疾人的自卫防身等。阅读可使你不断地把新知识增加到所学过的知识体系上去，以开阔视野和积累经验。

2. 专门格斗训练

在修完正规的自卫防身课程后，多数学生都能掌握足够的技术来对付一般无武器的攻击者。但遇上擅长格斗，甚全更为强壮，或携有武器的罪犯则恐怕力不从心。另外，学习安全与自卫防身知识技能不是权宜之计，而是长期的任务。如果不坚持练习，则所学格斗技术会在几个月内忘掉 70%～80%，因此，坚持不懈学习与进行格斗练习，对保持技术及提高水平是至关重要的。

提高格斗技术有两种方式。第一种是全面式，如正规课上所教授的均衡发展所有的格斗技能，如远战、近战、摔法、地战、擒拿、解脱及特殊格斗等。这些训练可在中、高级班课程里或武馆中得到，旨在保持与提高全面格斗能力。第二种是针对自己特点，形成与发展适合自己的格斗技术。这种训练的指导思想是，虽然自卫防身需要全面提高格斗技术以应付不同形式的攻击，但由于条件所限，很多人没有那么多时间去学习提高所学的格斗技术，因而需要在短时间内发展自己的一技之长。各种拳术都会提供这种训练，学生也可与老师讨论自己适合发展哪种特长，并观摩各种拳术的训练后作出决定。

三、利用现代科技，超越身体限制

为增加与罪犯格斗中的胜算，自卫者在发展了智力与格斗技术的同时，还可以利用现代科技武器来增加胜算。使用这些武器不仅可以增加自卫者自己的信心，勇气与格斗能力，还会使歹徒感到恐慌，甚至退缩。

（一）喷射型武器

（1）瓦斯枪，亦称喷雾器。此物小巧，可喷出有毒瓦斯，造成罪犯睁不开眼，喘不过气。在罪犯不备时，对准其脸部发射最为有效。射击距离最远可达 3～5m，越近效果越好。

（2）辣椒水枪。它的功能和限度与瓦斯枪相似，但喷出的是辣椒水，而且喷发一次比一次弱。

（二）电子型用具

（1）电击枪。此物类似于警察的电棍，捅到身上（或隔着衣服），其强电可造成接触部位的暂时麻痹，并失去行动能力，一般效果可持续 30min～2h。只能近战时使用，与格斗技术并用，颇具威力及恐吓力。

（2）随身警报器。小如打火机，可佩在身上。遇到紧急情况时，将栓拉出，即会发出刺耳尖声，在夜间尤其响亮。其功能是吓走罪犯并召来救援，因为罪犯作案时都不喜欢引人注目，但也不排除其狗急跳墙而先伤人的可能性。因此，在使用时应保持与罪犯的安全距离。

（3）住宅与汽车警报器。其功能与随身警报器相似，在美国非常普及，尤其是当住宅警报器与警察局联线时，对预防入室行窃效果较佳。

（4）闭路电视监控器。闭路电视监控器一般是由银行或商店用来防备抢劫、入室行窃等犯罪活动，并且可用来追踪罪犯。绝大多数罪犯不愿被闭路电视录下面孔而被警察追捕，因此，他们对安装闭路电视监控系统的地方一般不愿去碰，不过如果罪犯戴着面罩，则监控的有效性就会大打折扣。

（5）手机。手机的普及不但改变了人们的生活，也给安全与自卫防身带来很大的方便。虽然手机不是武器，不能用来格斗，但可使救援来得更快，也能让家人朋友知道你在哪里，发生了什么情况。

（三）防护器具

（1）防弹背心，早已为美国警察广泛使用，对低档小型武器的射击尤为有效。但防弹背心较少为民间使用。因为它太厚太笨，不宜每日穿戴。而较薄的防弹服又太贵，一般人买不起。

（2）腕带发报机。当佩带者遭到攻击时，将信号立即发射给监测台去采取行动，妇女儿童均适用。对绑架受害者使用效果颇佳。

（3）威利芯片。在人体内植入一小块数码芯片，并通过卫星来定位，而且不易被罪犯发现。这项技术在国内外均已开始使用。

（四）自卫防身器械的利与弊

自卫防身器械使用得当则有很多优点，进攻型的防身器械如瓦斯枪、辣椒水枪和电击枪都使自卫者看起来更有威慑力，因而在气势上震慑住歹徒。持有这些器械可以使自卫者增强信心与勇气，同时又让罪犯看到自卫者有所准备而不敢轻举妄动。而防守型的器械则可使自卫者尽快得到救援，从而有效地保护自己。

当然，自卫防身器械也可能带来一定的问题。如自卫者是否有机会拿出器械来抵抗，或器械有无问题，可否使用等。更严重的问题还包括，罪犯抢走器械用来对付自卫者，或自卫者过度依赖器械忽视了基本知识与格斗技术的学习与训练。自卫者对这些问题都应该有清醒的认识和充分的准备。

（五）使用防身器械的指导原则

（1）所有学习自卫防身知识的学生都应牢牢记住：防身器械的功能仅仅是使你的防卫能力超过人体的生理限制，以使自己更有威慑力，更有信心与勇气应付罪犯，而绝不能取代系统的自卫防身知识与格斗技术的学习。首先，必须全面的学习自卫防身知识与技术及其应用，其次，再去学习器械使用，绝不能颠倒这个程序。使用自卫防身器械只是自卫防身的一个部分，不能过多依赖于器械，否则等丁把自己的生命安全押在器械上面，一旦使用不上则会束手无策，后悔莫及。

（2）在购买器械之前，先请教这方面的专家研究清楚器械的功能与限制，各家产品的优缺点。同时，还要弄清楚携带及使用这些器械的规定。

（3）购买器械后首先要当面试用是否好使，尽快学会如何使用。并且要能熟练使用，使自己成为这方面的专家。

（4）将器械保存在伸手就可以拿到的地方，但又要防止被别人拿走或被儿童误用。

（5）妥善保养这些器械，经常检查其状态如何，如电池是否有电等。

（6）牢牢记住，在面对罪犯使用器械时不可犹豫。该出手时就果断出手，稍微犹豫就会失去战机，甚至被罪犯抢去器械伤害自己。

四、构建全社会与个人相结合的防范系统

他山之石可以攻玉。美国加州圣何塞州立大学陈工博士在研究了各种社会预防暴力犯罪的理论与模式以及安全自卫课程的实践之后，1998 年就从安全与自卫防身学角度提出防范暴力犯罪的三层次理论，在这里介绍给同学们，以供大家学习与借鉴。

(一) 全民皆兵——防范暴力犯罪第一层次

这一层次的主要功能是减少潜在罪犯的数量和作案次数，以使整个社会更为安全。这一层次包括政府，学校教育，家庭和社会的共同努力。

(1) 政府。通过给需要支持和帮助的家庭与个人，提供工作及工作技能训练、社会福利及最低程度的生活条件保障，可以大幅度减少钱财引发的犯罪，如抢劫与入室行窃等。另外，这些努力也会有效减少反社会的行为及犯罪。

(2) 教育。学校的正规教育帮助学生成为守法合格的公民，帮助学生提高纪律性及自控能力，并训练学生去承担各种正当工作或建立自己的正当事业，由此而减少潜在罪犯的数量。另外，在美国提供各种特殊类型教育的项目，旨在教育青少年健康向上而不是走向犯罪。其中包括，帮助贫困家庭学生接受高等教育的项目，预防毒品和帮派及其活动的项目，业余青少年免费体育活动项目等，非常值得借鉴的。

(3) 社会。坚持社会公平与平等以及与人为善、和平共处的原则使用，对减少各种暴力犯罪非常有效，从上到下，每个人都遵守社会法律与公德一定会使整个社会更加和谐稳定。如果大家都懂得"己所不欲，勿施于人"的法则，其回报也将是一个安全稳定的社会生活环境。

(4) 家庭。家庭是社会的基本单位，如果每个家庭都能以身作则，管好自己并加强子女教育，加强家庭成员之间的亲密关系，让家庭充满爱，做好守法公民的榜样，那么青少年的犯罪率必将大大降低。

(二) 威慑与限制及惩罚罪犯——防范暴力犯罪第二层次

这一层次的功能是使罪犯不敢轻举妄动，限制他们的行动自由，或以严厉惩罚其行为来警告罪犯，以减少发案机率。这一层次包括警察，法院与监狱，社区组织，及推广普及安全防范暴力犯罪的专家。

(1) 警察。警察在防范暴力犯罪方面有以下几个作用，第一，保障整个社会的安全。他们的行动对犯罪分子是一种威慑，使罪犯不敢轻举妄动、为非作歹；第二，对罪犯活动的时间、地点等因素起限制作用，使其不能到处

随意行凶作恶；第三，对罪犯进行追捕，最短时间内将其绳之以法。第四，对民众防范暴力犯罪进行教育引导。第五，对受害者的及时救援作用。

（2）法院与监狱。这二者的功能是严厉惩罚罪犯，以使他们不能再去攻击民众，同时这种惩罚对其他潜在的罪犯亦有威慑的作用——"如敢犯罪，大刑伺候"。

（3）社区组织。社区组织在防范暴力犯罪方面有不同的作用，如，"街邻联防"可使自己的社区更加安全，"反枪组织"旨在减少歹徒犯罪的辅助因素，"预防帮派组织"则旨在消除地区性的帮派及与青少年保持良好互动，以减少他们加入帮派的机会。

（4）预防暴力犯罪的研究人员与实践专家。相关研究的专家不断发明新方法来使罪犯作案更加困难，并使预防犯罪更加有效。拳术专家和自卫防身专家则旨在提高民众的反抗能力，以使罪犯试图得逞变得难上加难。

（三）个人与家庭的努力——防范暴力犯罪的第三层次

这一层次旨在使个人与家庭成员认识到犯罪的现实性与危险性，并采取行动去学习与应用安全与自卫防身的策略与技术来减少成为受害者的机率，以及在遭遇歹徒攻击时的应对能力。这一层次包括自卫防身课程，拳术练习，特殊训练，及后援性组织。

（1）自卫防身课程。这种课程到处都有，旨在给自卫者提供基本预防犯罪及对付罪犯的知识技能训练。只要参加学习就必有所获，应鼓励家人参加训练。

（2）拳术练习。中国的拳术五化八门，博大精深。这些拳术旨在教自卫者如何用格斗技术来对付罪犯。尽管拳术种类不同，但它们均能以不同角度、形式增强自卫者的格斗能力。

（3）特殊训练。在欧、美等发达国家，一些组织机构常常开设一些短期的训练课程来帮助民众学习一些特殊技术。如，使用喷雾器击退歹徒，如何使用枪支自卫，还有针对不同人群，如，妇女、老人和残疾人的训练等。

（4）后援性组织。在美国每个州都有一些后援性组织，如强暴预防与救助中心，受虐儿童救援中心，暴力犯罪受害者救援中心，家庭暴力预防与救援中心等等。这些组织的作用主要是帮助民众提高意识，并在需要时给予及时的协助。

第十三章　实用体育项目

第一节　休闲体育

　　休闲体育是指在相对自由的社会生活环境和条件下，人们自愿选择并从事的各种形式的体育活动的统称，它是体育的一种社会现象，也是体育的一种存在形态，更是是社会休闲活动的主要方式之一。人们在余暇时间进行的、以满足自身发展需要和愉悦身心为主要目的、具有一定文化品位的体育活动。是指由内部动机引发的，为了从外界环境的压力中解脱出来，使个体能够以自己喜欢的、本能地感到有价值的运动方式，去休息、消遣、培养与谋生和经济利益无关的体能、智能和运动能力，自发地参加体育活动和自由发挥运动才能的一种社会文化活动。

一、台球

（一）台球介绍

　　台球是一项在国际上广泛流行的高雅室内体育运动，是一种用球杆在台上击球、依靠计算得分确定比赛胜负的室内娱乐体育项目。台球已发展成为多种多样：有中式八球、俄式落袋台球、英式落袋台球、开伦台球、美式落袋台球和斯诺克台球，其中斯诺克最为普遍，已成为一项比赛项目。

（二）斯诺克台球介绍

　　斯诺克台球球台内沿长 350cm，宽 175cm，高 85cm。斯诺克共用球 22颗，其中 15 颗红球、6 颗彩球，1 颗白球（主球）。台球排法示意图数字代表彩球及其分数。红球分值 1 分，排成三角形，放在 6 分和 7 分之间，彩球的颜色及分值如下：黄球 2 分；绿球 3 分；咖啡球 4 分；蓝球 5 分；粉红球6 分；黑球 7 分。

　　从开球到所有球被击打入袋这一个过程称为一局。打球过程中，如果一方未能一杆全收，或者打了一个违规球，则击球权让于另一方。一场比赛可约定打一局、三局、五局、七局决定胜负。世界职业锦标赛决赛则是打三十五局。如果结束时，双方平分，传统决定胜负的方法是：将黑球摆在黑球位上，白球摆在开球区，双方通过抛硬币，决定谁先打，先将黑球打入者为胜方。每局的胜负由双方积分多寡决定，分值高者为胜方。得分有两种途径：一是靠进球得分，二是通过对方失误罚分而得分。每打入一颗红球得 1 分，打入一次黄球得 2 分，绿球 3 分，棕球 4 分，蓝球 5 分，粉球 6 分，黑球得 7 分。因此，双方都会尽最大努力，多将黑球打入袋内。

台上半圆形区域为开球区，以彩球 2-4-3 为直径。开球前，双方可以通过抛硬币来决定谁先开球。开球一方，可将白球摆在开球区的任何位置，每次击球后，白球停在什么位置，就必须接着由什么位置打起。打球方必须先打入一颗红球后，才能任选一颗有利的彩球打。彩球打进后，需取出重新摆回其自己的定位点。接着，再打红球，红球打进后再打彩球，如此反复，红球全部入袋后，必须按照从低分值球到高分值的顺序打彩球，依次是黄球、绿球、棕球、蓝球、粉球和黑球。此时打进的彩球，不用再拿出来，直至所有彩球入袋，台面上剩下白球，比赛宣告结束。

斯诺克规则规定，未遵守下列规则，属犯规行为，当处罚分。打红球时，如果白球未能撞到任何红球一空杆，则要罚 4 分；如果误撞了彩球，则按照该彩球的分数罚分，但是最少罚 4 分。即，如果撞到了黑球罚 7 分，撞了黄球罚 4 分；打彩球时，如果未能打到要打的彩球，则按照此彩球的分数罚分。如果误撞了更高分的彩球，按照高分罚分，最少罚 4 分。因此进红球后，打彩球前，如果要打的彩球不能明显看得出来，则必须要声明击打的是哪个球，否则自动罚 7 分；如果误将白球击入袋，最少罚 4 分，或者按照白球进袋前最先碰到的最高分数球罚分。白球入袋后，接着打的一方可将白球摆在开球区的任何位置击球；罚分不从受罚方的分中扣减，而是加入对方的得分中。

下列行为也属违规：①将球打落台桌面；②双脚同时离地击球；③白球跳过中间球击打目标球；④台面上的球被球杆击球端以外任何物品或身体任何部位所碰到；⑤在出杆时，球杆连续击白球两次以上；⑥球杆、白球和目标球同时接触。当白球和目标球距离少于 2.5cm 时，想不犯规出杆非常困难，所以当白球紧贴目标球时，击球方就只准将白球击开，而不得带动目标球。这种特殊情况下，只要将白球打离目标球，就当作击中目标球。好的球手，经常会利用这种机会做安全球或斯诺克。

二、围棋

(一) 围棋介绍

围棋是一种策略性两人棋类游戏，中国古时称"弈"，西方名称"go"。流行于东亚国家（中、日、韩等），属琴棋书画四艺之一。有学者认为，围棋蕴含着汉民族文化的丰富内涵，是中国文化与文明的体现。古人常以"琴棋书画"论及个人的才华和修养，其中的"棋"指的就是围棋。

围棋使用方形格状棋盘及黑白二色圆形棋子进行对弈，棋盘上有纵横各19条直线将棋盘分成361个交叉点，黑先白后，棋子走在交叉点上，双方交替行棋，落子后不能移动，以围地多者为胜。围棋也被认为是世界上最复杂的棋盘游戏之一。

(二) 围棋规则

对局双方各执一色棋子，黑先白后，交替下子，每次只能下一子。

棋子下在棋盘上的交叉点上。

棋子落子后，不得向其他位置移动。

轮流下子是双方的权利，但允许任何一方放弃下子权。

(1) 棋子的气。一个棋子在棋盘上，与它直线紧邻的空点是这个棋子的"气"。棋子直线紧邻的点上，如果有同色棋子存在，则它们便相互连接成一个不可分割的整体。它们的气也应一并计算。棋子直线紧邻的点上，如果有异色棋子存在，这口气就不复存在。如所有的气均为对方所占据，便呈无气状态。无气状态的棋子不能在棋盘上存在，也就是——提子。

(2) 提子。把无气之子提出盘外的手段叫"提子"。提子有二种：①下子后，对方棋子无气，应立即提取；②下子后，双方棋子都呈无气状态，应立即提取对方无气之子。拔掉对手一颗棋子之后，就是禁着点（也作禁入点）。棋盘上的任何一子，如某方下子后，该子立即呈无气状态，同时又不能提取对方的棋子，这个点，叫做"禁着点"，禁止被提方下子。

(3) 中国规则。贴3又3/4子的规则：第一步，把死子捡掉。第二步，只数一方围得点数并记录下来（一般围得点以整十点为单位）。第三步，如果数的是黑棋，再减去3又3/4子，如果数的是白棋，再加上3又3/4子。第四步，结果和180又1/2（棋盘361个点的一半）比较，超过就算胜，否则判负。通俗来说为白棋177子为胜，黑棋185子为胜。让先与让子：让先不贴目，让子要贴还让子数的一半（就当被让方是预先收了单官）。

三、触摸式橄榄球

(一) 触摸式橄榄球介绍

"触摸式橄榄球"（Touch Rugby）是从英式橄榄球简化而来的，所用的球也是橄榄球，男女老少都可以参加，但比赛中并没有身体接触。防守一方只要有人用手碰到拿球进攻球员，进攻球员就得放下球，把球从自己的两腿中间向后滚去，交给队友继续进攻。

无论是英式橄榄球还是美式橄榄球，都是男子汉的运动。对于普通爱好者来说，要想充分享受这种"暴力美学"有一定难度，于是触式橄榄球便进入橄榄球爱好者的视野中。

(二) 触摸式橄榄球规则

（1）触摸。双方队员都允许主动触摸对方。触摸范围包括身体的任何部位以及球、衣服或头发。整个比赛过程中几乎没有暴力的成分。比赛的进攻方有权被触摸最多 6 次。

（2）触摸和传球。队员一旦被触摸后是不能再传球的。

（3）拾球者：拾球者是指当队友放下球后捡起球的人。

（4）越位/不越位。当发生一次触摸后，防守队员必须退回线后 5 米处。防守队员在拾球者尚未触摸到球之前是不能向前方移动的。拾球者是不允许推迟时间拾球的。

（5）边线。如果持球队员触到或跨越边线，则他将被视为出局从而将改变球权。比赛将在队员出线处向前 5 米的地方从新井始。若在持球队员出边线前被触摸，则算一次触摸。

（6）阻挡。进攻方的队员不允许阻挡防守队员的试图触摸。防守队员不允许阻挡进攻方试图接球的队员。

（7）得分。进攻方持球队员在被触摸之前脚触底线或跨越底线都将被视为触地得分。一次触地得分算一分。拾球者是不允许直接搭阵得分的。

（8）换人区：比赛双方都可以在任何时候换人。被换上场的人只有在被换下的人出场后方能进场参加比赛。换人必须在换人区范围内进行。

（9）持球权：当有以下情况发生时将交换球权：①球掉地；②拾球者持球时被触摸；③发生 6 次触摸；④持球队员踩到或跨越球场边界；⑤不正确的滚球；⑥不正确的轻踢。球权的改变将以滚球来从新开始比赛。

（10）传球：进攻队员可以传球、击打、仍或递球给任何一个没有越位的队友。前传球是不允许的。

（11）轻踢发球。轻踢发球发生在放球点，放球后用脚轻踢球而球不超过 1 米并立即拿回球。进攻方的任何队员都可以轻踢发球。

（12）犯规进攻犯规。①传球，被触摸后传球的；②在没有退到被触地点而滚球的；③在被触或主动触摸之前滚球的；④故意踢球的；⑤没有按"最少暴力"原则触摸的。防守犯规。①没有按"最少暴力"原则触摸的；②离滚球地后退不够 5m 的；或犯规后后退不足 10m 的；③对裁判判罚相抵抗的；④耽误比赛的。

（13）滚球。意味着新一轮进攻的开始。当进攻方面对对方得分线滚球时，队员必须将球放在滚球点并处于两腿之间的地方。如果球向后滚，则最多不能超过 1 米。队员不能耽误滚球，并且滚球时球不得向前滚。

（14）比赛场地。场地长 70m（得分线到得分线），宽 50m。换人区处于场地侧边，长 20m，触地搭阵区域都属于得分区。

（15）队伍构成。每个队最多由 14 名队员组成。每队任何时候在场内的队员最多为 6 个。比赛最少要求一队 4 人。

（16）掷币。掷币胜出的一方队长将有权选择上半场的进攻方向和换人区域，并且该方赢得开球权，裁判将监督掷币。

（17）中场休息。标准竞技级别的比赛每场 20min，并有 5min 的半场休息时间。主委会将改变比赛的持续状况以让队员休整从而适应接下来的比赛。

（18）加时赛和队员下场：当比赛一直僵持到结束，从而需要最终决出胜负，此时就需要打加时赛，而加时赛中两个队的队员每两分钟就要下场一个，直到场上每队只剩 3 个队员。率先得分的队将赢得此次比赛。

（19）队员着装：所有队员必须统一着装。衣服前后印号。鞋底铸模的球鞋是可以穿的。赤脚，有尖铁钉和螺钉饰品的鞋是不能穿的。队员不能穿戴任何首饰，那将会带来危险。

（20）裁判：裁判实际上是基层法官，并且在整个比赛过程中按照规则执法。裁判的执法要以相关规定作为控制比赛的依据。涉及比赛的官员，运动员和教练都在裁判的管辖之内。

（21）恶劣的比赛行为不能容忍：任何恶劣的行为将导致犯规队员受到处罚，罚时或甚至被罚出场取消剩下的比赛资格，这些将依据犯规的情节轻重予以处理。

四、棒球

（一）棒球介绍

棒球运动是一种以棒子打球为主要特点，集体性、对抗性很强的球类运动项目。它动静结合，分工明确。队员之间既强调个人智慧和才能，又必须讲究战略战术，互相配合。成员之间分工明确，责任清晰，又必须主动配合，相互服务，必要时为顾全大局，个人要甘于牺牲自我。它在国际上开展较为广泛，影响较大，被誉为"竞技与智慧的结合"。在美国、日本尤为盛行，被称为"国球"。棒球比赛法定比赛人数最少为9人，与其近似的运动项目为垒球。棒球球员分为攻、守两方，利用球棒和手套，在一个扇形的棒球场里进行比赛。比赛中，两队交替进攻：当进攻球员成功跑回本垒，就可得1分。九局中得分最高的一队就胜出。

（二）棒球基本规则

两队比赛，每队9人，两队轮流攻守。攻队队员在本垒依次用棒击守队投手投来的球，并乘机跑垒，能依次踏过1，2，3垒并安全回到本垒者得一分。守队截接攻队击出之球后可以持续碰触攻队跑垒员或持球踏垒以"封杀"跑垒员，当球落地之前防守队员如果接住球，则称之为跑垒员被"接杀"，如果投手对击球者投出三个"好"球，则跑垒者被"三振出局"。攻队3人被"杀"出局时，双方即互换攻守。两队各攻守一次为一局，正式比赛为9局，以得分多者获胜。守队队员按其防守位置及职责规定名称如下：投手，捕手，1垒手，2垒手，3垒手，游击手，左外野手，中坚手，右外野手。攻队入场击球的队员叫击球员。合法击出界内球且没有被场上防守人员接杀时，该击球员应即跑垒，称为"击跑员"，当投手投出四个坏球或者让球接触到跑者身体，则跑者"保送"上一垒（"好"球即为投手将球投入好球区且击球者没有击中球，"擦棒球"，"界外球"和挥棒挥空也属于"好"球范畴，"坏"则指投手将球投在好球区外，且击球者没有挥棒）。击跑员安全进入1垒后，即称为"跑垒员"。

（三）棒球具体规则

1. 投球

投手可以采用正面投球和侧身投球两种姿势。投球前均须用脚踏触投手板。正面投球只许向击球员投出。投球动作开始后，动作必须连续，不得中断。侧身投球可以向有跑垒员的垒位传牵制球，但投球动作开始后，只许投向击球员。投球前必须保持静止持球在身前的姿势至少1秒钟。违反投球规则的投球叫"不合法投球"，判投手一个"坏球"；垒上有跑垒员时，叫"投手犯规"，跑垒员得安全进1个垒。

2. 击球跑垒

攻队必须按"击球次序"名单依此入场击球。击球时不得越出击球区；击出腾空球被守队合法接住，击球员出局；击球员可以用棒挥击、推击或触击。击出界内球后，击球员即应跑垒；投手累计3个"好球"（在本垒宽度上空以内，高度在击球员膝上、腋下之间）击球员三击不中出局。如投4个"坏球"或投球击中击球员时，击球员安全进1垒。击球员击球落入界内时，即成击跑员，应向1垒跑进。到达1垒时未被防守队员封杀或触杀，为安全到垒，此时即成为跑垒员。跑垒员必须按1，2，3及本垒顺序跑垒。不得反向跑垒，不得有意妨碍守队接球，否则判出局。跑垒员可以偷垒，但有被"杀"出局的可能。跑进时可以冲跑或滑垒，但必须沿跑垒线范围内跑进。击球员击出界内腾空球时，跑垒员应触踏垒包，待球接触守队队员后，方可离垒。合法跑垒并触踏过1，2，3垒，击出合法腾空球超出外场规定界限时，为"本垒打"。击球员安全得1分。但击球员仍需按规定路线踏触3个垒再回到本垒，才算合法得分。

3. 防守截杀

（1）封杀跑垒员，当击球员成为击跑员时，其他跑垒员被迫放弃原垒向前跑进，守垒员只要接球用脚触垒即可封杀跑垒员出局。

（2）防守队员持球触杀离垒或跑进中的跑垒员，判跑垒员出局。

五、保龄球

（一）保龄球介绍

保龄球，又称地滚球，是在木板道上滚球击柱的一种室内运动。保龄球具有娱乐性、趣味性、抗争性和技巧性，给人以身体和意志的锻炼。由于是室内活动，不受时间、气候等外界条件的影响，也不受年龄的限制，易学易打，所以成为男女老少人人皆宜的体育运动。已经成为现代社会中的一项时尚运动，流行于欧洲、美洲、大洋洲和亚洲一些国家。

（二）比赛规则

（1）保龄球是以局为单位，以击倒球瓶数的多少来计分并决定胜负的。一局分为10轮，每轮有两次投球的机会。如果在一轮中，第一次投球就把10个球瓶全部击倒，即全中，就不能再投第二次。唯有第10轮不同，第一次投球如果投得全中，仍要继续投完最后两个球；如果是补中，就要继续投完最后一球，结束全局。值得强调的是，如果两次投球没有将 10 个瓶全部击倒，那么第三次机会就会被自动取消。

（2）比赛以抽签的方式决定道次。每局在相邻的一对球道上进行比赛，每轮互换球道，直至全局结束。第二局需互换球道，单数的球员向左移动，双数的球员向右移动。有时也可以统一向右移动道次，目的是为了每个球员都能相遇和机会均等。投球的先后以抽得的 A、B、C 顺序为准。

（3）保龄球比赛时，均以 6 局总分累计决定名次。

1）单人赛：将每一局的成绩相加，以 6 局总分最高者为冠军，次者为亚军，再次为第三名。

2）双人赛：每人 6 局，以二人合计 12 局累计总分高低决定名次。

3）三人赛：每人 6 局，以三人合计 18 局累计总分高低决定名次。

4）五人赛：每人 6 局，以五人合计 30 局累计总分高低决定名次。

5）全能赛：以每人 24 局总分高低决定全能名次。

6）精英赛：通过上述前四项比赛，取 24 局总分的前 16 名参加准决赛，进行单循环后共打完 15 局，取 15 局总分的前 4 名参加挑战赛。第四名对第三名，是第一次挑战；胜者对第二名是第二次挑战，胜者对第一名的比赛称为决赛，连胜两局者为冠军，连负二局者为亚军。一胜一负两局总分高的为冠军，一胜一负两局分低的为亚军。如果两局总分相同，就要看双方第九轮与第十轮的成绩了，分数高的夺得冠军。

（三）计分规则

保龄球的计分不难，每一局总共有十格，每一格里面有两球。共有十支球瓶，要尽量在两球之内把球瓶全部击倒，如果第一球就把全部的球瓶都击倒了，也就是"STRIKE"，画面出现"X"，就算完成一格了，所得分数就是 10 分再加下两球的倒瓶数，但是如果第一球没有全倒时，就要再打一球，如果剩下的球瓶全都击倒，也就是"SPARE"，画面出现"/"，也算完成一格，所得分数为 10 分再加下一格第一球的倒瓶数，但是如果第二球也没有把球瓶全部击倒的话，那分数就是第一球加第二球倒的瓶数，再接着打下一格。依此类推直到第十格。但是第十格有三球，第十格时如果第一球或第二球将球瓶全部击倒时，可再加打第三球。

（1）全中：当每一个格的第一次投球击倒全部竖立的十个瓶子时，称为全中。用（X）符号记录在记分表上该格上方右边的小方格中。全中的记分是 10 分加该运动员下两次投球击倒的瓶数。一局的最高分 300 分，运动员必须投出十二个全中。

（2）补中：当第二次投球击倒该格第一个球余下的全部瓶子，称为补中，用（/）表示。记录在该格右上角的小方格内。补中的记分是 10 分加运动员下一个球击倒的瓶数。

（3）失误：除第一次投球后形成分瓶外，当运动员在某格两次投球后，未能将十个瓶子全部击倒，即为失误。

（4）分瓶：分瓶是指在第一球投出后，把 1 号瓶及其他几个瓶子击倒，剩下的瓶子呈下列状态：

1）2 个或 2 个以上的瓶子，它们之间至少有 1 个瓶子被击倒时，如：7 号瓶和 9 号瓶、3 号瓶和 10 号瓶。

2）2 个或 2 个以上的瓶子，紧挨在它们前面的瓶子至少有 1 个被击倒时。如：5 号瓶和 6 号瓶。

注：分瓶在记分表上用（O）表示。

（5）犯规：在投球时或投球后，运动员的部分身体触及或超越了犯规线，以及接触了球道的任何部分和其设备建筑时，即为犯规。该次犯规的时效直到该名运动员或下一名运动员投球为止。犯规在记分表上用（F）表示。

（6）合法击倒球瓶

运动员合法投球后球瓶的下列情况，将被认为是合法击倒球瓶：

1）被球和其他瓶直接击倒或击出放瓶台之瓶。

2）被从两侧边墙隔板或球道后部缓冲板反弹回来的瓶所击倒或击出放瓶台之瓶，均作为击倒之瓶计算。

3）在清扫球瓶之前被扫瓶器横杆反弹回来的瓶所击倒或击出放瓶台之瓶。

4）斜靠在边墙隔板上之瓶。

在下一次投球前，这些瓶都应清除掉。

（7）不合法击倒球瓶。凡属下列情况者，投球的球有效，但被击倒之瓶不予记分：

1）当球在到达球瓶前先脱离球道，然后才击倒的球瓶。

2）投出之球从后部缓冲板反弹回来击倒球瓶。

3）当瓶接触摆瓶员身体的任何部位反弹回来击倒的球瓶。

4）被自动摆瓶器碰倒的瓶。

5）在清除倒瓶时被碰倒的瓶。

6）被摆瓶员碰倒的瓶。

7）运动员犯规后击倒的瓶。

8）投球后在球道和边沟里出现倒瓶，球在离开球道表面前碰倒这些倒瓶。

不合法击倒球瓶一经出现，应恢复原位。运动员有权在该格投另一个球。

六、飞镖

（一）飞镖介绍

弯曲形投掷器械。分为两种。一种为不可飞回的飞镖，仅可做直线飞行，一般为棒状，有一端呈鹤嘴锄状。另一种为可飞回的飞镖，由不飞回的飞镖发展而成，在飞行中会突然转向，体轻而细，多用坚硬的曲形木做成。可飞回的飞镖一般长约 30～75cm，重约 340g，其形状有 V 字形、十字形、螺旋桨形等，以 V 字形最为常见。

（二）基本规则

对记分员要求是，他/她本身应是一个有经验的飞镖选手，并且熟悉飞镖比赛规则。在记分时，应被比赛双方所接受，应保持中立和公正。在非正式的比赛中，上一场比赛的负者应为下一场比赛记分。以镖尖接触到镖盘的有效计分区为基本原则。

投掷飞镖以 3 镖为一轮，用手投出，每次投一镖，飞镖向镖盘投出离手后并超越了投掷线，就算投出一镖。飞镖应投在有效记分区内，飞镖投在镖盘以外，镖盘外沿，被镖盘弹回，投中后未及拔镖而掉落（或在镖盘停留未超过 5s，5s 是指第 3 支镖或最后一支镖投后），扎在前一支镖的镖杆上，均算投出一镖，且不得分。

任何人的手接触到镖盘上的飞镖，该轮就算结束，选手不必一定要投完3 支镖再去拔镖（或破坏墙壁），计分员在 3 镖之间一定不能接触盘上的飞镖。选手自己、记分员或己方队友触到了镖，该轮比赛算结束，计算已投出镖的得分。对方触到了镖，该轮比赛也算结束，计算已投出镖的得分，罚对方空一轮比赛。

（三）例外情况

（1）镖尖并未扎入镖盘，而是搭在前 2 支镖上接触到镖盘，应予计分。

（2）镖杆倒着扎入镖盘（投掷前尾翼已掉），不得分（除了镖尖，任何其他部位接触镖盘均不得分）。

（3）从铁圈下扎入镖盘。在使用正常状态的镖盘情况下，以飞镖首先接触的分区为准。

（4）飞镖弹出用手接住后能否再投？正式规则不能。有些飞镖联盟规定只要接镖时未越过投掷线，就可以再投。

（5）飞镖掉落情况的处理。对最后一镖的处理有不同说法，按正式规则如该镖停留不到 5s，则此镖无效。有些联盟规定只要双方认可，该镖也可以得分。

（6）爆镖。收 DOUBLE 时，如前一镖爆镖，剩余的的镖就不能再投，希望将前一镖打掉，或用后两镖再练习一下都是不允许的。但有时在未爆镖的情况下将前一支不稳的镖打掉，会是一个好的选择。

（7）飞镖投在两个分区之间如何处理？有时会因为选手使用的飞镖重量过重，或镖盘质量有问题而将铁丝扎断，甚至铁丝将飞镖镖尖劈开，飞镖正好投在两个分区之间的情况。此时要按较高的分区计算得分。

（8）收 DOUBLE 时，头一镖已投中应投的分区，因光线、角度等原因未看清楚，以为没有投进，又投中一镖至该分区或其他分区，是否算爆镖（1998 年 HowsoTitan 与 LocalsII 在镖协杯半决赛时，对方张建就出现过这种情况）？以前的规则规定算爆镖，但 WDF/BDO 世界飞镖联合会和英国飞镖组织的新规定，任何在结束比赛后"意外"投出的镖都不予计算。因此这种不算爆镖，算取得比赛权。

（9）当计分员在记录正确的情况下报错分数，如你剩 36 分，计分员告诉你剩 46 分，你按 46 分结束了比赛，如何处理？算你爆镖！因为只有你自己对你的得分和投的镖负责。

（四）选手的准则

（1）不要急于拔镖，一定要等计分员看清分数，并报出分数后再拔（根据规定，如选手在记分员记录得分之前从镖盘上拔镖，该轮得分可能被计为零）。

（2）在非大型正规的比赛中，自己应向计分员和对手报出分数。

（3）不要报对方所得的分数。

（4）不要探身看对手所得的分数。

（5）比赛时自己用心计算分数，同时检查计分员所记分数是否正确，出现错误，要及时提出。

（6）可以向计分员询问自己所投的每一镖的分数，以及一轮结束后剩余的分数。

（7）一般规定，选手一轮 3 支镖要在 2min 内投出；如选手器材损坏，允许有 3min 的时间修理或更换器材；选手如确有紧急原因要离开赛场，应在 5min 内返回。

（8）在一方投镖时，另一方选手应站在其身后至少 60 厘米以外。

（9）尊重计分员和对手。

（五）计分员的职责：站稳，少说话

（1）你应报出 3 镖的总分，或根据要求报出单镖的分数。

（2）你应告诉选手他所剩的分数。

（3）选手结束了比赛要及时宣布；

（4）你应在双方争红心时判断谁的镖距红心近。

（5）你应警告选手不能越过投掷线，或判决犯规选手的投掷无效。

（6）你应在比赛中调整好镖盘的位置。

（7）在"01"比赛中，所剩的分数写在记分板中间，得的分数写在记分板外侧。

记分问题：

1）根据联盟比赛规则规定，主队负有整场比赛记分的义务，但也鼓励由双方来轮流记分。

2）按惯例，第一场 1001 的团体比赛应由主队记分。

3）记分时不要用 X9 的方式记录选手所剩的分数，以避免提示或误导选手。

4）除记分员外，任何其他人都不应在投掷区内，以免干扰和影响比赛选手。

5）不要告诉或提示对方选手剩多少分和如何投。

如何争红心：

正规比赛先掷硬币以决定谁先投，猜中硬币者可选择先投或后投。镖投在记分区内有效。联盟比赛时可由客队先投。争红心时，双方各投一镖，距红心近者胜，并由其首先开始比赛。如双方的镖距红心距离相同（或不宜判别）、都投在单倍红心区或双倍红心区内，双方需要重新争，投掷顺序应予轮换。在先投者的镖投在双倍红心区内时，后投者可要求其拔下镖后再投，也可以不让其拔镖，如后者也将飞镖投在双倍红心区内，算后者胜。如在记分员未宣布争红心的结果时，一方就拔出了镖，则判镖仍留在镖盘上的一方获胜。在团体或双打比赛中，则依靠双方的配合，争红心者不一定要先发。

（六）比赛规则

（1）301。附属规则：可选择单/双靶心、正常/双倍入、正常/双倍/三倍出。

一局十轮，每位选手起始为 301 分，选手积分随投掷得分而递减，首先将分减为 0 者获胜，投中非双倍区/三倍区使积分减为 0）为"爆镖"，发生爆镖后，取消该轮得分，同时结束本轮投镖，轮到下位选手投镖。

（2）501。一局二十轮，每位选手起始为 501 分，选手积分随投掷得分而递减，首先将积分减为 0 者获胜，如十轮投掷完成后无选手将积分减为 0，则积分最低者获胜。如果选手投中某镖后使积分减成无法结束游戏的分数（正常出积分＜0；双倍出积分≤1；三倍出积分≤2 或者在双倍/三倍出条件下，投中非双倍区/三倍区使积分减为 0），称为"爆镖"，发生爆镖后，取消该轮得分，同时结束本轮投镖，轮到下位选手投镖。

（3）21 点。附属规则：可选则单/双靶心。

一局七轮，每轮投掷机器随机指定的分值区。投中指定分值区的单倍区、双倍区、三倍区得 1，2，3 分，积分正好达到 21 分者获胜。如果完成七轮投掷，无选手使积分达到 21 分，则积分高者获胜。若选手投中某分值区使积分超过 21 分，称之为"爆镖"，产生爆镖后，取消该轮得分，同时结束这位选手的本轮投掷，轮到下一位选手投镖.

（4）打飞碟。无附属规则。

一局七轮，机器随机指定一个分值区，选手在 10s 内投中指定分值区得 1 分，投中其他区域不得分，超时不投镖，此镖失去投掷资格。

初始每位选手 20 分，每投中一次指定分值区积分减 1，首先将积分减为 0 者获胜。如完成七轮投掷后，无选手积分为 0，则积分最低者获胜。

（5）高得分。附属规则：可选择单/双靶心

一局七轮，完成七轮投掷后，得分最高者获胜。

（6）杀手。无附属规则。

一局七轮，选手首次投中未被其他选手选定的分值区，即为该选手选定的分值区，并保持至局终。投中自己选定的分值区得 1 分。在积分≥6 分之前，投中其他区域无效。当选手积分≥6 分后成为"杀手"。杀手投中自己选定的分值区，积分加 1（积分加至 9 分后不再增加）。投中其他选手选定的分值区，被投中选手积分减 1。如果某选手积分≤0，则这名选手被淘汰出局，剩下的最后一名选手为获胜选手。如完成七轮投掷，仍有不少于 1 名选手，则积分最高者获胜。

（7）设定目标。附属规则：可选择单/双靶心。

二人游戏，不需设定参赛人数，一局七轮，由上、下两局得分决定胜

负。每局先投镖者为封区选手，其任务是关闭分值区，后投镖选手为得分选手，其任务是从未关闭的分值区中得分。对封区选手，累计投中某分值区三次（投中单倍区、双倍区、三倍区，等于投中某分值区 1 次、2 次、3 次），此分值区即被关闭。对得分选手，投中未关闭的分值区得相应分，投中已关闭的分值区无效。关闭了所有分值区，或者完成七轮投掷，结束一局。

第二局，两位选手交换角色，（即第一局先投镖者，第二局为得分选手后投镖；一局后投镖者，第二局为封区选手先投镖）完成两局比赛，得分高者获胜。

（8）顺序得分。附属规则：可选择单/双靶心

一局七轮，按次序依次投掷 1—20 各分值区及靶心，投中目标区得相应分（如投中 5 分目标分值区的三倍区，得 $5 \times 3 = 15$ 分），投中非目标区无效（得 0 分）。每一分值区投中一镖即转入下一分值区的投掷。如某选手一轮的三支镖投中指定目标分值区互不相同的三个分值区（即单倍、双倍、三倍各一镖）时，该选手即获得这局比赛胜利。若完成七轮投掷，无选手用上述方法获胜，则积分最高者胜。

（9）追杀。附属规则：可选择单/双靶心。

一局十轮，首先使积分达到 321 分者获胜，如果十轮投掷完成后，无选手积分正好为 321 分，则积分最高者获胜。如选手投中某镖后使自己积分和其他选手已得积分相等时，则积分被追上的选手，其积分将被清为 0，称之为"追杀成功"。

如果选手投中某镖后使积分超过 321 分，称之为"爆镖"。发生爆镖后，取消该轮得分，同时结束本轮投掷，轮到下位选手投镖。

七、马术

（一）马术介绍

马在历史上与人类有非常亲密的关系，是人类的运输和交通工具。这一项历史悠久而典雅的运动于 1900 年夏季奥林匹克运动会正式列入比赛项目之一。马术比赛包括三项赛事：障碍赛、花样骑术和综合全能马术赛（三日赛）。

（二）比赛规则

（1）三日赛。所谓的三日赛是指在三天之内进行多项的竞赛，队中包括了三名男选手一女选手，选手要和马匹为期三天的进行各项测试：

首日：马术训练。

次天：马匹速度及耐能。

最后一天：障碍赛。

取前三位最佳成绩总和为最终成绩。

（2）盛装舞步。盛装舞步又称为马场马术，这是由于盛装舞步的比赛场地是于马场之内。盛装舞步一词来自法语，是训练的意思，其目的是要训练马匹的服从度，并听从主人的指挥而做出动作，而且注重马匹的前进气势及收缩。选手要与马匹共同进行三圈的比赛：

"大奖赛" 一分两天举行的，参赛动作是指定的，决定团体奖牌谁属 "特别大奖赛" 一个人准决赛，参赛动作是指定的 "音乐自由演译" 一由骑手自行编排舞步及音乐来展现个人技巧，完成后，个人奖牌得主自有分晓。

（3）障碍赛。障碍赛是马术赛事中最刺激的一项，选手一定要在法定的时间之内设法驭马沿着赛前订下的路线迂回场地上跨越 12 至 15 道的障碍物，例如是水沟、矮墙、多重的棚栏等。满分为 0 分，如马匹在越过障碍物时碰倒障碍物就会被罚 4 分而马匹拒跳两次即被取消资格。如二位选手同分，则所用时间较少的优胜。

八、板球

（一）板球介绍

板球（cricket），又名木球，板球项目是锻炼手眼的协调能力，集上肢动作控制能力、技巧与力量为一体的综合性运动。比赛项目为团体赛。

（二）比赛规则

1. 时间

板球比赛时间长度不一，国际板球中，测试赛的一场比赛每天进行六小时或以上，并长达五天，每方各打两局；还有许多午餐和饮茶的休息时间；以及丰富的板球术语，都是使板球门外汉非常困扰的原因。另外还有单日比赛，这种比赛每方只打一局有回合限定的比赛，也叫限制回合比赛。单日比赛分为国际性单日比赛和国际性二十20比赛。前者为每方50回合，后者为每方20回合，使时间进行较长的比赛充满激烈性。除了国际大赛，还有无限制回合的甲级比赛，还有每方50回合的单日比赛和每方20回合的二十20比赛。再往下就是当地的小俱乐部之间的比赛，一般都只举行每方一局的无回合限制比赛和每方50回合的单日比赛。

2. 目标

板球是以击球、投球和接球为主的运动。参与者分两队作赛，通常每队

11 人，一队做攻击，另一队做防守。攻方球员为击球手，比赛时每次只可派两人落场，致力夺取高分数；一人负责击球取分，另一人配合夺分。守方则 11 位球员同时落场作赛，一人为投球手负责把球投中击球手身后的三柱门，力图将他赶出局其他球员为外野手，负责把击球手打出的球接住，防止攻方得分。攻方的击球局完结后，两队便会攻守对调，得分较高那队为胜方。

投球的一方则尽力将对方的击球手出局。击球手出局的方法主要有以下几种：

（1）投球手击中门柱。

（2）球由击球手击出后未落地前被投球方队员接住。

（3）击球手的腿挡住了球。如果球投在了两个球门柱之间的狭小地带以内，而投球手的腿挡住了原本将击中球门柱的球，击球手出局。这个规则与足球里的越位类似。

（4）当击球手在跑动时，投球方的接球员时刻准备用球击中门柱，如果接球员在击球手跑回击球区界线之前用球击中门柱，该名击球员出局。

（5）击球员在击球过程中并未击到球而离开击球区界线，后捕手在击球员返回之前持球击中三柱门，击球手出局。

（6）击球员如果用手捧球，即手球，也出局。这种情况较少发生。

（7）故意第二次击球。

（8）超时。这种情况也很少发生。板球是一项绅士运动，双方队员相互尊重。根据规则，门柱被击中后，新的击球手必须在 3 分钟以内就位。如果晚于三分钟，击球手出局。

（9）击球手触碰到门柱。

（10）击球手阻碍视线。很少发生。

3．球员

投球的一方 11 名队员全部都在场上，但是击球的一方一次只有两名队员在场上。投球方的队长可以将 9 名接球员安置在球场周围。另两名则分别为投球手和后捕手。投球手投球，而对方的击球手则击球，并设法完成跑动得分。每在两个门柱之间跑动一次，得一分。如果击球手击出的球到达场边，得 4 分。如果将球直接击出界外，得 6 分。虽然击球方的 11 名队员都有机会击球，但如果有 10 名击球手已经出局，则正个队算出局，因为最后一名击球手已经没有队友可以与他合作。双方都可以有一名替补队员，叫做"第十二人"，但他不能投球，也不能击球，只能守球。

一局球不一定要整个队出局才算结束，如果队长认为自己这方已经取得足够分数，它可以宣布本局结束。这种方式只会出在无回合限制赛里面，因为限制回合比赛中比的是在规定回合内哪方得的分更多，宣布结束会变得没有意义。虽然在板球规则里没有提及关于限制回合比赛中是否能够宣布结束，但是这种事情也从来不会发生。

另外在测试赛中，如果先打的队第一局的分比后打的队第一局的分要多150或以上，先打的队长可以选择让后打的队先开始第二局比赛。

4. 胜利

假如说一个队胜利了，有三种情况：

（1）成功追回制定分数，表示方法是：在 N 个未出局情况下胜利。

（2）成功保住制定分数，表示方法是：以 N 分胜利。N＝胜利方总分－失败方总分。

（3）剩余一局未打便成功保住制定分数。这种情况只发生在无限制回合赛中，表示方法是：还剩余一局未打的情况下以 N 分胜利。N＝胜利方分数－失败方总分。

5. 和局

和局出在无限制回合赛中，意思是在比赛时间内未分出胜负，投球方没能把击球方送出，击球方也没能完成制定分数。和局在比赛中经常出现，天气恶劣也是出现和局的一种因素。当然和局不表示比赛无聊乏味，有时候将失利婉转为和局的重要性也不亚于反败为胜。

6. 平局

对比和局，平局的出现次数极少。在近2000场测试赛中，仅出现了2次平局（1960年澳洲对西印度群岛和1986年澳洲对印度）。平局出在击球方在两队总分相等的时候全出。国际性单日比赛中出现了23次平局，在08年2月20日英格兰对新西兰。而在刚刚出现的国际性二十20比赛中就已经出现了4次平局。

7. 无结果

无限制回合比赛出现和局，而在限制比赛中则叫做无结果比赛。意思是由于特殊因素比赛未能分出胜负，比赛没有结果。无结果比赛经常由于天气原因中断比赛而出现。为了尽量将中断的比赛得出结果，出现了 D/L 计算方式，或者"达克沃斯/刘易斯计算方式"，由富兰克·达克沃斯和托尼·刘易斯制定，用来计算第二队在限定回合被缩短的情况下的制定分数，从而能够得出比赛结果。

九、壁球

（一）壁球介绍

壁球是 1830 年前后，由哈罗公学的学生发明的。壁球是一种对墙击球的室内运动，因球在猛烈触及墙壁时发出类似英文"SQUASH"的声音而得名。壁球的场地小，球速快，球路变化莫测，因而要求人的反应、动作极快，所以壁球的运动强度，运动量极大。

（二）比赛规则

为 1 局 15 分制，不过不是采用抢发球权得分，只要得分就算获胜，到 14 比 14 平手时，可选择 1 分或 3 分定胜负，即先到 15 分或 17 分者得胜。

1. 比赛开始

在比赛开始之前，参赛选手有五分钟的热身时间，在这段时间内主要任务是让空气进入球的内部，以此增加球的弹性。

通常由靠右边位置的选手选发球。比赛开始后，上局的优胜者有权选择发球场地（即左方或右方场地）。每得一分之后，双方再交换场地，这样交互进行直到一方失去发球权。

2. 发球权

（1）第 1 局发球权用转拍方式决定，取得发球的一方得胜，该球才能算分，若失误，对手得胜不计分，只得发球权.

（2）发球区分左、右边，当发球方第 1 次在左方发球区得胜后，必须转换至右方发球区发球，再得胜后换全左方发球，直至连续取得 9 分，才算获得 1 局胜利。

（3）若发球方失误，由对方取得发球权，可重新选择在左边或右边发球，发球得分后，须再换边发球，依此类推。谁先胜一局，第二局发球权就归谁，由胜利者先发球。

3. 发球

（1）发球一方可以选择在右后场或左后场地发球。

（2）发球时至少一脚须踩在发球区内（不能踏线），将球直接发至前墙发球线以上界外线以下并反弹至另一方后场内四分之一球区内才算有效。

4. 发球后

（1）每一个有效的击球必须接触前墙一次，壁球在底界线之上以及边界线之下。

（2）每一个击球必须在球弹离前墙后，在未触地板或只能一次弹离地板后击出。

（3）在比赛过程中壁球击中边界线，底界线等均被判为出界。

（4）若发球一方击球失误或未能回接对手所打出的好球，发球权则转给对手，同样若接发球球员击球失误或未能回接发球一方所打出的好球，则发球一方将获得 1 分。

5．正手击球

在壁球中，正手击球是最基本的击球动作。正手击球能很好地控制球的方向，而且击出的球很有力量。选手大多在跑回去击打后方弹加在的球时使用"正手击球"的动作，目的是把球击向墙后方的角落里。正手击球的要求是掌握好球拍击球的尺度，振幅不要太大。

6．反手击球

反手击球也是一种有力量的击球动作，但它的目的是典型的要把球击过场地。反手击球需要良好的控制，而且必须保证反手击出的球要飞过场地且不能伤害对手。需要注意的是反手击球的最终目的是将球击到紧贴场地地面的角落里。

7．干扰阻挡

在这种运动中，由于两位运动员同处于一个球场中，故干扰与阻挡是难以避免的。根据规则，击球的球员必须有足够的挥拍空间击球，也须有完全的自由去把球击至正面场的任何一个位置。当以上的情况受到阻碍，便会造成干扰与阻挡。在这个时候，击球的球员可向裁判要求和球（如果没有裁判在场的时候，则由双方球员决定），而裁判会根据击球者受阻的程度，与及击球者能否击出一球立即胜出的回球（如该阻碍没有发生），从而给予和球（该球将重发）或得胜球（击球者可即获一分或发球权）。

当裁判认为没有干扰或阻挡的发生，他也可以裁定该球没有和球，而比赛亦必须继续。这做法是为了保障球赛的顺利进行以及防止和球被滥用。由于裁判的判断带有一定的主观性，故给予（或不给予）和球或得胜球经常具有争议性。

（三）计分方法

每分直接得分的赛制（国际新的比赛已经按照 11 分制 PARS11）。

（四）赢得比赛

壁球比赛大都为三局或五局。第一个在一局中获得 9 分的选手就赢得这局比赛。但当选手们同时达到 8 分时，先达到 9 分或 10 分的选手赢得比赛。一般有发球权的选手才能得分，如果发球选手打丢了球，则对手得到发球权。这位选手在得到发球权后才有权得分。

第二节　极限运动

极限运动，是结合了一些难度较高，且挑战性较大之组合运动项目的统称，例如：直排轮、滑板、极限单车、攀岩、雪板、空中冲浪、街道疾降、跑酷、极限越野、极限滑水等都是极限运动项目。极限运动是由多项成型运动项目以及游戏、生活和工作中的各种动作演变来，参与人群以年轻人为主的高难度观赏性体育运动。人类在与自然的融合过程中，借助于现代高科技手段，最大限度地发挥自我身心潜能，向自身挑战的娱乐体育运动。它除了追求竞技体育超越自我生理极限"更高、更快、更强"的精神外，更强调参与、娱乐和勇敢精神，追求在跨越心理障碍时所获得的愉悦感和成就感，同时，它还体现了人类返璞归真、回归自然、保护环境的美好愿望，因此已被世界各国誉为"未来体育运动"。

一、轮滑

（一）轮滑介绍

Rollerskating，曾经有很多汉化版本，旱冰，溜冰，滑冰，滚轴溜冰，但是今天，我们统一叫他轮滑。轮滑鞋分为双排和单排，两种类型的轮滑鞋又有着各自的项目，轮滑也是很棒的代步工具，如果选对了类型，双排轮滑和单排轮滑都是可以刷街的，尤其是速滑鞋的刷街性能最为实用。

（二）轮滑技巧

（1）基本站立。①丁字站立；②八字站立；③平行站立。

（2）停止技术。①T形停止法；②双脚急停；③向后滑行停止法。

（三）影响轮滑速度的因素

（1）站姿：一种是普通的平行站立，即将两只脚平行稍窄于肩，双膝微弯以保持重心，以脚踝的力量控制好不要让脚左右摆动，要保证轮子垂直地面。穿专业平花鞋平行站立时因为鞋的结构设计影响，两脚会自然地向外压外刃。第二种是应用于非平整地面的丁字形站立（也叫 T 字形站立），即一只鞋的最后一个轮子抵在另一只鞋的第二和第三只轮子之间，双膝微弯，双腿之间稍有间隙，以保持重心，仍然是以脚踝控制鞋子。

（2）起步：从 T 字形站姿起步，让一只脚脚保持前进姿势，脚尖向前，另一只脚向身体侧后方蹬地推出，就会有向前前进之力量。此时身体的重心应完全放在前脚上，身体稍向前倾（不是驼背），这样后脚的发力收回过程才能顺畅。后脚收回后，换另一只脚向身体侧后方蹬出，重心位置依然放在前脚上。以此类推。

（3）滑行：滑行时为保持较好的平衡，要尽量屈膝弯腰。目的是稳定重心和便于发力。

（4）身体的重心：滑行时身体的重心要始终稍向前倾，随着两脚的不断交替，重心要不断的转移。当一只脚向侧后方等出时，身体重心必须要完全放在另一条腿上，这样才能保证蹬出的腿很顺畅的收回来。当这条腿收回落地时，重心马上转移到这条腿上，再把另一条腿蹬出。切记每次蹬腿时身体重心都要完全放在另一条腿上。如此循环。

（5）滑行姿势：双膝微弯，身体稍向前倾以保持重心。滑行速度越快，屈膝弯腰的幅度越大。标准的速滑姿势为双手自然背后（无摆臂的情况下），背部与地面平行，大腿与小腿弯曲角度不大于120°。

（6）停止：以上述姿势滑行，双脚靠近保持平行，有煞车块的脚稍稍向前，使两脚距离相差约有半个脚，提起脚尖直到煞车块碰触到地面，然后慢慢将重心移到有煞车块的脚，增加压力，直到停下来。

二、定向运动

（一）定向运动介绍

定向运动就是利用地图和指南针到访地图上所指示的各个点标，以最短时间到达所有点标者为胜。

（二）定向运动分类

（1）定向运动按运动工具的不同可分为两种：

1）徒步定向：如传统定向越野跑；接力定向；积分定向；夜间走向；五日定向；公园定向等。

2）工具定向：如滑雪定向；山地自行车定向；摩托车定向等。

（2）定向运动按性别的不同可分为男子组和女子组。

（3）定向运动按年龄的不同可分为青年组，老年组和少年组。

（4）定向运动按技术水平的不同可分为初级组（体验组和家庭组），高级组和精英组。

（5）定向运动按参加人数的不同可分为个人单项，个人双项和集体项。

（三）定向运动方法介绍

（1）沿道路行进时。标定地图，对照地形，判明是从哪里开始发生的错误以及偏差有多大，然后根据情况另选迂回的道路前进。如果错得不多，可返回原路再行进。

（2）越野行进时。应尽早停止行进，标定地图后选择最适用的方法确定站立点，然后尽量取捷径插到原来的正确路线上去，不得已时再返回原路。

（3）在山林地中行进时。根据错过的基本方向，大概距离，找出最近的那个开始发生偏差的地点，并以此为基础，确定出站立点的概略位置。如果错得太远，确定不了站立点，又不能返回原路，就要在图上看一看，迷失地区附近是否有较大型或较突出的明显地形（最好是线状的），如果有，就要果断地放弃原行进方向向它靠拢，并利用它确定站立点。如果没有这个条件，那么就继续按原定方向前进，待途中遇到能够确定站立点的机会后，再迅速取捷径插向目的地。在山林中行进，最忌讳在尚未查明差错程度和正确的行进方向都不清楚的情况下，匆忙而轻易地取"捷径"斜插，这样很可能造成在原地兜圈子。

（四）定向运动技术

（1）地图正置及拇指辅行法。先将地图正置，把拇指放在地图上自己的位置。这样你要前进的方向便在地图前面，使你清楚观察四周的环境及地理特征。当前进时，拇指随着移动，当改变前进方向时，地图也要随着转移，即保持地图北向正方。那样你可以在任何时候都能立即指出自己在图中的位置，省回不少时间和精力。

（2）利用指南针。利用指南针，准确地找出目标的方向，每次前往目标前，可先观察目标周围的地势，加深印象，务求快速及准确地到达目的地

（3）扶手法。利用明显地理或人做特征作引导，使前进时更具信心。如小径、围栅、小溪涧、山咀等，皆是有用的扶手。

（4）搜集途中所遇特征。辨别前往控制点途中所遇到的地理特征，确保前进方向及路线正确。切勿将相似的特征误认。

（5）攻击点。先找出控制点附近特别明显的特征，然后利用指南针，从攻击点准确及迅速地前往控制点。攻击点必须是容易辨认，如电塔架，小路交点等。

（6）数步测距。先在地图上量度两点间的距离，然后利用我们的步幅准确的测量要走的路程。方法：先量度 100 公尺我们所需步行的步数，（设120 步），当我们在地图上发觉由 A 点到 B 点的距离是 150 公尺便可伸算出应走 180 步。为了减少数步的数目，我们利用"双步数"，只数右脚落地的一步，便可把步数减半。上面的例子双步数为 90 步。

（7）目标偏测。利用指南针前进，把目标偏移，当到达目标的上面或下面，才沿［扶手］进入目标。

除比赛时经常运用上述基本技术外，赛后检讨，找出常犯的错误和原因，加以改善你的定向技术。初学者应多从基本技术下功夫，切勿操之过急。

三、攀岩

（一）攀岩介绍

攀岩是从登山运动中衍生出来的竞技运动项目，攀登对象主要是岩石峭壁或人造岩墙。攀登时不用工具，仅靠手脚和身体的平衡向上运动，手和手臂要根据支点的不同，采用各种用力方法，如抓、握、挂、抠、撑、推、压等，所以对人的力量要求及身体的柔韧性要求都较高。攀岩时要系上安全带和保护绳，配备绳索等以免发生危险。

（二）竞赛规则

主要以攀岩者的攀登时间的长短来决定胜负的。

自然攀岩可单人攀登，也可几人组成相互协助攀登. 人工攀岩的比赛场地可根据选手的技术需求，调整岩壁支点，选手在攀登中不得借助外力，以最先到达目的地者为胜。

（三）攀岩形式

1. 自由攀登

定义：不借助保护器械（主绳，快挂，铁锁等）的力量，只靠自身力量攀爬；

特点：此种攀登形式在中国占主导地位，较符合体育的涵义范畴，考验人体潜能。

自由式按攀登的风格又细分为：

（1）没有尝试或学习。就是只在下边看然后一次没掉下来就上去了，没有尝试或演习，也没从顶上滑绳下来仔细研究路线，这是攀登者能力的最好说明。

（2）先锋攀登。就是允许在练习时多次坠落，但你能至少有一次做到从底爬到顶一次也没脱落。能 Redpoint 条路线说明攀登者的自由先锋攀登能力最高能到多少。

2. 器械攀登

定义：借助器械的力量攀登。

特点：在大岩壁攀登中较为常用，对于难度超过攀登者能力范围的路线有时也借助器械通过。其意义存在于攀登者的项目目标和活动历程中而不在于攻克难度动作。对器械操作的要求较高。

3. 顶绳攀登

定义：在岩壁上端预先设置好保护点，主绳通过保护点进行保护，攀登者在攀登过程中不需进行器械操作。

特点：安全，脱落时无冲坠力，适合初学者使用；但对岩壁的要求苛刻，岩壁必须高度合适 8m～20m 且路线横向跨度不大，由于需要绕到顶部进行预先操作，架设和回撤保护点的工作都比较繁琐。有时为方便初学者，可在先锋攀登的路线上架设顶绳。

4. 先锋攀登

定义：路线预先打上数个膨胀钉和挂片，攀登过程中将快挂扣进挂片成为保护点并扣入主绳保护自己，攀登者需要边攀登边操作。

特点：在欧洲尤其法国最为盛行，它比传统攀登安全性高，可以降低心理恐惧对攀爬的影响，从而全力以赴突破生理极限，挑战最高难度；另外，在角度较大或横向跨度较大的路线中，先锋攀登方式比顶绳保护有更大的便利，可以让攀登者脱落后很容易地重新回到脱落处，对难点进行反复练习。由于这种方式使攀岩由冒险的刺激运动变成安全的体育训练，所以先锋攀登称为 sportclimbing。

（四）攀岩比赛

1. 难度攀岩

是以攀岩路线的难度来区分选手成绩优劣的攀岩比赛。难度攀岩的比赛结果是以在规定时间里选手到达的岩壁高度来判定的。在比赛中，队员下方系绳保护，带绳向上攀登并按照比赛规定，有次序地挂上中间保护挂索。比赛岩壁高度一般为 15m，线路由定线员根据参赛选手水平设定，通常屋檐类型难度较大。

2. 速度攀岩

如同田径比赛里的百米比赛充满韵律感和跃动感，按照指定的路线，以时间区分优劣。

3. 抱石比赛

线路短小，难度较大，需要较好的爆发力和柔韧性。比赛设置结束点和得分点，抓住得分点并做出一个有效动作得分，双手抱住结束点 3s 得分。比赛一般 4 到 6 条线路，一条线路 5min 时间。判定名次首先看结束点的多少如果结束点同样多看得分点数量,最后看攀爬次数。

4．室内攀岩

是在一个高而大的房间内设置不同角度、不同难度的人工岩壁,在上面装有许多大小不一的岩石点,供人用四肢借助岩点的位置,手攀脚登。室内攀岩的难易程度可由人直接控制。岩壁也分为人工岩壁和天然岩壁。人工岩壁是人为设置岩点和路线的模拟墙壁。可在室内和室外进行攀岩技术的训练,难易程度可随意控制,训练时间比较机动,但高度和真实感有限。天然岩壁是大自然在地壳运动时自然形成的悬崖峭壁,给人的真实感和挑战性较强,可自行选择攀岩的岩壁和攀岩路线及攀登地点,而且天然岩壁的路线变化丰富,如凸台、凹窝、裂缝、仰角等,让你体会"山到绝处我为峰"的感受。

（五）攀岩比赛性质

攀岩的分类有很多种方法,按照比赛性质可分为速度攀岩、难度攀岩和大圆石攀登,世界上每年都有这三类运动的比赛。

（1）完攀。运动员在比赛之前可以收集路线的有关资料和观察路线,在攀登过程中一旦脱落或犯规即判其失败。

（2）看攀。运动员在比赛前对路线的信息一无所知,边观察边进行攀登,在攀登过程中一旦脱落或犯规即判其失败

（3）红点攀登。运动员可以对路线进行反复的观察和试攀,只要最终达到终点即可。

（4）速度攀岩。上方系绳保护,运动员按指定路线进行速度攀登的比赛。运动员按完成比赛路线所用的时间来决定每轮比赛的名次。

（5）大圆石攀岩。岩石高度不得超过 4 米,每条路线不超过 12 个支点。攀登时运动员不系保护绳,每次比赛需要选择 10 条路线攀登。

（六）攀岩技术

根据不同的地貌特点,可将攀登技术分为岩石作业和冰雪作业两大类,其中,岩石峭壁的攀登技术简称攀岩技术。攀岩是从登山活动中派生出来的一项运动。登山者即使选择最容易的路线攀登几千米的高峰,在途中也免不了要遇到一些悬崖峭壁,所以说攀岩也是登山运动的一项基本技能。

四、蹦极

（一）蹦极介绍

蹦极是一项户外休闲活动。跳跃者站在约 40m 以上高度的位置,用橡

皮绳固定住后跳下，落地前弹起。反复弹起落下，重复多次直到弹性消失。蹦极，也叫机索跳，是近些年来新兴的一项非常刺激的户外休闲活动。跳跃者站在约 40m 以上（相当于 10 层楼）高度的桥梁、塔顶、高楼、吊车甚至热气球上，把一端固定的一根长长的橡皮条绑在踝关节处然后两臂伸开，双腿并拢，头朝下跳下去。绑在跳跃者踝部的橡皮条很长，足以使跳跃者在空中享受几秒钟的"自由落体"。当人体落到离地面一定距离时，橡皮绳被拉开、绷紧、阻止人体继续下落，当到达最低点时橡皮再次弹起，人被拉起，随后，又落下，这样反复多次直到橡皮绳的弹性消失为止，这就是蹦极的全过程。

（二）蹦极分类

1. 按跳法分类

（1）绑腰后跃式。此跳法为绑腰站于跳台上采用后跃的方式跳下，此跳法为弹跳初学者之第一个规定基本动作，弹跳时仿佛掉入无底洞，仿若整个心脏皆跳出，约 5 秒钟时突然往上反弹，反弹持续 4～5 次，定神一看，自己已安全悬挂于半空中，整个过程约 1 分钟，真是紧张又刺激。

（2）绑腰前扑式。此跳法为绑腰站于跳台上面前扑的方式跃下。此跳法为弹跳初学者之第一个基本动作做的另一种尝试跳法。此种跳法近似于绑腰后跃式，但弹跳者为面朝下。当玩家面朝下坠落时，看着地面扑面而来，听着风声忽忽吹过耳边，真正感受到视觉上的恐怖与无助。弹跳绳停止反弹时能真正享受重生的欣喜。

（3）绑脚高空跳水式。此跳法为弹跳者表现英姿最酷的跳法，此种跳法为将装备绑于绑踝上，弹跳者站于跳台上面朝下，如奥运选手跳水时的神气风情，弹跳者于倒数 5，4，3，2，1 后即展开双臂，向下俯冲，仿若雄鹰展翅，气概非凡。

（4）绑脚后空翻式。此种跳法是弹跳跳法中难度最高但也最神气的跳法。此种跳法为将装备绑于脚踝上，弹跳者站于跳台上背朝后，弹跳者于倒数 5，4，3，2，1 后即展开双臂，向后空翻，此种跳法需要强壮的腰力及十足的勇气，若您认为您的胆识超人，不妨在体验过绑腰、绑脚弹跳后，向自己的勇气挑战。

（5）绑背弹跳。此种跳法被弹跳教练喻为最接近死亡的感受，弹跳者将装备绑于背上，于倒数 5，4，3，2，1 后双手抱胸双脚往下悬空一踩，仿佛由高空坠落，顿时感觉大地悬转，地面事物由小变大，整个过程仿若向死神打交道，真是刺激、过隐到极点。待您亲自体验。

（6）双人跳。此种跳法为你让你的恋人向您宣誓爱的证言的最高境界，双人于空中反弹时，弹跳绳将两人紧紧扣在一起，此时是您许下诺言的最佳时刻，当然，我们要求其中一方必需要有弹跳经验才能进行此项甜蜜又惊险的双人跳。双人跳由于存在一定的风险，因此只有跳过蹦极的人才可以进行双人跳。没有蹦极经验是绝对不允许的。

第三节　健身类运动

健身类体育项目的操作技艺一般来说，要求并不高，但在练法上有很高的学术性的要求。技击壮力类体育项目，如武术则是既有很高的技艺要求，又有很高的学术性的要求的体育运动项目。

体育健身，突出以身体练习为主要手段关注学生身体生长发育和体能发展，关注通过对健身项目和运动项目的选择和学习，培养学生体育健身的爱好和运动特长，获得科学健身的方法，养成文明健康的生活方式，具备在不同环境中坚持体育健身的适应能力。

一、健美

（一）健美介绍

指人的健康强壮的身体所显现出审美属性。是人们追求人体美的一个综合标准，指肌肉、骨骼、血液、肤色充满着生命的活力，无论其外部形式或内部结构都是匀称、协调、充满生机的。任何行动都能显示出全身各部分的协调和谐、自然舒展、生气盎然、神采奕奕。

（二）重量次数

健美理论中用 RM 表示某个负荷量能连续做的最高重复次数。比如，练习者对一个重量只能连续举起 5 次，则该重量就是 5RM。研究表明：1～5RM 的负荷训练能使肌肉增粗，发展力量和速度；6～10RM 的负荷训练能使肌肉粗大，力量速度提高，但耐力增长不明显；10～15RM 的负荷训练肌纤维增粗不明显，但力量、速度、耐力均有长进；30RM 的负荷训练肌肉内毛细血管增多，耐久力提高，但力量、速度提高不明显。可见，5～10RM 的负荷重量适用于增大肌肉体积的健美训练。

（三）锻炼要点

1. 多组数

什么时候想起来要锻炼了，就做上 2～3 组，这其实是浪费时间，根本不能长肌肉。必须专门抽出 60～90min 的时间集中锻炼某个部位，每个动作都做 8～10 组，才能充分刺激肌肉，同时肌肉需要的恢复时间越长。一直做到肌肉饱和为止，"饱和度"要自我感受，其适度的标准是：酸、胀、发麻、坚实、饱满、扩张，以及肌肉外形上的明显粗壮等。

2. 长位移

不管是划船、卧推、推举、弯举，都要首先把哑铃放得尽量低，以充分拉伸肌肉。这一条与"持续紧张"有时会矛盾，解决方法是快速地通过"锁定"状态。不过，我并不否认大重量的半程运动的作用。

3. 慢速度

慢慢地举起，在慢慢地放下，对肌肉的刺激更深。特别是，在放下哑铃时，要控制好速度，做退让性练习，能够充分刺激肌肉。很多人忽视了退让性练习，把哑铃举起来就算完成了任务，很快地放下，浪费了增大肌肉的大好时机。

4. 高密度

"密度"指的是两组之间的休息时间，只休息 1min 或更少时间称为高密度。要使肌肉块迅速增大，就要少休息，频繁地刺激肌肉。"多组数"也是建立在"高密度"的基础上的。锻炼时，要象打仗一样，全神贯注地投入训练，不去想别的事。

5. 念动一致

肌肉的工作是受神经支配的，注意力密度集中就能动员更多的肌纤维参加工作。练某一动作时，就应有意识地使意念和动作一致起来，即练什么就想什么肌肉工作。例如：练立式弯举，就要低头用双眼注视自己的双臂，看肱二头肌在慢慢地收缩。

6. 顶峰收缩

这是使肌肉线条练得十分明显的一项主要法则。它要求当某个动作做到肌肉收缩最紧张的位置时，保持一下这种收缩最紧张的状态，做静力性练习，然后慢慢回复到动作的开始位置。我的方法是感觉肌肉最紧张时，数 1～6，再放下来。

7. 持续紧张

应在整个一组中保持肌肉持续紧张，不论在动作的开头还是结尾，都不要让它松弛（不处于"锁定"状态），总是达到彻底力竭。

8. 组间放松

每做完一组动作都要伸展放松。这样能增加肌肉的血流量，还有助于排除沉积在肌肉里的废物，加快肌肉的恢复，迅速补充营养。

9. 练大肌群

多练胸、背、腰臀、腿部的大肌群，不仅能使身体强壮，还能够促进其他部位肌肉的生长。有的人为了把胳膊练粗，只练胳膊而不练其他部位，反而会使二头肌的生长十分缓慢。建议你安排一些使用大重量的大型复合动作练习，如大重量的深蹲练习，它们能促进所有其他部位肌肉的生长。这一点极其重要，可悲的是至少有 90% 的人都没有足够重视，以致不能达到期望的效果。因此，在训练计划里要多安排硬拉、深蹲、卧推、推举、引体向上这 5 个经典复合动作。

10. 进食蛋白质

在训练后的 30～90min 里，蛋白质的需求达高峰期，此时补充蛋白质效果最佳。但不要训练完马上吃东西，至少要隔 20 分钟。

11. 休息 48 小时

局部肌肉训练一次后需要休息 48～72h 才能进行第二次训练。如果进行高强度力量训练，则局部肌肉两次训练的间隔 72h 也不够，尤其是大肌肉块。不过腹肌例外，腹肌不同于其他肌群，必须经常对其进行刺激，每星期至少要练 4 次，每次约 15min；选三个对你最有效的练习，只做 3 组，每组 20～25 次，均做到力竭；每组间隔时间要短，不能超过 1min。

12. 宁轻勿假

这是一个不是秘诀的秘诀。许多初学健美的人特别重视练习重量和动作次数，不太注意动作是否变形。健美训练的效果不仅仅取决于负重的重量和动作次数，而且还要看所练肌肉是否直接受力和受刺激的程度。如果动作变形或不到位，要练的肌肉没有或只是部分受力，训练效果就不大，甚至出偏差。事实上，在所有的法则中，动作的正确性永远是第一重要的。宁可用正确的动作举起比较轻的重量，也不要用不标准的动作举起更重的重量。不要与人攀比，也不要把健身房的嘲笑挂在心上。

二、跳绳

(一) 跳绳介绍

跳绳是一项在环摆的绳索中做各种跳跃动作的体育运动，同时也是一项老少皆宜的全身性有氧健身运动。它除了拥有运动的一般益处外，更有很多独特的优点。跳绳每半小时消耗热量约四百卡。是一项健美运动，对心肺系统等各种脏器、协调性、姿态、减肥等都有相当大的帮助。

跳绳这项极佳的健体运动，能有效训练个人的反应和耐力，有助保持个人体态健美和协调性，从而达到强身健体的目的。跳绳运动的配备十分简单，只需一条绳、轻便衣服及一对适当的运动鞋便可；此外，跳绳所需的地方也不大，无需租借特别场地，而且参与人数不限，可单独一人或多人进行。除花样跳绳外，还需要比赛速度。跳绳每小时消耗体内热量约 1000 卡路里，并且使人心律维持在与慢跑大致相同的水平，不过它却可以避免因跑步而产生的膝、踝关节疼痛的困扰。由此可见，跳绳是一项简单方便，容易参与的运动。

（二）比赛规则

1. 单跳

（1）将所有参赛选手分成三组，分组由各队负责人抽签决定。每队有一个小裁判，每一组有一个总负责人。

（2）队员在制定的范围内跳，若超出界线，则此次视为无效。

（3）每队每个队员限跳 15 个，以摇力的形式轮流，最先完成的队积分 5 分，第二名积分 3 分，第三名积分 1 分。

（4）单跳限时 15 分钟，如果在 15 分钟内没完成的，视为弃权，积分 0 分。

（5）在裁判发出信号之前，运动员不得擅自动作，否则视为无效。

（6）在比赛过程中，运动员进行跳跃，腾空一次，绳过一次，计数为一。

2. 双跳

（1）再次抽签，挥参赛队分成三组，同单挑。

（2）每队队员分成四组，每组队员在指定的范围内跳，若超出界线，则视为无效。

（3）每队的每组成员限跳 5 个，同单跳 3。

（4）双跳限时 15min，在 15min 没完成的队，视为弃权，积分 0 分。

（5）在裁判发出信号之前，运动员不得擅自动作，否则视为无效。

（6）在比赛过程中，两名运动员同时跳，绳过两人脚，计数为一。

3. 混跳

（1）各队负责人抽签，分三组。

（2）每队有两人甩绳，其余六人一次跳入，并为甩绳者转一圈，以 8 字形跳。每队所有成员完成一个 8 字，记为一次。

（3）混跳限时 15min，以每队在限定的时间内跳得次数的多少积分，第一名积 5 分，第二名积 3 分，第三名积 1 分。

三、毽球

（一）毽球介绍

踢毽子又称（毽球），一项简便易行的健身运动。是在中国流传很广，有着悠久历史汉族民间体育活动。经常进行这项活动，可以活动筋骨促进健康。据历史文献和出土文物证明，踢毽子起源于中国汉代，盛行于六朝、隋、唐。中国毽子的第一次正式比赛是广州市体委于 1956 年举办的，并制定了简单的规则。1984 年春，《毽球竞赛规则》诞生，它是根据踢毽子的特点，吸收了几种球类比赛的形式综合而成的。

（二）毽球种类

（1）花毽。第一种是我们常见的传统花毽。花毽的高度一般在 12 公分左右，多用火鸡毛或雕翎做毽身，塑料片做底座。第二种是大毽子，这种毽子的毽身多用鹅毛制成，橡胶做底座，高约 17—18 公分左右。

（2）毽球。毽球跟大毽子很像，是用四根羽毛和橡胶底座制成的，羽毛多为鹅毛。毽球踢起来有隔网，像打羽毛球似的，一边踢过网后，另一边的人接住再踢过来。

（三）比赛规则

（1）比赛队由 6 人组成，上场队员 3 人，其中队长 1 人（左臂应佩带明显标志）。比赛前，各队应将参赛队员（包括替补队员）的姓名、号码登记在记分表上。未登记的队员不得参加比赛。

（2）也可因时、因地、因人制宜，增加单人、双人毽球赛，规则与 3 人制大体相同，记分可采取直接得分法。

（3）教练员和替补队员应坐在指定的位置上。

（四）比赛赛制

（1）比赛采用三局两胜制，第三局采取每球得分制。

（2）比赛前选择场区或发球权。第一局结束后双方交换场地和发球权。

（3）决胜局开始前，正裁判员召集双方队长重新选择场区或发球权。决胜局比赛中，任何一队先得 8 分时两队应交换场地。交换时，不得进行场外指导。交换场区后，双方队员的轮转位置不得变换。经记录员查对后，由原发球队员继续发球。如未及时交换场区，一旦裁判员或一方队长发现时，应立即交换。比分不变。

（五）暂停

（1）比赛成死球时，教练员或队长可以向裁判员要求暂停。

（2）暂停时，教练员可以在场地外进行指导，但场上队员不得出场，也不得与场外其他任何人讲话，场外人员不得进入场内。

（3）每局比赛中，每队可以要求两次暂停，每次暂停时间不得超过 30s 钟。某队在一局中请求第三次暂停，应判该队失发球权或对方得 1 分。

（六）换人

（1）在比赛中成死球时，教练员或队长可以向裁判员要求换人。换人时，场外人员不得向队员进行指导，场内队员不得离开场地。

（2）每个队员在每一局比赛中换人不得超过三人次。

（3）替补队员在上场前，应在记录台附近作好准备，换人时间不得超过 15 秒钟，否则判该队一次暂停。如该队在该局已暂停过两次，则判该队失发球权或对方得一分。

（4）教练员或队长要求换人时，应向裁判员报告下场和上场队员的号码。

（5）比赛中因故被取消比赛资格的队员，不能继续参加该场比赛，可由替补队员替换。如该队在该局已换人三人次，或场外无人替换时，则判为负局。

（七）局间间隙

一局比赛结束，下局比赛开始前，中间最多可有 2 分钟时间，供两队交换场地、换人和记录员登记号码，双方教练员在不影响上述工作的情况下，可以进行场外指导。

四、自行车

（一）自行车介绍

可以作为环保的交通工具用来代步、出行；越来越多的人将自行车作为健身器材用来骑行锻炼、自行车出游；自行车本身也是一项体育竞技运动，有公路自行车赛、山地自行车赛、场地自行车赛、特技自行车比赛等。

（二）技术要点

有自行车旅游特别是长途旅游，掌握好自行车技术是很重要的，目的是为了节省体力，保证安全。自行车车座的调整，是自行车技术的一个重要方面。自行车车座应调整到什么高度为最佳呢？一般说来，以车座较低并有 5～10 度的后倾最便于长途旅游。因为低车座好处很多：一是低车座蹬车灵活，可用脚的不同部位轮流用力，这样可使脚的各种肌肉轮流休息，延长耐久长；二是车座低，人的位置相对降低，可减少空气阻力，也便于伏在车把上，改进空气流张；三是车座低，微后倾，可使身体挺直，臀部受力均匀，减少疲劳感，同时又可减轻双臂的负担，保护手腕；四是车座低于有利于安全，在遇到紧急情况时，双腿伸直便可着地，这样可避免造成危险。因此，旅游时对车座的调整，应以低车座为最佳，这对保持体力、速度、耐力都有很大的好处。此外，自行车旅游选择好适当的速度也是非常重要的。一般来讲，普通自行车，在体力正常、道路平坦等条件下的长途旅游，速度应保持在每小时 15km 左右，体力好的可加快到每小时 20km。自行车旅游贵在保持速度，选择适当的速度，切忌忽快忽慢，有劲拼命骑，没劲步步停的现象。无论是山间小路，还是又长又陡的下坡道，车速度既不可太快，也不可太慢，应因地制宜选择速度。

（三）自行车比赛分类

1. 奥运会自行车赛

奥运会自行车赛于 1896 年亮相首届雅典奥运会，自行车为 12h 赛，参赛者从凌晨 5 点起开始比赛，不进餐不休息地绕赛场骑行 900 多圈，直到傍晚比赛结束。

2. 公路赛

（1）日赛。自行车比赛项目之一。公路赛的一种。世界锦标赛、奥运会、洲际运动会、国家运动会的公路个人赛常用一日赛的方式进行。以队的形式参加。各队在起点线后从左至右排成一路纵队集体出发。选择在有起伏的山坡、斜坡、路面一般不少于 6m（起终点不少于 8m）的变化道路或环形公路上进行。运动员之间可以交换食物、饲料、工具和配件。同队运动员之间可以交换车胎和自行车，可等待受伤或落后的运动员。设公共和队的维修器材车尾随运动员后面。允许接受补给站和队的维修车上提供的补给品。名次按运动员通过终点的顺序决定，前者名次列前。

（2）分段赛。简称"多日赛"。自行车比赛项目之一。公路赛的一种。根据级别决定比赛的天数，至少举行 2 天，最多 20 多天。赛段由序幕赛、个人赛、个人计时赛、团体计时赛等公路比赛的形式组合而成。赛程地形复杂，以平路、坡路、起伏路组成。以每分段的时间累计排列个人和团体总名次。每分段各队前三名运动员的时间相加为团体成绩。常采用从一个城市到另一个城市连续的、环绕国家或地区的方式。最长总距离 4000km。时间超过 10 天以上的比赛中，距离超过 260km 赛段只能有 2 段。以精英级运动员参赛的顶级环国家多日赛有：环法国、环意大利、环西班牙等。跨越国家与地区的比赛有和平大奖赛（捷克、波兰、德国）。

（3）个人计时。自行车比赛项目之一。公路赛的一种。传统比赛在一个延伸方向、路面平坦、距离为 5～40km 的转折公路上进行，也可在平坦的环形路上进行。至少每隔 5km（上坡段每公里）标明比赛所剩下的骑行距离。运动员以个人单独方式匀速骑完全程，每分钟平均心率可达 185 次左右。运动员之间的出发时间间隔为 30～2min（奥运会为 1.30min）。按运动员成绩优劣排先后名次。

（4）团体计时。自行车比赛项目之一。公路赛的一种。反映全队实力的项目之一。世界性的传统比赛在一个延伸方向、路面平坦、距离为 15～50km 的转折公路上进行。奥运会和世界锦标赛上，此项目的赛距为100km。每队 4 名运动员参加比赛，队与队之间相隔 2～3min 出发。4 名运动根据风向编队，采用匀速方式高速骑行，每分钟心率保持在 180 次左右。每人轮流在前领骑 200m 左右下撤至队尾，相互换位领骑，在前抗风阻力领骑者心率通常高于尾随者每分钟 10 次左右。到达终点时取本队第三名运动员到达的时间为队的成绩，按各队成绩优劣排先后名次。

（5）个人赛。自行车比赛项目之一。公路赛的一种。参加者以个人名义报告参赛，排列在起终点线后集体出发的比赛。最长距离为 170km。在环路上进行时，环路的周长最少是 10km。

3. 场地赛

（1）计时赛。自行车比赛项目之一。赛车场赛的一种。运动员单独在跑道上以原地出发的形式进行的一种个人计时赛。争先赛的资格赛采用 200m 行进间出发的方式计时，按成绩录取前 12 名或 24 名再进行下一赛次的比赛。

（2）争先赛。自行车比赛项目之一。赛车场赛的一种。为短距离赛。在周长 333.33m 或 250m 的场地上骑行 3 圈或 4 圈（1 000m），周长大于333.33m 的场地不少于 2 圈。不计全程总时间，以最先到达终点为胜。赛次分资格赛、1/8 赛、1/4 赛、1/2 赛、决赛。通过 200m 计时赛的方式进行资格赛，选取 12～24 名运动员进行争先赛。1/4 赛前，负者之间可通过复活赛的方式获胜再次补充获得资格。1/4 赛后实行三战两胜的方式。比赛分组进行，每组 2～3 人在起点线上同时出发，出发后，里道的运动员必须以快于走路的速度领骑一圈。第二圈起，尤其是最后 200m 间，运动员采用各种战术，以最快的速度冲过终点线。战术主要围绕领骑和尾随进行。

（3）凯林赛。自行车比赛项目之一。赛车场赛的一种。是一群运动员由摩托车牵引一定圈数后，再进行冲刺的比赛。比赛分第一轮资格赛、复活赛、第二轮资格赛、决赛。分组进行第一轮资格赛，每组录取 2 名，负者通过复活赛录取 2 名（333.33m 以上跑道录取 1 名）。第二轮采用相同方法进行资格赛，录取 2 名（333.33m 跑道录取 4 名）。决赛在 6 名（333.33m 跑道 8 名）运动员中产生，以运动员通过终点线的先后顺序排列名次。按规定，运动员须排列在迫逐赛起跑线，由随行人员扶车出发。摩托车领骑员以每小时 25km 的速度逐步加速到 45km。随后的运动员不能超越摩托车。在 2000m 左右的距离剩 600～700m 时，裁判员发令摩托车离开，运动员冲刺。

（4）奥林匹克竞速赛。自行车比赛项目之一。赛车场赛的一种。由两支队伍各 3 名运动员同时原地出发，每名运动员领骑 1 圈，在跑道上完成 3 圈距离的比赛。先进行资格赛，按时间挑选成绩最好的 4 个队进行决赛。成绩最好的两个队决第一和第二名，另两个队决第三至第四名。胜者名次列前。世界锦标赛和全国比赛资格赛取 8 个队，按成绩第一对第八、第二对第七、第三对第六、第四对第五的排列，取 4 个胜队进入决赛。每位运动员在自己领骑圈结束后退出比赛，换道必须在起终点线前后 15m 之间进行，违者将名次降至该赛次的最后。

（5）复活赛。自行车比赛的一种。赛车场赛中争先赛按参赛 12 名至 24 名运动员编组进行 1/8 赛赛次及之前的赛次。各个小组的负者，可以获得一次负者之间的比赛，其中胜者可递升进入下一赛次，再负者将失去比赛资格。此赛次主要对确有能力，但在某一赛次中失误的运动员，给予复活机会，故名。进入 1/4 赛赛次的负者无复活赛。凯林赛第一轮资格赛时，小组负者也可通过复活赛再次获得比赛资格。

4. 山地赛

（1）越野赛。自行车比赛项目之一。山地车赛的一种。分绕圈、超长、短程和耐力四种。绕圈赛赛程至少 6km1 圈，持续时间随分类不同而不同。超长赛赛程至少 30km，有明显的海拔高度变化，集体或单个（计时赛）出发，通常比赛起终点非同一地点，但大圈的环形路可相同。短程赛路线每周最多 6km，起终点设同一地方，在保证安全的前提下，可设置自然或人为的障碍物，比赛路线上同时骑行的运动员最多 80 人。耐力赛是一项测验运动员操车技术、机械故障处理、按图骑行和速度耐力能力的长距离综合性项目，时间可持续 2 天或 2 天以上，设有多个检查点和不同路线。

（2）速降赛。简称"DH"。自行车比赛项目之一。山地车赛的一种。

将快、慢技术组合，以技巧性为主的比赛。比赛很考验选手的胆量和对人、车的操控能力。车先被运到山顶，然后选手再以平均大约 30km/h～80km/h 的速度飞驰下山。比赛路线都是下坡骑行路段，由单人道、跳跃、慢地段、田野、森林道和砾石道混合组成。采用个人计时赛的方式，以成绩优劣排列名次。

（3）分段赛。自行车比赛项目之一。山地车赛的一种。用 2 天或更多的时间进行一系列项目的比赛，以总成绩时间或总得分来判断比赛名次的比赛。顶级比赛举行时间最少 5 天，最多 8 天。次级比赛举行时间最少 2 天，最多 4 天。

（4）爬坡赛。自行车比赛项目之一。山地车赛的一种。赛程通常 30 分钟左右，视上坡的地形而定。比赛路线至少应包括 80％的上坡骑行路段。集体或单个出发。起点设在一个指定位置，终点设在另一个海拔更高的地方。

（5）双人绕杆赛。自行车比赛项目之一。山地车赛的一种。两名运动员并排下坡，骑行于设有固定、柔韧的标杆的赛道上。先通过终点标杆为获胜者。以淘汰赛决定总的获胜者。

5. BMX 赛

时下许多年轻人已不是把自行车仅仅当作自己上学或上班的代步工具，对于一些人来说，B 仔或 BM 仔这个词一点都不陌生。BMX 泥地竞速，从 2008 年北京奥运会，已经被正式作为奥运会项目进行比赛。

我们讲的 B 仔的正确名字是 BMX，全名是 BICYCLEMOTOCROSS（自行车越野）。它是在 20 世纪 70 年代中后期在美国兴起的一种自行车越野运动。由于它的车型比较少，轮胎比较粗而且比赛的赛道也和越野摩托车所用的赛道十分相似，所以有了这个名字。这项运动很快在青年人中流行起来，到了 20 世纪 80 年代中期大多数年轻人深受滑板文化的影响，觉得只在泥地里比赛太过单一了。于是开始把 BMX 拿到平地，滑板的场地里玩，而且玩的花式比滑板更多，跳得更高，更刺激了。它的名字也变成了 BMX-FREESTYLE（自由式 BMX 自行车）。

第四节　水上运动

水上项目指的是运动员在水上所从事的运动项目，主要包含五个项目：游泳，帆船，赛艇，皮划艇，水球。

三、赛艇

(一) 赛艇介绍

是由坐在艇上的一个或几个桨手运用其肌肉力量,以桨和桨架作为杠杆作进行划水,使小艇背向桨手前进的一项划船运动。赛艇运动多在江河湖泊等大自然水域中进行。

(二) 竞赛规则

(1) 赛艇是一个或多个桨手运用肌肉力量,坐在舟艇上背向艇的前进方向,通过桨的简单杠杆作用来推动舟艇前进的运动,舟艇上可有舵手或无舵手,类似舟艇上赛艇动作的运动,即使在机械上或在陆上固定设施上,也被称为赛艇。

(2) 赛艇运动所使用的舟艇的所有部件,包括运动部分的轴必须坚实地固定在艇体上,只有桨手的坐凳可沿着艇体的轴向运动。

(3) 赛艇比赛是由一个或多个项目组成的运动比赛,按舟艇的种类、运动员的性别、年龄和重量进行划分项目。根据情况,比赛可进行多个轮次(如预赛、复赛、半决赛、决赛等)。

(4) 本赛艇竞赛规则应用于全国性和区域性赛艇比赛,包括:①全国性赛艇锦标赛;②全国综合性运动会赛艇比赛;③地区性赛艇比赛;④省市运动会赛艇比赛;⑤全国机械和陆上固定设施赛艇比赛。

二、滑水

(一) 滑水介绍

滑水是一项惊险而优美的水上运动,誉称"水上的芭蕾"。滑水者,在高速艇的牵引下,脚踏水撬,跳、转、跨、翻、旋等一气呵成,如蛟龙戏水,赏心悦目、精彩诱人。

(二) 滑水分类

1. 尾波滑水

尾波板(wakeboard)是刚刚兴起并迅速发展普及的一个滑水单项。尾波板的外型酷似滑雪的单板,是一个长约130cm左右,宽约60cm左右的板体,板体下部两端设有尾鳍,板体上表靠近中部设有固定的脚套。

尾波板的独特外型给滑水者提供了更多、更广泛的展示技巧的可能,使得滑水者的加速度更快,并在越过滑水牵引艇产生的尾浪(专业称尾流)斜坡后取得更高的高度,给予滑水者更大的空间和时间完成难度更大的翻转、跳跃、旋等一系列动作。尾波项目因此也成为滑水运动中最具有观赏性的项目，人们可以同时领略高台滑雪、自由体操、跳水等一系列运动项目在水面上的精彩瞬间。另外，由于板体在水中的面积较大，稳定性较高，比较适合初学者学习新动作，尾波板因此也成为滑水运动中发展最快并具有巨大发展潜力的项目，深受广大爱好者特别是青少年的喜爱。

为了进一步推广普及尾波板滑水，国际滑水联合会于 2001 年正式举行了首届世界尾波板单项锦标赛。尾波滑水也成为极限运动会及其他一些综合性运动会的正式比赛项目。

2. 传统三项

传统三项指的是滑水传统比赛的三个项目，即：花样、回旋、跳跃。三项滑水一直是国际性滑水比赛的正式比赛项目。迄今为止，世界滑水锦标赛及世界杯滑水赛等重大比赛也只是将传统三项作为正式比赛项目。它们可以被成为专业性或职业性滑水的代表项目。

3. 花样滑水

滑水者所使用的水橇是一块长约 100cm，宽约 30cm 两端呈弧形的单板，没有尾鳍，板体上表面设有脚套。

花样滑水者在动力牵引下，特别是在拖船的牵引下，可以利用拖船的尾浪做出翻转、腾越等许多动作。在比赛中，运动员根据国际滑水联合会竞赛规则中规定的动作（注：每个动作都有固定的分值）编出两套完整的动作编排，并分别在两个 20s 中的滑程内完成这两套动作，裁判员根据运动员完成动作的难度和完成质量给出评分，得分高者为优胜者。

花样滑水对于滑水者素质要求较高，滑水者要进行长期艰苦的专业训练才能达到较高水平。

4. 回旋滑水

滑水者所使用的水橇是一块长约 160cm，宽约 15cm，一端（顶部）翘起呈弧形的单板，有尾鳍，板体上表面设有脚套。

滑水者在滑行过程中，可以随着动力的牵引左右穿插，类似于滑雪中的回转，故此得名。水平高的滑水者在滑行中可以使板底激起一排排水墙，非常壮观。在比赛中，运动员要依次绕过水面上按规律排列的左右各 3 个共 6 个浮标，每成功通过一次专业称为完成一个滑程，以运动员完成滑程的难度和完成浮标的数量决定运动员的成绩。

回旋滑是比较容易在大众中普及的滑水项目，在尾波板出现以前，回旋项目一直是结合于大众与专业滑水者之间的一个项目。一般的滑水者经过短期的训练即可享受在水中奔驰的乐趣。

5. 跳跃滑水

滑水者所使用的水橇是两块长约 200cm，宽约 25cm，一端（顶部）翘起的板体，每块有尾鳍，板体上表面设有脚套。

滑水者在滑行过程中，要通过加速越过一个斜坡型的跳台，在空中"飞行"一段后落在水面上，类似于高台跳雪。在比赛中，滑水者要平稳地落在水面上并保持一定距离的滑行姿态，才被确定为一次成功的跳跃，以运动员的着水点到跳台斜坡顶端垂直面的距离为运动员的成绩，距离远者为优胜者。

跳台滑水是滑水运动中危险性和刺激性最大的项目，因此建议只有经过一定训练的人才能参与。它也是传统三项中最具有观赏性的项目，运动员通过加速越过跳台，高高跃起，似大鹏展翅高飞，令人叹为观止。

由于跳台滑水使用的双橇在滑行中具有较高的稳定性，因此跳跃橇也通常被用来训练初学者起滑，一般的人能在很短的时间内就能穿着跳跃橇体会在水上"行走"的乐趣。

6. 艺术滑水

艺术滑水是将多种滑水单项以艺术化形式表现出来的滑水运动的综合体，有极高的观赏性。

艺术滑水起源于 20 世纪 60 年代的美国。当时一些专业滑水运动员不满足于一般性的训练和比赛，创造了多人及多项目的滑水组合，并在一些公众场所进行表演，逐步演变成一个相对于竞技滑水独立的门类。美国于 20 世纪 70 年代初开始举行全国性的艺术滑水比赛。

与竞技滑水的个人比拼最大的不同，艺术滑水通常是多人组合。在比赛和表演过程中，滑水者穿着艳丽多彩的服装，配以背景音乐和现场解说，场面宏大而热烈。

艺术滑水所展示的项目通常有：多人罗汉（4 层甚至是 5 层）、特技跳跃、水上芭蕾、多人赤脚、多人特技空翻等十几个项目。从滑水运动的发展历程看，艺术滑水对于人们了解和参与滑水运动起到了不可估量的作用。

三、蹼泳

（一）蹼泳介绍

蹼泳是一个独特的运动项目，不仅泳姿新颖，速度快，而且在运动形式、技术特点、生理负荷和能量消耗等方面都有别于游泳运动。

（二）比赛规定

（1）蹼泳比赛装具有脚蹼、眼镜和呼吸管。比赛规定运动员只能用爬式、海豚式或这两种姿势的混合式，运动员不得全身潜入水中，出发或转身后允许在15m内做一次潜泳。

（2）屏气潜泳比赛装具有脚蹼、眼镜。比赛规定禁止使用呼吸管，运动员必须在水下游完全程，身体和装具任何部分不得露出水面。运动员到达终点时，必须用身体的任何一部分在水下触及终点池壁。触壁时，手可破水面。进行40m、25m比赛时，采用自动计时装置，运动员头部过终点线出水时计取成绩。

（3）器泳比赛装具有脚蹼、眼镜和压缩空气呼吸器。比赛规定运动员在比赛中只能呼吸气瓶中的压缩空气。在整个比赛全程，运动员和装具都必须保持在水下，只在转身时，允许运动员身体和装具的任何部分露出水面。运动员到达终点时，必须用身体的任何一部分在水下触及终点池壁。采用自动计时装置，触壁时，手可破水面。

（三）竞赛规则

1. 参赛者

（1）必须执行比赛规则和竞赛规程。

（2）必须遵守大会的有关规定。

（3）运动员必须符合竞赛规程中的有关规定。

（4）领队必须参加有关会议。

（5）对裁判判决如有异议，可由领队于当场比赛后30min向仲裁委员会递交抗议书。

（6）仲裁委员会对抗议书的处理不得超过该抗议书提交后的12h。经核实如纯属裁判人员错误，除对裁判人员进行处理外，仲裁委员会有权责成总裁判改判。仲裁委员会处理抗议书的结论，由仲裁委员会主任转告提交抗议书的代表队领队。

（7）除该组比赛的运动员外，无关人员不得进入比赛场地。

2. 裁判员

（1）总裁判1人，副总裁判1～人。

（2）编排记录长1人，副编排记录长1～2人，编排记录员2～8人。

（3）检录长1人，副检录长1～2人，检录员2～4人。

（4）发令长1人，发令员2人。

（5）计时长1人，副计时长1～人，计时员24人。

（6）自动计时长 1 人，自动计时员 1～2 人。

（7）检查长 1 人，副检查长 1～人，检查员 10～14 人。

（8）终点裁判长 1 人，副终点裁判长 1～人，终点裁判员 6～8 人。

（9）报告员 1～2 人。

（10）潜水医生 1 人。

四、皮划艇运动

（一）皮划艇介绍

皮划艇比赛是用无支点的桨按照一定的规则推动各种类型的船前进的一种体育项目。皮划艇分为皮艇和划艇两种小艇，皮艇是运动员坐在船内面向前进方向用双叶桨划行；划艇是运动员跪在船内面向前进方向用单叶桨划行。

1. 静水项目比赛规则

皮划艇静水和激流回旋竞赛规则是由国际皮划艇联合会制定的，适用于国际划联承认的国际比赛。

（1）出发。应通过抽签方式决定参赛艇参加预赛的道次，依次排列。运动员应按时，以便作好起航的准备工作。

起航应不受任何缺席者的影响。取齐员负责协调各艇在起点的位置，应使参赛艇的船头处于起航线上。发令员在认为可以发令时喊"10s 内将出发"，之后在 10s 内的适当时机发令，发令口令为"Go"或鸣发令枪。

（2）比赛途中规定。比赛进行时，禁止非参赛的船艇进入整个或部分航道，甚至浮标外区域。在 1 000m 以内的比赛中，参赛运动员必须在从起点至终点的本航道内划行。运动员应尽可能地保持在其航道的中心线上划行，两名运动员之间距离不得小于 5m。

在比赛过程中，由于本身原因而翻船的舟艇，允许运动员不依靠他人帮助重新上船继续比赛，但不得越出本航道，并应在下一组比赛开始前划到终点才有效。

（3）通过终点规定。艇首到达终点线的时间为到达时间，艇中的运动员必须全部通过本航道的终点线才算有效。此时，终点裁判长应用音响设备发出到达信号。

比赛舟艇通过终点线，艇上应有航道牌，如因故航道牌失落，运动员应向终点裁判长说明情况并报告航道号码，等待航道裁判员的决定。

（4）气象预报。规则规定，在比赛期间，大会组委会要为参赛队提供每天的气象预报，包括每日气温、降水量、湿度、能见度、风况（风速和风向）。

2. 激流回旋项目比赛规则

（1）出发规定。一般情况下，运动员在出发区准备就绪，采取静止出发方式，由一名扶船员帮助出发。预赛出发顺序由国际划联根据运动员的世界排名确定；半决赛的出发顺序根据预赛成绩确定；决赛的出发顺序根据半决赛成绩确定，成绩好的后出发。

通过水门、罚分与漏门等规定运动员必须按照水门号码顺序和标出的正确方向通过各个水门。水门的设置由总裁判长、裁判长、技术组织者、和赛道设计者确定。运动员的整个头部及艇身全部或部分通过水门杆之间连线，艇、桨及身体的任何部位不触及门杆并以指定方向通过水门时，视为正确通过，不罚分；如运动员艇、桨或身体在通过水门时触及门杆，视为碰杆，罚2分；如运动员没有通过指定水门或方向错误，视为漏门，罚50分。

比赛过程中桨折断或丢失时，运动员只能使用艇上的备用桨。当艇底向上，运动员（C2中任一运动员）脱离艇时可视为翻艇。

（2）计算成绩和公布成绩。两轮比赛时间（以秒为单位）＋罚分＝成绩。

每轮比赛成绩计算方法：

比赛时间：$2'20''82=60+60+20.82=140.82$。

罚分：$2+2+50=54$。

总计：194.82s。

运动员在比赛中脱离艇则被取消该轮比赛成绩。

五、摩托艇运动

（一）摩托艇介绍

竞速艇（船）、运动艇（船）、游艇（船）、汽艇、水上摩托、气垫（船）艇、喷气（船）艇、电动（船）艇等运动。

（二）竞赛规则

1. 参加竞赛者的条件

（1）凡17周岁以上持有摩托艇驾驶执照并符合竞赛规程要求的男女运动员，均可申请参加舷外运动艇和舷外竞速艇A组的竞赛。一级运动员或参加两次以上摩托艇正式比赛者，方可参加舷外竞速艇B组的竞赛。

（2）参加者必须身体健康，并持有医生签署的身体检查合格证。

（3）参加者必须能游泳 200m 以上（姿势不限），否则不得参加竞赛。

（4）女子只允许参加气缸工作容积 350ml 以下的舷外竞速艇和舷外运动艇的竞赛。

2．气象和水面

（1）竞赛应在能见度良好的情况下进行。

（2）气象条件恶化或水面情况不适合，应停止舷外竞速艇的竞赛。

3．竞赛的变更

（1）如因天气突变或经营活动规定特殊原因，在必要时，裁判委员会可以取消，推迟、缩短或停止某些项目的竞赛。

（2）裁判委员会可以根据具体情况，恢复被推迟或停止了的竞赛，亦可按已经进行的轮次评定成绩。

（3）在重新组织竞赛时，已犯观或未报名的赛艇，不得参加竞赛。

4．赛艇使用规定

（1）竞赛者只能使用经本人申请，裁判委员会批准的发动机和艇壳，一经铅封不允许更换。

（2）低一等级的赛艇，可以参加同一类型和同一组别的任何高一等级赛艇的竞赛。

5．援助

（1）参加竞赛的赛艇起航后，在到达终点前的过程中，不得接受他人的援助。

（2）长距离竞赛时，经营活动规定人可以帮助竞赛者加油。但不能参加任何形式的修理和帮助调整发动机。

6．更换运动员

（1）更换运动员必须经裁判委员会批准。

（2）个人冠军赛不得更换运动员。

裁判委员会

7．裁判委员会的组成及其职责

（1）裁判委员会由总裁判长，副总裁判长，编排记录长、起航裁判长、终点裁判长，计时长、航程裁判长和技术检查组长组成。

（2）裁判委员会的职责

1）在竞赛组织委员会的领导下，组织实施全部竞赛的裁判工作。

2）严格执行竞赛规则和规程的各项规定。

3）检查督促裁判员的工作，解决竞赛中发生的重要问题，纠正裁判员所作的错误裁决，更换不称职的裁判员。

8. 裁判员及其职责

（1）各种裁判员的人数可根据竞赛规模的大小而定（见附表）。

（2）总裁判长：

1）负责召集裁判委员会会议。按竞赛规则和规程的要求，领导各裁判长进行工作执行裁判委员会的一切决议。

2）竞赛前，检查航线、场地设备以及必要的用具等准备工作是否合乎竞赛规定和要求。

3）当竞赛不能继续进行时，经组织委员会同意，可根据实际情况变动竞赛项目和日程。

4）解决竞赛中发生的争论和纠纷，对呈交的意见书及时作出决定。

5）对不遵守竞赛规则和规程以及有粗暴行为的运动员，进行警告，停赛或取消其参加竞赛的资格。

6）竞赛中，发现运动员技术动作失常影响安全时，可立即召回停止其参加竞赛。

7）根据需要及时召开裁判委员会会议，研究解决竞赛中发生的问题和总结裁判工作。

8）对伤害事故采取有效的紧急措施，并立即报告组织委员会。

9）竞赛结束后，向组织委员会提交成绩，记录和裁判工作总结，统计达到等级标准的运动员名单，签署创（破）纪录和健将级动　运员证明单。

（3）副总裁判长：

1）协助总裁判长进行工作，如受总裁判长委托，可代理其职责。

2）在竞赛过程中，须有一名副总裁判长负责交通救生艇的调动和使用。

（4）编排记录长和记录员：

1）根据各单位的报名情况，审核各竞赛参加者是否符合竞赛规则和规程的要求。

2）编制竞赛日程表，准备竞赛用的各种表格。

3）组织竞赛的抽签工作。

4）核定各项目的成绩和名次，经总裁判长批准后予以公布。

5）收集保管竞赛的有关资料和文件。

（5）起航裁判长和裁判员：

1）按规定的时间发出竞赛项目、赛艇等级，起航，召回以及其它有关信号。

2）判断赛艇在通过起航线时是否犯规，登记起航时犯规赛艇的号码，并处理与起航有关的其他事宜。

（6）终点裁判长和裁判员：

1）登记赛艇行驶的圈数和号码。

2）确定赛艇到达终点的次序。

3）负责封闭终点线，并处理与终点有关的其它事宜。

（7）计时长和计时裁判员：

1）检查和核对秒表。

2）准确记录赛艇驶完全程的时间，计算平均速度，填写计时卡片。

（三）舷外运动艇

（1）使用的发动机厂牌不限，但必须是成批生产的带正、倒、空车装置，并以水泵冷却。

（2）发动机不允许改装。螺旋桨和火花塞可以自选。

（3）必须使用市场出售的汽油作燃料。

（4）对发动机、艇壳，消音器的要求：

1）发动机：

①舷外发动机是一台完整的动力机械和推进装置的组合。其传动装置不穿过艇壳，可以随意从船艇上卸下或装上。

②只能用活塞式发动机和水中螺旋桨。

③每个单人艇上只能装一台发动机和一个推进器。

2）艇壳：

①舷外竞速艇，艇壳自选，并允许采用空气动力作用的浮升装置。

②舷外运动艇，艇壳自选，但不得使用任何空气动力作用的浮升装置和水翼装置。

③艇壳必须安装坚固灵活的操舵系统。

④艇首必须装有牢固的系索栓及一定长度并能承受拖拽本艇拉力的艇首绳。

⑤艇上应备有桨和排水设备。

⑥艇上应装有从两舷均能看得见的号码牌。尺寸：长40cm，宽25cm。数字高24cm，数字线宽为5cm。均白底黑字。号码不清晰．不完整（经技术组提出而不更改），或在航行中松脱丢失，将不评定该轮成绩。

3）消音器：

①发动机必须采用一种有效的消音装置，使发动机的捧出音响不超过

95 分贝。

②国家级（A 组）发动机必须采用原装消音装置。

③舷外竞速艇 B 组发动机可以使用气体膨胀室式消音装置，可不受以上规定限制。

4）音响测量：

①声级仪的话筒位置应距发动机 25m 远，与起航线垂直，离水面的高度为 1.29m。测量时，前后左右 50m 水面无任何障碍。必须进行两次测量。一次是在艇接近时，一次是在艇离开时。任何一次测量的数据均不得超过 95 分贝。

②测量时，发动机必须运转至最高转速发挥最大功能。进气阀门完全开启，汽缸充填最大量的可燃混合气体。

5）不论采用何种消音装置，未经检查或未经裁判委员会批准，一律不准使用。

6）竞赛时，消音装置的一部分或全部丢失，或其功能减弱，则取消该艇的竞赛资格。

5. 发动机和艇壳的测量

（1）发动机汽缸工作容积由下列公式求得：

所有数据的精确度须在 0.1 毫米以内。

（2）所有赛艇都应进行测量。并将测量结果详细填写在申请书中，否则该申请无效。

（3）发动机经过修理和改装后，必须重新测量和确定其等级。获得优异成绩者的发动机均应即时进行测量，确认其等级。

6. 赛艇的技术检查

（1）竞赛开始前，所有参加竞赛的赛艇都须经过技术检查。未经检查或检查不合格的赛艇不准参加竞赛。

（2）对赛艇进行技术检查时，教练员和驾驶员必须在场。

7. 被检查的赛艇应做到

（1）必须装上发动机。

（2）必须装上运动员的号码牌。

（3）艇壳必须坚固、清洁（最好涂以识别颜色）。

第五节　冬季运动

在天然或人工冰雪场地借助各种装具进行的体育运动。冬季运动项目通常分为冰上运动和滑雪运动两大类。冰上运动包括速度滑冰、花样滑冰、冰球运动。速度滑冰又分为标准场地滑冰和短跑道滑冰。花样滑冰分单人、双人和冰上舞蹈。滑雪运动包括越野滑雪、高山滑雪、跳台滑雪、现代冬季两项、北欧两项、多项滑雪、军事滑雪、雪橇运动、花样滑雪、雪犁等。由于冬季运动项目的国际比赛日益增多，在1920年第七届奥运会后，国际奥林匹克委员会决定为冬季运动项目单独举行冬季奥林匹克运动会。

一、冰壶

（一）冰壶介绍

冰壶，又称掷冰壶、冰上溜石，是以队为单位在冰上进行的一种投掷性竞赛项目，冬奥会比赛项目，并设有冰壶世锦赛。设男女2个小项，每队为四人。冰壶为圆壶状，由不含云母的苏格兰天然花岗岩制成，且世界上所有的制造优质冰壶用的天然花岗岩均产自苏格兰近海的一个小岛，也只有苏格兰人掌握着制作世界顶尖水平冰壶的技术。周长约为91.44cm，高（壶的底部与顶部）11.43cm，重量（包括壶柄和壶栓）最大为19.96kg。刷冰的原因是减小冰壶与冰面间摩擦。有人把冰壶称作"冰上国际象棋"，这一比喻很好地诠释了冰壶的神秘与高雅。

（二）比赛规则

冰壶比赛时，每场由两支球队对抗进行，每队由4名球员组成。比赛共进行10局。两队每名球员均有两个冰壶，即有两次掷球机会。两队按一垒、二垒、三垒及主力队员的顺序交替掷球，在一名队员掷球时，由两名本方队员手持毛刷在冰壶滑行的前方快速左右擦刷冰面使冰壶能准确到达营垒的中心。同时对方的队员为使冰壶远离圆心，也可在冰壶的前面擦扫冰面。球员掷球时，身体下蹲，蹬冰脚踏在起蹬器上用力前蹬，使身体跪式向前滑行，同时手持冰壶从本垒圆心推球向前，至前卫线时，放开冰壶使其自行以直线或弧线轨道滑向营垒中心。掷球队员在力求将冰壶滑向圆心的同时，也可在主力队员的指挥下用冰壶将对方的冰壶撞出营垒或将场上本方的冰壶撞向营垒圆心。最后当双方队员掷完所有冰壶后，以场地上冰壶距离营垒圆心的远近决定胜负，每石1分，积分多的队为胜。

比赛分两队进行，两队各有四名球员，轮流丢掷石球，以赛前双方掷点离圆心近者先掷。每局在每队交替掷球，每人分别丢掷两球，八人共十六球之后结束。

主将应领导球赛。当队员掷球时，主将应持冰刷，作为掷球之目标物。主将并应指示石球之旋转方向及应滑行之距离，并使队员了解掷球之目的，以使刷冰员决定应如何刷冰，因为刷冰可使石球增加滑行距离、同时减少行进之曲度。一场比赛需两组石球，每组各八颗，应上色彩以使在冰道另端仍可轻易辨识。传统上，在第一局中，不拥有最后一球掷球权的一队，可选择该队的球色。

（三）冰壶玩法

1．握法

冰壶石不光是用手握的，也不光是握在掌心深处，还需要手指与手掌的密切配合。用力的手指握紧冰壶石控制好持续投石的动作是非常重要的。投石时有大旋转和小旋转技巧。

2．投掷方法

双方队员掷出的石离大本营中心的个数多少来计算得分并决定胜负。以距离对方队大本营中心石的个数来决定胜负。

（1）运动员蹲下身子并作成将身体坐在腿肚子上的姿势，伸直骼膊把冰壶石轻松地放在自己的前方。垂直肩膀、伸直骼膊、靠拢膝盖、端正身体。在身体放松的情况下，控制好平衡时非常重要的。

（2）在将冰壶石向前稍微移动的同时开始投石。在作投石动作之前，要先把躯干部分抬起。

（3）保持好伸直的骼膊与垂直的肩膀，关键是在抬起躯干的时候。其余只要掌握好冰壶石的握法与自我控制，并以正确的姿势投出冰壶石便不会失误。

（4）冰壶石是由肩膀用力而投出去的。靠伸直的肩膀前后摇摆来调节投石的距离。重要的是要控制好小横步，实际就是脚的转弯度。作投石运动时保持好重心也是非常重要因素之。把身体的重心移到右侧稍微弯曲的脚上，用左脚来控制并掌握平衡。

（5）把冰壶石提到自己的前方，伸直胳膊然后把脚慢慢地移到冰壶石的后方。因为身体的重心要从后脚移到向前弯曲的前脚上，所以要掌握好平衡。也可以借助刷子的手来调节平衡。

（6）投石运动员把冰壶石充分地提到自己的前方，右脚伸直至后方并将身体向前移动。使肩膀垂直于帮助调节平衡的刷子是非常重要的。投出石的瞬间，前胸落到膝盖的内侧，冰壶石脱手而出，飞向目的地。这时身体完全保持平衡，甚至不用刷子来支撑。

（7）投石结束后，身体伸展到最低、最远的程度，到最后的一个动作完成为止肩膀保持垂直，胳膊也要伸出去。为了不养成坏习惯，投出冰壶石后使身体保持最低的姿势，直到投石结束为止。

二、滑冰

（一）滑冰介绍

滑冰，亦称"冰嬉"，很多人认为，滑冰是从外国传来的"洋玩意"，事实上，早在宋代，我国就已经有了滑冰运动，不过，那时不叫滑冰，而称之为"冰嬉"。"冰嬉"包括速度滑冰、花样滑冰以及冰上杂技等多种项目。

（二）一般规则

花样滑冰是技巧性与艺术性高度结合的冰上运动项目。裁判员根据动作质量和艺术表现分别给予评分，满分为6分。在比赛中除完成规定图形和创编的节目外，还可由运动员自选音乐，在规定时间内完成一套自由滑动作。花样滑冰的技术要求运动员具备3个方面的基本功：①滑行基本功，包括用刃技术，各种跳跃、旋转和步法等；②舞蹈基本功，包括滑行中的基本姿态、动作姿态、各种舞步、双人舞步配合、双人滑中的托举等；③音乐艺术鉴赏表达能力的基本功，包括对音乐节奏感、音乐内容和理解能力，通过技术与音乐配合的艺术表现和抒发能力等。

（三）滑冰分类

1. 单人滑

分为男子单人滑和女子单人滑两项。比赛内容原来包括规定图形、创编节目、自由滑3项。国际滑联1988年代表大会决定，从1990年7月1日起取消规定图形的比赛，只比其余两项。规定图形的比赛已有近百年的历史，作为比赛内容虽已取消，但它仍是单人滑的技术基础。

2. 双人滑

由男女共同表演。双人滑强调相互间动作配合协调。表演时除具备所有的单人滑动作，还包括一些典型的双人动作，如托举、捻转托举、双人旋转、螺旋线、抛跳等。双人滑的比赛分两项：①创编节目。原称双人规定自由滑或短节目。国际滑联公布了双人创编节目的规定动作，每组包括8个动作，全套动作不得超过2分40秒钟，音乐自选，每个动作只允许做一次，附加动作要扣分。②双人自由滑。运动员自选音乐，自编套路，在 4 分 30 秒钟内滑完，包括单人动作和双人动作（典型的双人动作）。双人滑与单人滑的评分方法相同，但要顾及两人动作的一致性。

　3. 冰鞋冰刀

　　花样滑冰的冰鞋用优质牛皮制成，高腰高跟硬底，男子鞋为黑色，女子鞋为白色。冰刀固定在鞋底上，冰刀较矮，刀刃刀托为一体。刀身有一定弧度，刃较厚，呈浅"凹"沟形，沟两边刃锋利，既便于滑行又能使冰刀在冰面上留下清晰的图案。刀刃前端有 5～6 个锯齿，根据锯齿的大小分为图形刀和自由滑两种。图形刀的锯齿较小，以免滑图形时刮冰。自由滑刀锯齿较大，便于急停、跳跃或迅速改变动作。冰刀应与鞋的大小相适应，一般刀身前端的刀齿应在鞋底前端的边缘处，刀身前端安装在脚的大脚趾与二脚趾之间的正下方，刀跟装在脚跟正中间的下方，刀尾应超出鞋后跟 1～2 厘米。

三、滑雪

（一）滑雪介绍

　　滑雪是运动员把滑雪板装在靴底上在雪地上进行速度、跳跃和滑降的竞赛运动。滑雪板用木材、金属材料和塑料混合制成。高山滑雪由滑降，小回转和大回转（障碍滑雪）组成。高山滑雪混合项目，由上述三个项目组成。人们成站立姿态，手持滑雪杖、足踏滑雪板在雪面上滑行的运动。"立"、"板"、"雪"、"滑"是滑雪运动的关键要素。

　　单板滑雪（双脚同踏 只宽大的雪板）比高山滑雪更具有刺激性，技术更灵活，在中国尚未普遍开展。高山滑雪的规范竞赛项目有：滑降、超级大回转、大回转、回转、全能等。高山滑雪的技术种类很多，如不同的滑降技术，多变的转弯技术，应急的加速、减速、停止技术，惊险的跳跃技术及特殊技术等。一般初学者应根据自身的体育素质、年龄、滑雪基础、场地条件，可投入的时间等因素，选取滑雪入门的最优方案。初学者切忌：求急、随意、莽撞，因滑雪运动是在滑动中操纵技术，重心不易控制，易形成错误动作，故应在入门的第一天起，就应在专业技术人员严格指导下，在姿势、要领、动作方面做到三正确，从练习基本动作起步，扎实掌握技校功底，为以后的提高奠定基础。要高度认识到滑雪错误的姿势和技术一旦形成，极难纠正，会留下深深的遗憾。

(二) 滑雪技巧

1. 回转

回转是高山滑雪比赛项目之一。也称回转滑雪或回转障碍。北欧斯堪的那维亚半岛地区冬季雪多，适于开展滑雪运动，但因缺乏阿尔卑斯山脉那样的高山，高山滑雪不够普及和发达，而越野滑雪和跳台滑雪却得到较好的开展。于是出现了既要求越野滑得快，又要求跳雪跳得远的北欧两项比赛项目。这个项目是北欧几个国家的体育强项。

2. 大回转

高山滑雪比赛项目之一。1952年第6届冬季奥运会开始列为比赛项目。比赛在坡度 5°～32° 的覆雪山坡上进行。线路长度男子为 1500～2000m，女子在 1000m 以上。起终点高标差：男子 250～400m；女子 250～350m。线路上设置多种形式的旗门，组成障碍。运动员从山顶沿线路通过旗门下滑。

3. 空中

运动员在覆盖较厚积雪的山坡上，借助下滑惯性在跳台起跳，纵身腾入空中，然后在空中完成各种向前、向后的空翻并加转体等高难动作。评分标准是：腾空、起跳、高度及距离占 20%；身体姿势和技巧动作表演水平占 50%；落地占 30%。根据动作的难易规定不同的难度系数。空中技巧表演场地的跳台分小、中、大 3 种。运动员依所做动作的需要自选。但着地必须有 37° 左右的倾斜度和 60 厘米以上的软积雪层。

参考文献

[1] 杨贵仁.21 世纪学校体育工作全书.北京:兵器工业出版社,2001.

[2] 全国体育学院教材委员会《体育理论》编写组.体育理论.北京:人民体育出版社,1991.

[3] 教育部文件教体艺[2002]13 号,《全国普通高等学校体育课程教学指导纲要》.

[4] 苟定邦.大学体育.西安:西北大学出版社,1999.

[5] 曲宗湖.21 世纪中国社区体育.北京:北京体育大学出版社,2001.

[6] 朱柏宁,李伟民.高校体育与健康教程.上海:同济大学出版社,2002.

[7] 刘强辉,余暄一.大学体育与健康.北京:机械工业出版社,2002.

[8] 李德胜.世界体育手册.北京:海潮出版社,2001.

[9] 姚鸿恩.体育保健学.北京:人民体育出版社,2001.

[10] 管泽毅.体育保健学.济南:山东大学出版社,2001.

[11] 王成.体育营养学.中国科学技术出版社,2000.

[12] 林志超.体育与健康.上海:华东师范大学出版社,2000.

[13] 王兵建.青少年健身与健美.天津:天津人民出版社,1996.

[14] 中国成年人体质测定组.中国成年人体质测定标准手册.北京:中国标准出版社,1996.

[15] 中国营养学会.中国居民平衡膳食指南.营养学报,1998 年,20 卷,第 4 期

[16] 韩彩萍.健康教育.北京:高等教育出版社,1999.

[17] 高仲杰,张元耕.大学体育学.西安:陕西师范大学出版社,1998.

[18] 臧育扬,顾红,吴明.体育理论知识教程.南京:南京大学出版社,2002.

[19] 高子琦,黄辅周.排球.北京:北京体育大学出版社,1998.

[20] 曲宗湖,杨文轩.课余体育新视野.北京:北京体育大学出版社,2001.

[21] 体育学院通用教材编写组.运动医学.北京:人民体育出版社,1990.

[22] 王瑞元.运动生理学.北京:人民体育出版社,2002.

[23] 郝选明.运动生理学进展.北京:北京体育大学出版社,2000.

[24] 俞大方.推拿学.上海:上海科学技术出版社,1985.

[25] 邵伟德.体育教育心理学.北京:北京体育大学出版社,2004.